とよなか国際交流協会の活動の様子

子ども母語(2016)講師とボランティアが
楽しく母語を教えてくれます!

子ども日本語教室(2015)

学習支援・サンプレイス（2016）「豊中まつり」でダンスの発表

しょうない・おやこでにほんご　みんなで書初め（2015）

日本語交流活動「とよなかにほんご金あさ」（2016）
CCスペースでは、子どもの学校が休みの期間、こんな風景も

留学生ホストファミリー事業（2015）万博公園での交流会

韓国・朝鮮のことばとあそびのつどい（2016）
コリアタウンへフィールドワークに行きました

外国語体験活動（2017）
ボランティアの話に子どもたちは真剣に耳を傾けています

フィリピン人中高年の居場所づくり
「フィリピノ・ヤングアットハーツクラブ」(2017) ズンバ教室

フィリピン人コミュニティが企画した「まちなかフィリピンデー」(2012)

多文化フェスティバルでラップを披露するネパールの高校生 (2017)

外国人と共生する
地域づくり

大阪・豊中の実践から見えてきたもの

公益財団法人 とよなか国際交流協会［編集］
牧里毎治［監修］

明石書店

はじめに──本書の使い方

山野上隆史

1．多文化共生と福祉

　とよなか国際交流協会（以下、「とよなか国流」という）が生まれてから25年間、ずっと大事にしてきたことは、外国人も同じ地域で暮らす人であるということ。すでにいるということ。ここにいるということ。そして、そのことが、決して脅かされるべきではないということ。

　このことを大事にして、地域に様々な人のつながりを生み出し、人と人をむすぶことで外国人が元々持っている力を削がれることなく、安心して暮らすことができるように、試行錯誤を繰り返してここまでやってきた。本書はとよなか国流の25年間を振り返って、今を確認すると同時にこれからの一歩を踏み出すためのものである。

　ただ、本書は25年間の単なる記録ではない。

　外国人はややもすると何かを進めるための解決策として語られる。外国人が労働力をもたらし人手不足を解消してくれる、国際感覚をもたらし日本の閉鎖性を打ち破ってくれる、観光客としてやって来て地域にお金を落としてくれる…等々。そのとき、何かの解決策ではない部分はあまり語られない。

　しかし、人が来るとき、都合よく何かの解決策の部分のみがやってくるわけではない。例えば、日本に来て働くということは、必ずどこかの地域で暮らすということを意味する。外国人も「人として地域で暮らしている」という当たり前のことに光を当てた時に、もっと語られないといけないことがあるのではないか。そのときに、外国人の存在がもっと意識されないといけない領域があるのではないか。

それがこの本で取り上げる「福祉」の領域である。

　日本では今、まさに少子高齢化による人口減少、労働力不足を解消するために、分野・期間・条件を限定して外国人労働者の受入れを拡大する。また、日本を訪れる外国人は現状で3000万人を超えたところだが、東京オリンピック・パラリンピックを間近に控え、今後数年で外国人観光客を4000万人にする、6000万人にするという威勢の良い目標が掲げられ、あちこちで急ピッチで環境整備が行われている。一方で、外国人の生活、暮らし、人生については断片的にしか取り上げられない。
　このように外国人が労働力確保やインバウンド、地域活性化など「経済」の文脈の中で語られることが多い時代だからこそ、とよなか国流の25年を振り返りながら、多文化共生と福祉をつなぎ、重ねることで多文化共生を「共に生きるための地域づくりの実践」として描き出す、そんな試みの本とすることを目指した。

2．本書の構成
　本書は、最初の部分で具体的にとよなか国流の実践を記述しているが、後半へと進むに従って、とよなか国流を取り囲むより大きな文脈について描いている。

【第Ⅰ部　実践編：周縁化される人々のための総合的なしくみづくり】
　序章では、とよなか国流がどのように形作られてきたかということを振り返り、とよなか国流の全体像とその実践の軸となるミッションを描き出す。
　1章から3章では、そのミッションを具体的に展開する事業のうち、3本柱として位置付けてきた「相談」「子ども」「日本語」事業を取り上げる。この3本柱については、事業についての説明、分析だけでなく、日々、現場で業務に取り組んでいる職員の取組や工夫、想いも付けることで少しでもリアルな様子が伝わるようにした。
　4章は、とよなか国流の現場・実践を取り上げたものであるが、職員やボランティアではなくあくまで観察者としての立場からのものである。様々な人が

行き交い、交わり、出会う中で事業が生まれ、そして今も日々営まれている「とよなか国流の今、ここ」が少しでも伝わればありがたい。

5章は、とよなか国流の事業をソーシャルワークの観点から捉え直した論考である。

日々、現場で実戦に取り組んでいる方、「そもそも多文化共生ってどんなことをしているのか」イメージが湧きにくい方はぜひ第Ⅰ部から読んでいただきたい。なお、巻末には事業の一覧も掲載している。

【第Ⅱ部　社会状況編】

6章「市の施策」は、豊中市の国際化・多文化共生に関する取組をまとめたものである。1節で、豊中の多文化共生施策の歴史を振り返り、これまでの施策のジレンマを整理した上で今後の展望について記述している。2〜3節で豊中市の施策の一つである多文化共生施策推進指針を福祉の観点から眺め、今後の新たな可能性に光を当てている。多文化共生と福祉とのつながり・重なりを具体的に描き出しており、双方の分野に非常に示唆的な内容となっている。

行政の担当者（多文化共生の担当者や福祉の担当者）にはぜひ読んでいただきたい部分である。

7章「国の施策と各地の対応」は、より広く外国人施策や各地の実践を記述することで、豊中の取組（とよなか国流や豊中市）を日本社会における外国人や国際化・多文化共生の流れの中から見つめなおすためのものとなっている。とよなか国際交流協会や豊中市の施策について、その内容は理解できたけど、そもそもなぜ、こういった状況があるのか、ほかの地域ではどういった取組が行われているのかということを知り、理解を深めていただきたい。

8章「とよなか国流の基本理念を考える」は、これまでの章よりもさらに広く国際人権の歴史を「結ぶ」をキーワードに振り返り、そのことでとよなか国流の理念を深く理解するためのものとなっている。

9章「地域福祉からアプローチする多文化共生」は、とよなか国流のこれまでの取組を地域福祉の視点から見つめなおし、その課題と今後の可能性について論じる。

また、それぞれの章にはコラムを設けている。とよなか国流のスタッフや学習者、相談者として参加している外国人の声、日頃一緒に仕事をしている関係機関・団体の職員の声、専門家・研究者の論考を取り上げており、それぞれの角度からとてもリアルで濃いものになっている。

3．本書での用語　出会い損ねから出会い直しへのキーワード
　最後に、本書での用語についていくつか説明する。

　「国際交流協会」について、全国に500程度あるとも言われるが、設置根拠となる法律はなく、地域によって設置形態や位置づけは大きく異なる（NPO法人だったり、任意団体だったり、行政が事務局を担っていたり、委員会形式だったり、そもそもなかったり）。豊中市では、市の外郭団体として財団法人の形態で創設し、のちに公益財団法人に移行した。事業内容は外国人支援、多文化共生、日本人の国際理解、姉妹都市交流などを扱っているところが多いが、軸足の置き方は団体によって大きく異なり、予算規模や職員体制なども様々である。都道府県及び政令指定都市に設置されている国際交流協会は「地域国際化協会」と呼ばれ、総務省が認定しているが、市町村レベルについてはどこかに設置基準や認定制度などがあるわけではない。

　「周縁化」という言葉について、社会の中で正統な存在として扱われないようになっていくこととして用いている。制度の面でも、言葉の面でも、心の面でも、日本社会は周縁化の契機にあふれている。その契機を減らすこと、そもそも周縁化へと向かうベクトルの向きを変えることがとよなか国流で目指していることである。

　「Unlearn（アンラーン）」という言葉について、「学び直し」、「学びほぐし」という訳をあてることがあるが、これまでに身に付けてきた常識や価値観を批判的に見つめ、脱ぎ捨てることとして使っている。とよなか国流では、どこまでできているかはともかく、いわゆる「常識」など、既存の価値観で見えなかった・出会えなかったものへの批判的な意識を常に持ちたいと思っている。

「コミュニティ」という言葉について、もともとは地縁による人のつながり、共同体を指す用語だが、とよなか国流ではルーツやテーマや関心による新たなつながりから、コミュニティを捉え、つながりを生み出そうとしてきた。もちろん、自治会などの地縁による人のつながりに対してもアプローチを行っている部分はあるが、多くはルーツやテーマ、関心によるつながりからコミュニティを捉えている。

　周縁化される外国人のことを「自己責任」で終わらすのではなく、同じ地域社会の一員としてともに生きるために何を学びなおす／ほぐすのか，そして新たなコミュニティをどう作るのか。出会い損ねから出会い直しへ。

　最後に、各章でずいぶんと文章のタッチが異なるが、とよなか国流ではばらばらなものがうまく組み合わさったり、ぶつかったりしながら、ここまでやってきたということを踏まえ、丁寧に整えることはしていない。それも一つの『らしさ』として読んでいただければありがたい。

　この本が全国で日々奮闘・格闘されているみなさんと意見やアイデアの交流、ネットワークへとつながる契機となり、それがともに生きるための多文化共生社会につながることを願っている。

　本書作成にあたっては多くの方の応援をいただいた。心からお礼申し上げる。

目次

はじめに：本書の使い方　3
　　山野上隆史

第Ⅰ部　実践編
―― 周縁化される人々のための総合的なしくみづくり

序章　事業の変遷と
　　　「顔の見える公」をめざして　16
　　榎井縁

1章　相談事業　36

　1
　支援臨床 ―― 安心と信頼をつくる枠組と実践　36
　　吉嶋かおり

　2
　相談事業担当職員の試行錯誤　53
　　山本愛

2章　子ども事業　63

　1
　子ども事業のミソ ―― 子どもとボランティアがつくる居場所　63
　　今井貴代子

2
子ども事業と居場所づくり──「いいじゃん！ぬるま湯で！」 74
　　山根絵美

3
若者支援──職員だって悩む 84
　　黒島トーマス友基

3章　日本語交流活動 95

1
「日本語を教える」から
「日本語で知り合う・つながる・支え合う」へ 95
　　新矢麻紀子

2
市民による日本語交流活動の広がり 105
　　山野上隆史

3
日本語事業の現場
　　──働く場の環境づくりと関係づくり 114
　　山本房代

4章　国流に集まる人びと 125
　　永田貴聖

5章　国流の取り組みを捉えなおす
　　──ソーシャルワークの視点から 144
　　門美由紀

第Ⅱ部　社会状況編

6章　市の施策　168

1 豊中市の多文化共生と外国人施策　168
田中逸郎

2 多文化共生指針とは　180
山野上隆史

3 福祉の視点からみる豊中市多文化共生指針　183
武田丈

7章　国の施策と各地の対応　196

1 日本の外国人政策と「外国人」イメージ
——実態と意識のギャップを生んでいるもの　196
野崎志帆

2 〈多文化共生〉のまちづくりと自治体政策　206
渡戸一郎

3 多文化共生地域福祉とジェンダー　216
朝倉美江

8章 とよなか国流の
　　基本理念を考える　229
　　　窪誠

9章 地域福祉からアプローチする
　　多文化共生　247
　　　牧里毎治

付録

とよなか国際交流協会の外国人支援事業　268
25年目の国流で働く職員からの一言　273
とよなか国際交流協会のあゆみ　279
統計資料　295

とよなか国流と私

ジャ・チン　62
平松マリア　94
スシル・サプコタ　123
ディスネル・グタラ　124
大城かおり　140
和田由起子　162
呉賢志　193
姜秀京　226
髙木智志　244
シュレスタ・ニローズ　264

COLUMN

外国人の就労支援で気づいた
支援者に求められる福祉的な関わりと可能性　141
　　冨江真弓

豊中市社会福祉協議会と
とよなか国際交流協会との連携に期待　163
　　勝部麗子

持続可能な地域づくりに向けて
　──ESDとよなかとSDGs　194
　　岩﨑裕保

在日フィリピン人女性の高齢化と
その複合的課題　227
　　高畑幸

子どもが困窮から救われ、学ぶ、育つが優先される社会
　──その担い手であり続けることを誓って　245
　　金光敏

豊中市に『こくりゅう』があること　265
　　柴田亨

第Ⅰ部

実践編
周縁化される人々のための総合的なしくみづくり

序章 事業の変遷と「顔の見える公」をめざして

榎井縁
大阪大学大学院
人間科学研究科付属
未来共創センター特任教授

はじめに

1989年、日本が経済力を背景に国際的な地位を得ようと国際化に対応した地域づくりをすすめるため「地域国際交流大綱の策定に関する指針について」（自治画第17号）が制定され、都道府県だけでなく市町村でも国際交流協会がつくられた。1993年に設立された、ハード（建物）とソフト（組織）としてのとよなか国際交流センターととよなか国際交流協会も、豊中市が目指す"先進"の一つの象徴であったと思われる。市役所別館となったが、元国際交流センターのビルの側面には、現在も池田満寿夫が創った鉄製の大きなレプリカ"space dragon"が掲げられ、その時代の良き面影が残存している。

豊中市の財政逼迫は、1995年阪神・淡路大震災で南部地域に大きなダメージを受け、さらにニュータウンの高齢化など急激に加速し、1998年には財政非常事態宣言をするという現実的なものになった。当然、自治体の外郭団体は、新自由主義の煽りを受けた地方行政改革、地方財政再建のもとに見直しや適正化の対象となり、施設の再編や指定管理制度の導入、さらに公益法人改革など、時代の大きな波に翻弄されていくことになる。

そうした組織運営上の抜本的な変革や世紀を跨ぐ時代の激変の中で、とよなか国流は独自の歩みをすすめていくことになる。その活動は現在、「公正で持続可能な多文化社会を創る」ことを掲げ"外国人が安心して集える居場所づくり＆エンパワメントを進める事業や多文化共生社会を推進するひとづくりを中

心に、さまざまな活動を地域や学校と連携しながら日常的に展開しています"と示されている。これが机上の標語ではなく、積み上げられた活動の延長におかれているということをこの章では明らかにしていきたい。

　筆者は1998年4月から、同協会に自治体外郭団体の事業課長として市職員に準じるような好条件で着任した。2011年指定管理者制度導入と2013年公益財団法人移行を終えて、常務理事兼事務局長として退職する際は、職員の給与が生活するに十分とはいえない危機的状況の中に自らがいた。2013年とよなか国流が20歳（ハタチ）となる年に職員として卒業し、その後は理事として組織運営に関わっている。　初期の頃は公的機関として行政の強い縛りを受けていたが、後半は自立と銘打った強制的な切り離しを行政から通告されるという不思議な経験もした。組織をめぐって毎年のように荒波が寄せ、なんとか乗り越えることで、外国人の「公」を地域に創出していくという社会的役割はより明確になったといえる。こうした変遷について、内部にいた者として振り返りまとめていくこととする。

旧とよなか国際交流センター壁面の「space dragon」

協会*1の設立とミッション・ステートメント
──事業評価体系の創出まで

　1999年末、3つの串刺しになっただんごを歌った「だんご3兄弟」という1999年オリコンチャート1位を記録した童謡をもじって、「協会」は自らを「とよなか3きょうだい」の「行政」と「市民」の"あいだにはさまれた"次男にたとえた。まさに「行政」からみれば「市民」、「市民」からみれば「行政」という"あいだ"にあることを、自覚せざるをえない時期が訪れたことの象徴であった。

＊1　ただし、この章では具体的な事例を述べるため、正式名称である「財団法人／公益財団法人とよなか国際交流協会」を略した「協会」を使う。

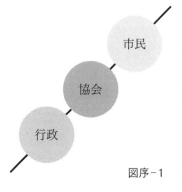

図序−1

　センターと協会は、"外と内""公と民"など違う質のものが交差するところにあり、初期の段階ではそれを整理できないままでいた。たとえば豊中市が、国際交流は在日韓国・朝鮮人だけでない外国人を対象にするという一方、民族的偏見や差別をなくすという明らかに在日コリアンを想定した人権尊重をうたっていることや、国際交流の担い手は住民であり行政は市民参加の環境整備をするといいながら、中間支援組織としての協会の役割は明らかにされていなかった。

　豊中市史によると、とよなか国際交流センターができたのは「いわゆる永住権を取った在日韓国・朝鮮人だけではないさまざまな外国人がいる、という中で、草の根的な動きがあった。そうした中で、国際交流を担当する係が昭和63年（1988）につくられ、平成元年（1989）に学識経験者による国際交流委員会が設置されるわけです。その委員会に対して『国際化時代における国際交流のあり方について』諮問をした」（豊中市2004：533）からだという。同委員会は平成3年（1991）9月に「豊中市のめざす国際交流」という提言を出すが、そこには国際交流の担い手は住民であり、行政は市民参加の環境整備であるとうたわれ、とりわけ在住外国人に対する偏見・差別の解消がまずうたわれているところが一般的な国際交流ではあまりなかったと評価している（ibid）。市の側も一貫して人権・平和という流れの中で動いていたというが、それには昭和55年（1980）全国に先駆けて「豊中市在日外国人教育基本方針―主として在日する韓国・朝鮮人児童の教育―」の策定が大きな影響を与えていたと思われる。方針には、「在日外国人教育は、人類普遍の原理である人権尊重の精神に徹し、外国人に対する民族的偏見や差別をなくする教育である」として、「差別に対する科学的認識を深め、国籍・人種・民族の如何をとわず人権尊重の教育が徹底するように努める」とうたわれている（豊中市2002：406）。

　市民側からみれば、自分たちの国際交流の活動拠点として、市が国際交流センターを建て、運営母体としての財団法人とよなか国際交流協会が設立され、

行政からの天下りではなく非政府組織（NGO）から抜擢された職員人事であったことで大きな期待を抱いていた。さらに、新たな組織を任され期待を受けた職員たちは、協会やセンターの存在を外に向けてPRしなくてはならず、初期の頃の事業は、アジアのミュージシャンやアーティストを招聘した数百人規模のコンサートや、月に数十本、外国語や外国料理講座、国際協力フォーラムなどを実施した。また、当時斬新的であった参加型のワークショップを中心とした地球市民教育によるリーダー養成セミナーなど、広く一般に向けられた「ハレ」の事業を打って出なくてはならなかったと想像される。

しかし、すでに姉妹都市交流や留学生支援、公民館の市民講座などを経てそれぞれのグループに属していた国際交流活動をしていた市民にとっては、外から来た職員たちが打って出た斬新な数々の企画に対して、自分たちの場所としての「センター」ではないという不満をもっていた。とよなか国際交流協会ニューズレター Come and Join Us 1998年1月号（第15号）では、国際交流協会と市民「もっと[2]信頼しあうために」（豊中市、2004）という特集が組まれているが、そこでは単発の行事や有名講師を呼ぶこと、大きなイベントではなく、日常的な交流の場を、部屋貸しの便宜を図ってほしいや、ボランティアと有給職員は違うから共催する時は「市民が勝手にやっているという態度では困る」などという不満が出されている。「国際交流の担い手は住民」「行政は市民参加の環境整備」という発想の中で、市民から見ると行政、行政から見ると市民となる、中間支援組織である国流としての主体をつくることが課題になったのが設立5年目あたりであった。

設立5年経って、協会は「地域や社会にとっての協会の存在意義や事業の理念については明確にできていませんでした」と、1998年5月に、センターで活動している市民グループのメンバーや、協会事業をともに実行している市民、賛助会員に呼びかけ、第一回『市民参加会議』を開き相互理解を求めている。しかし、地域社会をこのように変えているという明確な展望は示せなかった。事務局側で約半年かけ、すべての事業を見直す作業をはじめ、事業ごとの評価を予算の推移も含めて行った。多くの国際交流協会と同じように、市の出捐金でつくられた官製組織であったため、箇条書きにされた定款はあったが、自らのミッションをもたなかったのである。その時代多くの官製組織（市の外郭団

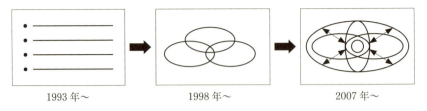

　　　1993年〜　　　　　　1998年〜　　　　　　2007年〜

図序-2

体）はミッション・ステートメントや評価のシステムを持っていなかったというのが現状であった。

　全体としての協会活動をふり返り、協会とはどういう存在か、何を目指すのかを原点に戻って考え直し、はじめて「とよなか国際交流協会活動方針」を体系図としてあらわし、基本理念「市民の主体的で広範な参加により、人権尊重を基調とした国際交流活動を地域からすすめ、世界とつながる多文化共生社会をつくる」を据え、その下に3つの重なり合う円による、ベン図「市民がつくる国際交流活動」「外国人市民と共生するまちづくり」「ともにつくる世界の未来」を描き、すべての事業を位置付けなおした（Come and Join Us　1999年5月号）。それが「行政」でも「市民」でもない「協会」としての初めての自己宣言、「とよなか3兄弟」の次男としてのスタートであった。93年時点の定款とセンター条例という箇条書き的な規約から、事業体系図としての3つの円が重なるベン図が生まれたのだが、これが2007年に現在の曼荼羅型の事業体系図へと変化していくこととなる（図序-2）。

　同じ1998年、豊中市は、少子高齢化と阪神・淡路大震災が引き金となった極度の財政難に陥り、財政非常事態宣言を行い、2年後の赤字（準用財政）再建団体転落を回避するために「豊中市行財政改革大綱」を設置した。各部局は事業費の大幅削減（3〜5割）をベースに予算の見直し要求を要請され、予算の大部分を市の補助金に頼っていた協会も事業再編成を免れなくなったが、行政に準じて上意下達的にはそれを市民活動に適用しなかった。協会は、市民に協会財政や事業全般を知ってもらい、予算削減をそのまま協会事業に当てはめるのではなく、活動についての評価や事業の洗い直しを協会の理念に照らし合わせて行い、活動の本質を失わせないようにするために評価軸を作成し、事業

評価を実施し、全体で共有した。

評価軸は、「ひと」がつくる「場」とその「場」を通して様々な「ひと」が育っていく、社会『参加』を促進させる機能の側面を10段階に分け、すべての事業に関わる市民ボランティアと「協会事業を振り返る票」を作成し、集約して全体での共有と意見交換をした。これが現在も毎年行って

2002年度の事業評価会のようす

いる「事業評価会」の始まりである。参加を促進させる機能の10段階の評価スケールは、2007年度まで継続して用いられた。

当時、全国の国際交流協会でミッション・ステートメントの作成やそれに基づいた事業評価を行っているところはほとんどなかった。事業が将来に向けてどこを目指すのか、事業同士を有機的につなげて効率をあげるなど、事業全体についての検討が、協会職員だけでなく事業に関わる市民とともになされるようになったことは、現在のボトムアップ型の組織づくりの原点ともいえる。

このようにミッション・ステートメントや事業評価体系が形成される中で、行政等の公的機関との関係およびそこでの役割＝協会活動の社会化＝の重要性が認識されはじめた。つまり、豊中市が設立した機関であることに着目し、地域社会の課題を豊中市や関係団体と連携して市の政策に反映するという役割、「行政でも、市民でもない」ことは「行政とも、市民とも」連携できる強みと捉え、改めて主体的な組織としての歩み始めたのである。

市民ボランティアの参加の意味と公的機関としての専門集団の確保

協会が設立当初から行ってきた外国人住民に対するサービスとして「日本語を学べる場」と「相談できる場」の提供がある。その二つに関しては今に至るまで協会事業の中枢部といっても過言ではなく、多くのボランティアや外国人が安心して参加していることが毎年の事業報告から読み取れる。現在の形態に

至るまでの過程について述べておきたい。

　日本語教室は、1998年度までは、レベル別にクラスを分け、統一された日本語学習の教科書を使用し、日本語を教えることのできる講師が雇用されていた。おおよそ2年ほど通うと基礎的な日本語が習得されることになり、クラスを卒業して、社会で日本語を使えるようになれるという目標が定められており、月に一度の講師会議などももたれ順調な運営がなされてきた。しかし、前述のように1998年からの事業見直しに際して、アンケートが実施され、学習者による日本語教室の評価を調べることとなった。その回答のほぼすべてが、日本語教室に満足しており、講師の丁寧な教え方や授業のわかりやすさなどを肯定的に捉えていた。その最後の質問に、「あなたは学んだ日本語をどこで使いますか？」というものがあった。これは社会で使えるようになれるという目標がどのように実現されているかを測る意図であったが、ほとんどの回答は「ここです」「センターです」とあり、担当職員（榎井）には大きな衝撃であった。日本語のスキルを身につけても、使う相手（日本人の知人や友だち）がいなければ社会で日本語など使わないということであり、それは裏返せば日本語を学ぶ場そのものを教室から多様な外国人・日本人が参加する地域コミュニティのような場に変える必要があるということであった。

　こうして1999年から、日本語交流活動という新体制づくりがはじめられた。先生と生徒のいる日本語教室からの転換は初動時困難を極めたが3章にも述べられているとおり、"地域日本語活動"の文化がつくられていくこととなった。少なくとも、講師雇用の頃は学習者と個人的な関係をつくらない、個人的な相談にはのらないといった鉄則があったが、逆に日本語活動で出会い、私的に関係を深めることや個人的な相談にものることは奨励されるようになった。

　一方、相談サービス事業は、地域をよく知る人による、外国人のためのよろず相談的な形で始められていたが、すぐに言語的な問題がでてきた。前述した様々な改革がはじまった1998年、相談サービスに"通訳"ではなく"多言語スタッフ"として地域に暮らす外国人女性が雇用されることになった。このことが相談サービスを専門化させていくきっかけとなった。相談の多言語化を図ることによって、それまで想定されていなかった人たちが相談サービスを利用できるようになり、外国人がいつでも来ることができる「居場所」という発想が

つくられていった。相談窓口のことが外国人の間に浸透していくと同時に、相談内容はシビアなものや複雑なものになる傾向は避けられなくなっていった。

特に豊中市が2000年から外国人向け市政案内窓口を設置したことによりそこから相談に来る外国人が増えたことと、DV防止法が成立し2001年に大阪の広域ネットワークで初めて外国人のためのDV相談を始め、協会内にDVホットラインがつくられたことで、その相談件数が増えていった。相談サービス事業の質が変化し、守秘義務や責任問題を避けられなくなる中で、職員がその解決を図るようなケースが増えてきた。2005年からは女性相談の専門家と6〜8名の多言語スタッフとが組んだ相談体制がつくられていった。自らも当事者性をもつ多言語スタッフたちが相談の中心に位置付けられることにより、待機している相談だけでなく、外国人が集える場の企画などもされていった。ひとりの人としての外国人を大切にしていこうとする視線、そのエンパワメントにつながるような事業展開を意識しながら試みられるようになっていくのもこの時期である。また、次に述べる市と財団との棲み分けがはじまり、協会の最重要課題が明確になった時期でもある。

いずれにせよ、より脆弱な立場にある外国人こそが安心して参加できる「場」づくりのため、日本語活動をとおして多様な市民ボランティアが同じ地域住民としての関係を結ぶ機会を拡げるとともに、日本社会での生きづらさを解決するために公的な機関で外国人市民が権利の主体として利用できることを協会では意識してきた。そうした中で、持ちかけられた相談をたらい回しにせずしっかりと解決していくために専門家や専門集団的なものが徐々に形成されてきたといえる。少なくとも、日本語や相談の事業の組み立て方は協会の基本的なスタンスを明確にしてきたといえる。

外国にルーツをもつ子どもと伴走する、ピアを大切にした子ども事業

豊中市は全国的に見ても教育運動が盛んであり、1970年代から同和教育、「障害」児教育、外国人教育に教職員集団が積極的に取り組んできたという経緯がある。1971年豊中市同和教育基本方針、1975年豊中市障害児教育基本方針、1980年豊中市外国人教育基本方針が作成された。また全国に先駆けて1980年

夏から在日韓国・朝鮮人児童生徒のためのサマースクールが開かれ、翌年から「在日韓国・朝鮮人のこどものためのハギハッキョ」（中学生はハギハッキョ・キャンプ）が現在に至るまで39年間継続して取り組まれている。

　協会・センター設立後は、1991年から市内の小学校で月1回取り組まれていた「韓国・朝鮮の遊びと言葉の集い」（「つどい」とする）がセンターで行われるようになったが、この外国人教育に取り組む教職員と協会が接点をもちはじめたのは、1995年以降中国帰国者の子どもの編入の激増からであった。日本語がまったくわからない子どもをどうしたらいいかわからないという学校の困惑の中で、子どもの日本語支援と学習支援を手探りで始められたのが子ども事業であったが、その後、豊中市教育委員会も「帰国・渡日児童生徒相談室」などニューカマーの子どもの受け入れシステムをつくり、協会の子ども事業はもっぱら子どもたちにとっての"居場所"を目指すこととなった（とよなか国際交流協会、2008）。

　そうした中で、日本語や学習支援をする場面では「教える側」「教えてもらう側」という学校と同じような力関係が子どもと支援者の間で生じてしまい、「日本語ができない」「学習が困難」な子どもであればあるほど、その場は居心地があまりよくない、という避けられない現状も見られるようになったため、参加する子どもたち（特に日本生まれ日本育ちの子ども）の「子ども同士がつながりたい」「話を聞いてほしい」「ただ居られる居場所がほしい」といった本音の部分を大事にしようという方向が目指されていくようになる（今井、2014）。2章で詳しく述べるが、2006年度から始められた子どもサポート事業「サンプレイス」「子ども母語」が学生ボランティアによって運営されているのは子どもに寄り添い、子どもとともに活動をすすめることができる、少し前子どもだったピア的存在が重要だと考えるからである。子ども母語は、相談事業で子どもが母語を話せなくなるかもしれないという切実な保護者たちからの声を反映して始められたが、母語担当者は主に子どもたちと同じく幼少期、青年期に日本に来た、同じ経験をしている外国にルーツをもつ大学生などである。

　また、子どもサポート事業全体をコーディネートするのも外国にルーツをもつ大学生である。子ども同士、子どもとボランティア、ボランティア同士で項目がつながり、子どもの安心・安全が織りなされる居場所を大切にすると同時

に、当事者性の強い事業としての不安定さや、子どもがそもそも居場所を求めているという社会的意味なども含めて、子ども事業に関わる職員の専門性については常に「何であるか」が問われ続けているといえよう。

学校とつながってつくる豊かな未来
──小学校外国語体験活動と豊中市国際教育、おまつり地球一周クラブ

　外国にルーツを持つ子どもが日常的に過ごす場所はやはり学校である。前項のとおり、学校側がニューカマーの子どもの受け入れシステムをつくってきた一方で、豊中市の学校全体が日本の子どもたちにも多文化と共生するような働きかけをしてもらうように、特に豊中市教育委員会との協働をすすめてきた。2006年に文部科学省が提唱し、豊中市が受けた「国際教育推進プラン」は、これまでの国際理解教育について特に総合的な学習の時間などの授業実践について、英語活動の実施が国際理解であるという誤解が広がっていたり、単なる体験や交流活動に終始しており、教育内容が希薄化、矮小化しているという観点や、外国人の児童生徒が増え、学校の多国籍化・多文化化が進む中で新たな課題として、教科の学習内容を十分に理解できるだけの日本語能力が育っていない子どもたちへの指導の充実や、公立学校などで教育を受けていない不就学の問題、母語を十分に修得できていない子どもたちの問題に取り組むということ、さらに学校と地域の間に立つコーディネーターを学校外の豊富な経験や活動実績を持つ人材や組織の活動に期待をかけているという国際にかかわる様々な教育を、教育委員会のパートナーとして協会が共にすすめていこうとするものであった。

　また、同時期、豊中市では2002年から全小学校（41校）の3～6年生の英語体験活動を開始し、その活動内容を英会話やイングリッシュ・ネイティブスピーカーの教師を扱う業者に委託や派遣という形で依頼してきた。

　2004年豊中市で発足した「ESDとよなか」の中心となった環境と国際の団体が小中学校の総合的な学習の時間の中で取り組まれる環境教育や国際理解教育に利用・消費されている感を抱いて変革を求めていた時期でもあり、2006年、豊中市が市民公益活条例に基づきこの事業を「小学校外国語体験活動」として実施する団体の提案公募に協会が応募し、委託団体として選定された。それま

でと違い、地域に暮らすアジアを中心とした外国人をプログラムの外国人「サポーター」として授業に参加させること、「異なる文化をもつ人との出会いを通しての豊かな世界認識や、多様な人びとと共生する姿勢、さらに日常使用していない言語の存在を実感し、双方が積極的にコミュニケーションを図ろうとする姿勢を形成していくことに重要さを学び、コミュニケーションの基礎となる傾聴の態度を身に付ける機会を提供する」ことを目指し、英語に限らず各クラスが希望する外国語の体験活動に応じることであった。その主たる狙いは、豊中市の学校に在籍する外国にルーツを持つ／外国籍の子どもたちの自尊感情がはぐくまれ、マイノリティの子どもたちのエンパワメントとなる事業展開をすることと、地域に根ざして暮らす外国人住民が、豊中市の学校教育現場で自分自身を伝える作業や、それに付随する様々な学びとなる機会を生み、それらを通して周縁化されがちな外国人の社会参加モデルをつくるということであった。この目的がどれだけ果たせているか不明であるし、英語主導による予算削減の波は避けられないが、少なくとも現在に至るまで13年間、この事業が全豊中市の小学校に定着していることについては、全国でも高く評価されている。

　最後に、子どもたちが地域で外国人とともに学ぶことのできる「平和と共存のための『おまつり地球一周クラブ』」についても触れておこう。この事業は、文部科学省「子どもの居場所づくり新プラン」の委嘱を豊中市教育委員会から受けて2005年から取り組まれている。事の発端は、豊中市職員で海外青年協力隊経験者と企画した国際理解セミナーで、中心から追いやられた隅っこから多様なセカイが見えることを子どもたちに伝えたいという思いからエッジ／隅っこクラブが誕生し、このプランを利用して、一年をとおして多様なセカイを体験しながら平和と共存のために生きる力をつける場をつくろうと始められ、委嘱終了後現在に至るまで継続しているものである。学校の国際理解教育の場ではどうしても授業で感想を書いて終わってしまう一過性のものを、地域の外国人と子どもとその保護者も含めて楽しく関係性を保ちながら事業展開していくというもので、外国文化や外国人を「消費しない」関係づくりが意識しされている。

外国人問題の社会化と、周縁化される非対称な人びとへの着目

　2004年、協会は設立から10年経過したころから事業的には専門的な解決をめざせるような方向性に進むと同時に、外国人問題そのものを地域で社会化していかなければならないという側面をもつようになる。市の様々なセクションからは「外国人の問題は国流へ」と丸投げされることも少なくなかったが、それは言語や文化が違うことにより、不利益をうけている一人の市民であるということを蔑ろにしているのではないか、というのが協会のスタンスであった。外国人が一人の市民であるという認識をまず持ってもらうためには、地域の他の課題を担う組織と認識を共有すること、すなわちネットワークが必要になってくる。すでに2001年「活動と社会参加をつなぐためのボランティアリーダー・トレーニングコース」という市民活動を切り口にした福祉、国際、男女共同参画、などのボランティアをシャッフルするような取り組みはおこなっていたが（6章参照）、2004年国連「持続可能な開発のための教育（ESD）の10年」が始まると、市と地域課題の解決にあたる諸機関と協働することで、協会の抱える課題を地域の課題として提示していくことに努めた。

　2005年からは、豊中市が外郭団体の経営健全化という切り離し作業を一斉にはじめる時期とも重なっており、「財団あり方検討部会」が設置され、市と財団の棲み分け作業の結果、「とよなか国際交流協会のあり方について」の最終報告書がだされた。そこに示された協会の新たな展開は次のとおりである。

　　協会は、社会でより弱い立場におかれたり、周縁化されやすい外国人市民の自立や社会参加に向けて、総合的外国人支援を乳幼児から高齢者まで世代を分断することなく、推進させていくことを最重要課題に据える。また将来的に支援を必要としなくなるような地域づくりのために、多様な文化がみとめられる「ばづくり」を多様なセクターや分野と、差異のある人びととの共生のために行動できる「ひとづくり」を学校をはじめとする教育機関等と連携しながら推進していく。これらが新たな展開として、地域で望まれている未来へ持続可能なまちづくりの一端を担うものと考える。
　　（2007年3月最終報告書「とよなか国際交流協会のあり方について」より）

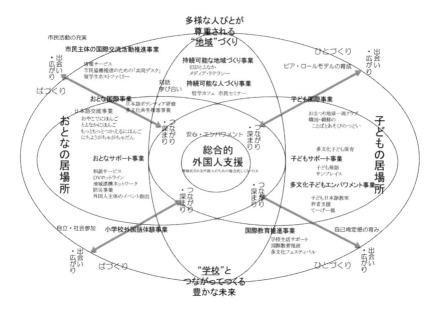

図序-3

　「周縁化される外国人のための総合的なしくみづくり」を事業の柱に据えた。1999年につくられた3つのベン図による事業体系から、フォーカスを当てなくてはならない対象＝支援を必要としながらも公的支援から遠かったり、日本社会の中で基本的な人権を保障されていなかったり、そのことに声をあげられない状態に置かれている人びと＝を明らかにし、その最重要課題を中心にしてすべての事業を有機的につなげる、曼荼羅図のような事業体系に再編成した（図序-3）。相談などの事業をとおして、そこに働きかけをしなければならないのは、サービスの平等をうたう行政でも、個人でそこまでの責任を負えない市民でもない、協会組織であるとの経験的な自覚からだった。

　協会は1999年末から2000年にかけて中国帰国者の家族の「偽装」という摘発によって退去強制になる非正規滞在者の子どもたちの発達と教育を受ける権利を守るネットワークを、大阪の支援組織や教員組織を行ってきたという経験

を持っていた。また、DV被害者の外国人女性も在留資格がないケースが多く、日本の国内法では限界のある「外国人の人権」を守ってきた[*1]。またそうした人たちが安心して安全に暮らせる地域社会づくりこそが、誰もが安心して安全に暮らせる持続可能な地域社会づくりにつながるという確信もあった。国が管理・統制しなければならない外国人を、地域

三つの視点のための対話集会「地域福祉の現場から コミュニティの現状と課題をさぐる」のようす（2009年）

に暮らす隣人として位置付け直すことこそがその使命だと考えたのである。

2006年に豊中市は指定管理制度を導入、実施は5年後とされた。その前倒しではないが、2008年突然施設整備の観点から国際交流センターの移転計画が発表された。閑静な住宅街にあったセンターが駅ビル施設の中に入ることは、より「よい」条件になるという市からの説明であった。外国人は自分の第二の家ともいえる慣れ親しんだ場所で、一軒家で、子どもが自由にその中で移動できる、またDV被害者の相談時には加害者から完全に守られることなどへの想像力はなかったといえる。さらにその説明会についても日本語で、平日昼間など役所の都合が優先されること、また、いくら理解ある担当者であったとしても「市の施設統廃合」という大きな波の中では"決まったこと"を告げる以上の役割は果たせないことが見てとれた。

移転計画提示をきっかけに、センターで活動する市民による「協会をともに考える会」が立ち上げられ、協会とともに、その存在意義や自分たちの活動をどのように地域に根付かせ継続させていきたいかを考える機会をもった。移転そのものは市有施設の問題であったが、国際交流センターのように目的を持った公的施設においての活動が地域でどのような社会的意味を持つのかということを明確にするためのワークショップが重ねられた。その議論の中でつくられ

[*1] 日本の最高法規である憲法は国民の人権を守るが、外国人は該当しない。

た大切な視点を3つ抽出し、1998年から継続している事業評価にその視点を取り入れることとした。その視点とは次の3点である。

　協会の最重要課題に取り組んでいくためには、社会的に力を奪われている外国人を中心に、かれらが「安心」して「安全」に入られる環境を整えることが大きな前提条件である。その上で①かれらが「居ることのできる場所」をつくること（「居場所」の視点）、②事業をとおして奪われていた力を取り戻せること（「エンパワメント」の視点）、そしてそれを生みだすための③民主的なプロセスでつくられる組織（みんなが活かされる「ボトムアップ」の組織づくりの視点）が大切であることが確認された（とよなか国際交流協会、2008）。また、その評価のまとめとして、協会はどういう状況の中で、誰が、何をしているのか、事業名、実施者、活動内容、対象、直接的な結果を同じフォーマットに揃えて全体が見とれるように図示するという工夫もされた。

市場原理のもとでの組織運営──指定管理制度と財団移行の乗り越え方

　2010年、豊中市は国際交流センターの指定管理者を募集し、協会のほかNPOや民間企業などの団体が応募し、最低予算を提示して協会が指定管理者となった。公的分野の民営化には市場原理があり、市出向職員の引き上げによる人員減と年間予算の大幅減は、雇用体系の改変など組織改革を断行しなくてはならない厳しい状況におかれた。

　こうした厳しい状況の中でも、センターや協会事業に関わるすべての人と課題を共有する機会に変えていく、ピンチをチャンスにという姿勢は、1998年の緊急事態宣言、2008年の移転計画などを通して多くの人に共有されていたといえる。2010年「みんなで考える『協会（組織）・活動（人びと）・センター（公共空間）』の未来」において、指定管理制度での施設効用を"効率性""経済性"と捉えるのではなく、その社会的使命を最大限に発揮することであることを共有し、その年の事業評価会では、指定管理期限となる5年後を見通した課題や提案を出し合った。限られた資源や条件のもとで持続可能なセンター運営を行い、センターで営まれる活動が発展できるような環境整備をしていきたいと協会が呼びかけ、協会の社会的ミッションを共有するとともに、意思決定の透明性や組織マネジメント、公共空間の使用方法やメンバーシップに関するルー

ルづくり、信頼関係と並行して構築されるべきネットワーク、発信や周知の方法と資金・人材・技術を含めた社会資源の確保と維持といった課題を明確にした（とよなか国際交流協会、2011）。

　指定管理がスタートした2011年はこの準備を経て「みんなでデザインする協会（組織）・活動（人びと）・センター（公共空間）の5年」（略称"デザイン5"）に取り組んだ。様々な課題を乗り越え、活動や協会をいっそう活性化するためのプロジェクトを事業とは違う形で5年かけて行うことを試みた。

　この年は、3・11を受けて原発に関する学びの場を設けたり、ESDの捉え直しをしたり、「学びほぐし」（unlearn）シリーズとして2008年から手がけていた「『あたりまえ』に対抗する"ばづくり・ひとづくり"実践者セミナー」を再開し、協会で外国人支援に関わる活動をする実践者たちが、自分たちの活動に対する、常識とか固定観念を解きほぐす場をもつ重要性を再認識した。これらは一般市民というよりも、職員や事業ボランティアに向けて行われている。マジョリティ側がほぼ無意識に持ち得ている力や権力について、活動者や活動を支える組織が、常に自分自身を検証する場を持たなければ、安い労働力としての外国人が導入され人権を無視するような管理統制を強化するこの社会の中で、知らない間にかれらを搾取する側に立ってしまう危険性は大いにある。日々の活動が継続する中で、その危機感を持つことができる「節目」として、unlearnは位置付けることができよう。

　また一方で、事業の市民ボランティアの自立的に新たな活動を生み出し、子どもの日本語保障をする日本語指導者グループが誕生したり、図書館で活動していた「おやこでにほんご」のボランティア有志が一年間の準備を重ね、活動の拠点を新たな図書館に増やすなど、市民と行政の間にある「協会」の性格を活かしながら、活動の幅を拡げる動きが散見されるようになっていくなど、協会事業の成熟期を感じさせ、市場原理の波を乗り越えていくことができると思われるほど、市民活動の足腰はかなり鍛えあげられているような動きがあった。

　2008年には公益法人制度改革があり、認定機関である大阪府との関係をつくりながら2012年4月に公益財団法人への財団移行を終えた。一般財団法人となることもありえたが、国の基準に叶った公益事業「地域における市民の主体的参加による、人権尊重を基調とした多文化共生社会を早出する事業」を展

開し、それにふさわしい組織であることを常に明示していくことが、指定管理者としての責務を果たす上でも重要だという認識をもったからだといえる。指定管理制度についても、公益法人制度についても、一般的には理解し難い複雑な制度の中で示されたものであったが、常に民主的なプロセスでつくられる組織—みんなが活かされる「ボトムアップ」の組織づくりの視点－が大切であることを最重要課題に掲げていたからこそ、ハードルが高くても「広く公に認められる」ことをクリアしていくことができたといえる。それは90年代末から事業評価をはじめとし長年の歩みの中で信頼関係が構築されてきたからこそ可能であったといえる。

わたしが職員を卒業した2013年の時点では、それまであった行政からの資金的後ろ盾から切り離され、それゆえの剥奪感があった。しかしその後、社会背景としての新自由主義の蔓延や、国際交流分野は法的な根拠がないという状況を前向きに受け入れ、職員の雇用条件や給与などの整備が地道に積み上げられ、現在は安定期に入っている。また、自立した組織として、改めて行政との関係が再構築されたり、市議会や市内の中間支援組織や団体、市民への理解を促す働きかけを行うことにより、新たな容姿の国際交流協会の礎が築かれはじめている。協会の社会的価値評価がそこに着実に積み上げられているというのが現在の状況だといえる。

外国人を巻き込む社会問題への挑戦——教育、貧困、離婚、若者支援

2013年、協会＆センターが設立20周年（ハタチ）を迎え、"成人"にふさわしい組織として社会から必要とされ多文化共生社会の創出の拠点として、次なる挑戦をスタートさせることになる。前項でも述べたとおり、一定の安定した活動を担う市民層が、ミッションをそれぞれの場で実現していくようになったことと共に、豊中市も2014年に「豊中市多文化共生指針」を策定し、国際交流センターを多文化共生施策推進拠点施設とすると明示した。そうした中で、協会は「アウトリーチで地域とつながって歩む」「ネットワークで確かな支援の輪を」「次世代と共に持続可能な共生社会へ」を掲げて、豊中における国際交流と多文化共生の拠点としてのハブ的役割を務めはじめた（とよなか国際交流協会、2014）。

社会福祉協議会とは1990年代からのつながりはあったが、各地域で網の目のように地道な活動をしている民生委員児童委員協議会との情報共有や協力体制の働きかけ、同じ豊中駅に近い市民活動情報サロンや男女共同参画推進センターとの駅前活性化イベント、民生委員や保健師、保育士などとの機関連携が積極的に行われるようになった。

子どもたちが手作りした協会キャラクター「コモとスース」

外国人支援をその事業の中心に据えると同時に、外国人を巻き込む社会問題へのアプローチの側面も出てくるようになった。例えば「若者支援」は、日本社会でのニートやひきこもり、浮遊していた若者の課題であり、次世代を担うべき若者の社会への参加・参画を図ろうとするものであるが、そこに外国にルーツを持つ若者も位置づけながら取り組みをしていくというものである。また、生活困窮世帯の子どもの就学・就労に向けた学習支援事業についても、広く取り組まれはじめているが、外国ルーツの子どもも視点に入れながらそれを市の委託事業として展開するというスタイルをとった。

さらに、相談事業の中からは日本の協議離婚制度の簡便さから日本人配偶者から離婚届を勝手に提出されるケースが見出され、日本の協議離婚制度の課題として発信するとともに協会に代表事務所を設けて協議離婚問題研究会を発足させ制度改善の要求を検討したり、当事者への啓発を行うなど、日本社会への問題提起を行っている。

こうした取り組みは、外国人が持つ個人的問題から支援を描くのではなく、「社会モデル」から外国人が住民として公正に暮らせないという発想で社会問題に挑むという協会の持つに至った一つの姿勢から来る。「社会モデル」は主に障害学などで考えられてきたもので、その人の生きづらさを障害があるからとする「障害の個人モデル」「障害の医学モデル」ではなく、社会の側が困難をつくりだし、障害を持つ人の生き方を狭めていると考えるものである。前者

シンポジウム「無国籍状態の子どもたち」2010年

の前提には健常者が基準という「あたりまえ」がある。それと同じ発想で、言語、民族、国籍、文化的背景（ルーツ）が違うことによって、外国人が暮らし辛さや生き辛さを抱えていることに対して、日本人のようになることを支援しそれを克服させるのではなく、日本人と同じ辛さを抱えながらさらに、かれらにも行きやすい環境に地域を変えていく必要がある、という考え方に至ったからだといえる。これは、逆にいうと「誰にでも平等なサービス」を唱える行政が見落としがちな、協会だからこそ、踏みこめる領域であるといえよう。

おわりに

　協会がミッション・ステートメントを1990年代という早い段階で「行政」「市民」の間で創出することができたこと、また、これは豊中市をはじめとする大阪の特徴であると思われるが、人権をベースにしてきたこと、さらに文章中では触れなかったが、協会職員には必ず在日コリアンの職員が、そして現在は外国にルーツを持つ若い世代の職員が存在することは大きい。

　内部的外部的な揺さぶりや危機が何度も押し寄せる中でも、外国人も日本人も含めた一人一人の「尊厳」が大切にされる活動をすること、社会的な理由——国籍や民族や文化やルーツなどによって、そのことが大切にされないことがあれば、それを変えていくための活動を積極的に推進することが、協会の存在する意味だということを、折々確認しながら来たということだろう。その確認とは、事業計画をつくるための毎年の事業評価会であり、学びほぐしなどに象徴される、ボランティア実践者の研修であり、一つ一つの事業に初めてアプローチするボランティア入門講座であり、その中で積み重ね実践されてきた活動と、そこに培われてきた見えない文化といってよいものだと思われる。

　また組織的な役割としても、事業は公的責任を引き受けるためのプロフェッ

ショナルなものを追求していくと同時に、誰にとってもオープンでわかりやすいボトムアップ的な運営を心がけるということを、たとえ、それが指定管理制度の5年間という行政用語であっても、「みんなでデザインする協会（組織）・活動（人びと）・センター（公共空間）の5年」という、ピンチをチャンスにつなげるアプローチをとってきたといえる。

　遠方からセンターを訪れる人がよく驚かれるのが、肌で感じる"活気"だという。それは、特に、力を奪われている外国人女性や子どもたちが伸び伸びとした姿でそこにいること／そこにいてあたりまえという承認が、その周りのセンターを出入りする市民ボランティアや職員によって醸し出されているからだと思われる。それがやはり「公的施設」であることに大きな意味がある。何世代経っても、権利の主体になれない日本社会にあって、外国人問題の社会化は「公的」な力を借りないと実現することは難しい。このような様子がみられるような地域に外国人の「公」を創出することがこれからも求められていると思われる。

参考文献
豊中市（2004）『新修　豊中市史　第十一巻　社会教育』
豊中市（2002）『新修　豊中市史　第十巻　学校教育』
Come and Join Us　1999年5月号（第19号）「みんなでつくる　とよなか国際交流協会」財団法人とよなか国際支援協会
財団法人とよなか国際交流協会（2008）『地域における外国にルーツをもつ子どもの居場所づくり～子どもサポート事業のあゆみ 2006・2007』、2頁
財団法人とよなか国際交流協会 2008（平成20）年度事業報告
財団法人とよなか国際交流協会 2011（平成23）年度事業報告
公益財団法人とよなか国際交流協会 2014（平成26）年度事業報告
今井貴代子編（2014）『外国にルーツをもつ子どもと支援活動「居場所づくり」「学習支援」の現場から』、26頁

1章　相談事業

1　支援臨床
―― 安心と信頼をつくる枠組と実践

吉嶋かおり
外国人のための多言語相談サービス事業
相談員・臨床心理士

はじめに

　「在住外国人」は、特有のニーズがあり、特有の対応が必要な生活者である。しかし在住外国人は、行政において、「子ども」や「高齢者」や「障がい者」などのように、福祉政策の対象になっていない。行政において「在住外国人」は、日本人市民にとっての交流の対象、あるいは、人権政策の対象という位置づけがなされてきた。いわゆる「移民（＝市民）」ではない彼らは、福祉も教育も法制度の想定対象者ではなく、生活者として認識されてこなかった。そのため、対応する職員と在住外国人の双方が困難を感じる場面が多いのではないだろうか。

　このような中、在住外国人の生活ニーズに対応しているのは、地域のNPO・NGOやボランティア団体等であることが多い。とよなか国際交流協会（以下「当協会」）のような地域国際交流団体も含まれる。現場で起こっているさまざまな問題に直面し、迅速・柔軟に対応しているが、団体や実践者によってばらつきが大きく、「支援」として一定の質が保たれる仕組みがない。これは、支援が法制度を根拠に行われていないこと、福祉等の支援専門職が担っていない場合が多いこと、支援の実践を共有し、検証し、発展させる枠組みが十

分ではないことなどが背景にあると考えられる。

　行政事業に対する典型的な批判として、ハコはつくるがソフトが伴わないということが指摘される。これは、ハコ＞事業（ソフト）の順にわかりにくく、「成果」が見えにくいためであり、また、ハコづくりとソフトづくりは大きく性質が異なるからでもある。支援事業には、さらにここに「支援臨床」という領域が必要なのだが、その意義はさらに認識されにくい。これは当協会も例外ではなかった。ハコ＞事業＞支援臨床の順にわかりにくく、見えにくいため、そして事業実践と支援臨床実践は性質が異なるためである。ハコづくりをする人（政策立案・実施者）に事業実践は専門外であるように、事業実践家・起業家には、支援臨床実践がどのようなものか見えにくいのは当然である。当協会においても、ニーズをキャッチし、事業化し、人々が参加できる仕組みをつくっていく事業実践力はあるが、そこで展開されている日々の臨床場面の具体的な細部において、理論と技術に基づいた実践がなされているかどうかまで認識が及んでいなかった。支援事業を立ち上げ、そこに優しくて親切で人当たりのよい人、知識の高い人、カリスマ的な人などがいると、臨床実践が成立しているように見えるが、これはスタッフの個性でもって実践されているにすぎず、事業における支援臨床を評価する必要性は認識されてこなかった。しかし、在住外国人支援に公共的意義と安定性を担保していくためには、臨床的評価と検証は不可欠である。支援臨床の専門職が行い、重視するのは、臨床の一つひとつの場面、そしてその積み重ねが、枠組みやハコに応じて、適切・効果的かどうか、スタッフの個性による実践ではなく、検証可能な実践が行われているかどうかである。またその実践が、枠組みやハコへフィードバックされることも重視する。

　個性が活かされることはすばらしい。しかし、個性によって行う支援は、問題が生じた時に、独善的に陥りやすくなる危険性をもっている。筆者が強調したいのは、支援においては、課題を可視化し変革を起こす事業家能力、立案・政策を行う政策家能力とともに、臨床において適切十分な対応をする臨床家能力が必要であるということだ。日本では、そして特に在住外国人の領域では、この支援臨床についての社会的意義の認識が弱い傾向が続いている（福祉領域の専門性に対する職業的評価は低く、低賃金の仕事になっていることからわかるだろ

う)。これらの能力は、一人の人に求められるというわけではなく、それぞれの能力を持った人々のチームによって組まれてもよい。これらの能力は、支援が必要な人・場に、適切に提供され、支援事業が一定の質を保ちながら安定的に維持されるために必要なことだと思われる。

筆者は、外国人のための相談サービス事業の相談専門職として採用され、十数年がたつ。この間に筆者が取り組んできたのは、この「支援臨床」を形作ること、そして実践していくことだった。本章はこれについての記述に努めたもので、前者については、主にスタッフ体制・運営について取り上げており、後者については、在住外国人特有のニーズについて述べている。

在住外国人支援の領域においては、事業はあっても支援臨床とは言いがたいような状況は、当協会がそうであったように、他の地域国際交流協会や民間団体でも同様に起きているのではないかと思う。在住外国人支援がより充実し、対象者に還元されていくプロセスの一つに本章が寄与するものであればと思う。

なお、在住外国人支援は、移民問題という、日本社会にとって大きな政策的テーマが背景にあるが、本章はその政策や法制度的問題は扱わない。すでに現場ではもうずっと以前から直面してきていることであり、そこで臨床現場にいる我々がどのようにやっていけるか、あるいはどうすべきか、その実践を共有したいと思う。

「外国人のための多言語相談サービス」事業について

「外国人のための多言語相談サービス」事業では、事務局職員一人（2018年度から二人）が担当し、週1日の相談日は、臨床心理士である日本人の筆者と、7言語それぞれを母語とする女性が対応している（2018年度現在）。対応言語は10言語で、中国語、韓国語、フィリピノ語、タイ語、スペイン語、ポルトガル語、ベトナム語、インドネシア語で、英語はフィリピノ語又はインドネシア語のスタッフが、ネパール語は、日本人の事務局職員に堪能な者がいるため、対応している。言語は、豊中市の住民数上位を占める言語を選択したものである。スタッフを女性に限定しているのは、DV、性被害のほとんどが女性であることによる。また、日本人ではなく母語話者としているのは、言語通訳以上のものを重視していることと、コミュニティづくりと運営を担ってもらうこと

を目的としている。多言語スタッフは、福祉や心理の専門的技能はなく、公募から適性を踏まえて選考している。

相談は毎週金曜日の午前11時〜16時。以前は木曜日や日曜日に実施していた時期もあったが、ここ数年はこの実施日を継続している。週末、特に日曜日のニーズは高いと考えられるが、運営体制上実施に至っていない。

相談は、「相談したい」と直接求めてくる場合だけでなく、来館者との会話の中で相談内容が出てきた場合や、各事業において相談内容が浮かび上がってくる場合がある。事務局職員は常勤なので、これらすべてに対応している。日常的なこと、手続き的なことの多くは事務局職員が対応しているし、事業などを通して関係が積み重ねられている人とは、より継続的な対応を行っている。特に、2章で取り上げる子ども事業では、職員が子どもや関係者の悩みや問題に対応している。さらに、対外的な関係は事務局職員が担っている。豊中市や大阪府等が設置している各ネットワークへは事務局職員が出席し、協力体制をつくっている。「外国人のための多言語相談サービス」（＝相談日）で対応しているのは、直接相談を求めてきた場合、多言語での相談を求めている場合に加え、事務局職員が対応したもののうち、より専門的な対応が必要な場合である。

このように、当協会の相談は、相談日に相談員だけが行っているのではなく、事務局全体が対応する体制をとっている。相談員（相談事業）、事務局、関係諸機関が有機的に機能するよう、双方向性のある関係を維持している。

「通訳」ではなく「多言語スタッフ」

当協会は、日本人の支援専門職と地域の母語話者という組み合わせによって支援を行っている。このようなチーム体制は全国どこでも実現可能性が高いのではないだろうか。支援専門職者である移住者が増えることがより理想的ではあるが、今のところ都市部でもその見通しは明るくない。しかし、福祉職や心理職のような支援専門職は全国におり、一方、地域には、読み書きは難しくても、会話力は十分な母語話者が存在することが多い。日本人専門職＋母語話者スタッフというチーム構成は、地域の在住外国人支援団体においてだけでなく、福祉等の各臨床現場においても同様に実現可能だろう。

このようなチーム体制のメリットは、相談する在住外国人と、小さなコミュ

ニティに属する在住外国人である多言語スタッフの双方にある。相談者にとっての最も大きなメリットは、やはり言語以上のものだ。当協会は豊中市設立の国際交流センターで活動しており、多くの人々が集う。多言語スタッフは、個別の相談対応だけでなく、当協会に集う在住外国人との交流も担っている。センターには、日本語の学習や、ふらりと話に来たり、イベントに参加したりなどする人々が集う。多言語スタッフは、来館者がセンターで気持ち良くすごしてもらえるよう配慮している。同国人同士のなかで一緒に話の輪を膨らませ、ゆるやかなコミュニティをつくることが、相談業務の一つである。日常会話の延長のような中で、悩みや問題が語られることは少なくない。支援専門職でない多言語スタッフのみが対応しているのは、比較的日常的な問題である。家族や仕事、地域の中での悩み、ちょっとした情報などがある。また、まずは心を開いた多言語スタッフに悩みを訴えるという場面もある。多言語スタッフはよく、「私の国では、知らない人に相談はしない」と言う。わざわざ筆者に面談を求めるのではなく、友人・知人同士の中で問題を解決し合うらしい。そうであるなら、コミュニティ形成は相談事業としても重要である。

　相談では、日本語ができない人ほど、多言語スタッフに会ったときのほっとした表情、相談の中で、緊張がほぐれていき、ニーズや思いがどんどん語られていく様子が伺える。相談の対応自体は筆者がリードしているが、その場では、三人の協同関係がつくられるように意識している。

　このように、多言語スタッフには、通訳以上の、相談スタッフとしての対応を求めているが、これは実は、多言語スタッフに通訳専門職を置くことが、人材確保上も、予算的にもできなかったためという側面もあった。通訳の専門的知識と経験がないため、一定の通訳はできても、相談者と相談員の二者間を完全に通訳するということができない。そこで、相談者と相談員、そして多言語スタッフという三者関係をつくることにしている（場合によっては、さらに別の機関や支援者などが加わることもある）。相談者との間でつくる関係性が、開かれ、対等で、流れや動きが保たれているかを注視し、構築するのは筆者が担う。

　逆に、日本人支援専門職が対応するメリットは、相談者と異なる出身背景であるという点となる。当協会の相談対応は、筆者のみが対応する、多言語スタッフのみが対応する、筆者と多言語スタッフが協働で対応する、という３つの

パターンがある。筆者のみが対応するのは、日本語で可能な場合、あるいは日本語での対応を希望する場合、そして、多言語スタッフの同席を拒否する場合である。「恥」を感じるテーマであったり、コミュニティが小さく人間関係が狭い場合、相談者が多言語スタッフに自分の問題を知られたくないと考えることは珍しいことではない。相談者にとって、自分のプライベートな秘密が守られるという安心感をもたらすことができる。

　一方、日本人支援専門職が存在することは、多言語スタッフにとってもメリットがあり、それが安定的な相談体制を維持することにつながっている。例えば、多言語相談スタッフの全員が最初に直面する問題は、センターで知り合った同国出身者や相談者から「携帯番号（あるいはSNSアドレスなど）を教えて」と言われることである。来館した在住外国人がスタッフに会い、母語で話ができ、相談もできるとあって、親しみを感じ、個人的な連絡先を知りたいと言う。しかし、求められた多言語スタッフはとまどう。気軽にOKしてよいかわからないし、拒否するのも気がとがめるような気持ちになる。これは非常に難しいテーマだ。個人の連絡先を教えると、プライベートなところで相談対応を求められたり、連絡先がいつの間にか他者に伝わっていたりする。熱心に対応したあまり抱え込んでしまったり、どこまでどのように対応してよいのか判断に困る状況が生じてしまう。このような状況に、支援専門職が一緒に臨床場面を検討する。

　多言語スタッフも、同国出身者とつながりたいという思いを持ったコミュニティの一員であり、その個人的な側面を完全に断ち切ることは難しい。在住外国人が増加しているとはいえ、地域ベースの各コミュニティは、それほど大きな規模ではない。顔見知りであったり、友人を介してつながっているということはよくある。そのような小さなコミュニティで、人間関係の問題は国を問わず生じている。センターに集うコミュニティでも、これまでに何度も、衝突が生じては分裂や解散に至り、またしばらくたってコミュニティが形成されたり、ということを繰り返してきた。コミュニティ内でのトラブルに多言語スタッフが巻き込まれたことも頻繁にある。筆者や事務局職員に、多言語スタッフの不満を訴えに来た人も少なからずいる。

　このように、多言語スタッフは、自身もコミュニティの一員であるなかで、

多言語スタッフ研修の様子。筆者右

コミュニティ内の人間関係に巻き込まれながらも、スタッフとしての立場を保たなければならないという、非常に困難な立ち位置にいる。謂れのない誹謗中傷を受けたとしても、それを自分の個人の思いだけで正面から戦うことができない。人間関係が嫌になって、しばらく距離を置くということも、スタッフとしてはできない。各スタッフは、日本社会でマイノリティだが、同国人コミュニティにおいても孤独感を抱きがちな立場にいる。

　支援専門職ではない多言語スタッフの配置には、彼女・彼らの置かれているこのような事情への配慮が求められる。筆者が行っているのは、多言語スタッフが困惑しているときに、相談者や来館者と直接対峙しなくてもすむようにしたり、一人で抱えずに、共有することである。スタッフが、自分が尊重されていると感じられ、自分の経験や思いを共有することができると、主体的に、自己選択・自己決定し、自分らしさを活かして業務を続けていくことができる。当協会の多言語スタッフは各言語から7名〜8名が毎週金曜日にセンターに来ている。筆者は、この多言語スタッフ間の関係づくりも重要だと考えている。相談の辛さや苦しさ、悲しさを、専門職ではない多言語スタッフは、そのまま抱えてしまいがちになるため、相談の後は、筆者がデブリーフィング（ショックを受けた出来事や感情を語り、受けた衝撃を緩和していく作業）を行い、抱えずに清算するようにしている。内容によっては、他の多言語スタッフにも参加してもらい、お互いにねぎらったり、共感が生まれるようにしている。一人では抱えてしまう苦しみも、それを共有できる仲間がいることで、力を得ることができる。先のコミュニティ内の人間関係の問題も、多言語スタッフは全員が経験することである。だから、国や文化を超えて、スタッフとしての共感が起こり、それが、スタッフが業務を続けていけるモチベーションとなる。例えば、新しく加わったスタッフが、事務局内で時間を過ごしているときの様子が気になった筆者は、しばらく様子を見てから、「同じ国の人たちと一緒にお昼をと

ったりおしゃべりしてもいいんだけど、どんなふうに感じてる？」と聞いたところ、彼女は今まで自信を持てずにいた思いをポツポツと語りだした。その話を他のスタッフも聴き、「私も同じよ！」とそれぞれの経験を語ってくれた。それからあとは、そのスタッフは一歩踏み出せたようである。筆者が行っているのは、このような場をつくったり、動きをもたらすことである。

　このように、スタッフも当事者でもあるという視点を筆者は重視している。在住外国人に加わる多言語スタッフのコミュニティ、相談スタッフというコミュニティ、筆者とスタッフの一対一コミュニティという、複層コミュニティが、それぞれ、そして相互に機能することが重要だと考えている。

文化差というテーマ

　相談対応には、文化差というテーマが存在する。これは、相談者と相談員の間だけでなく、多言語スタッフと日本人支援専門職（あるいは事務局）との間にも生じる。これまで担当してくれた歴代の多言語スタッフは、ニーズに直接応えることが文化的に求められていると考える傾向が見られた。「相談を受けたら、何とかしてあげなければならない」、そしてそれは「文化的に期待されていることだ」と考えている。ここで筆者がそれを止めると、多言語スタッフは、相談者から信頼を得られないと思い、相談者から受けるマイナスの評価に不安を感じ、結果、同国コミュニティからの疎外を怖れる。それで、「ニーズには応えなければならない」という思いにかられる。主訴やニーズに直接応える方法として、アドバイスは、専門職ではない多言語スタッフが取りがちな手法である。「私の国では、相談されたらアドバイスをすることが期待される」と、文化的背景を主張することもある。

　相談対応にも文化差はもちろんあるだろう。それぞれのもつコミュニケーション文化は重要である。相談への対応に文化差はあるのだろうか？相談者と多言語スタッフ、日本人スタッフ、連携する機関や関係者との間に横たわるこのテーマは、どのように扱うべきだろうか。

　生きていく中では、どうしようもない、どうにもできないことが起きる。在留資格を失いそうだが、どうにか日本に残れないだろうか、というのは、よく寄せられる相談だ。日本人と結婚したが、上手くいかず、子どももいない場合、

「配偶者等」の在留資格は離婚とともに失い、他の在留資格に変更することができない人が多い。このような法制度的にどうにもできないような問題だけでなく、配偶者の浮気を止めさせたいというような、相手に変わってほしいというものや、移住者として日本に生き続けることの葛藤、さらには、親しい人や大切なものの喪失などもある。

　簡単には解決できない問題、そもそも「解決」というものが先にないような問題は、心の葛藤も、相談員への訴えも大きい。聞いたほうは、「何とかしてあげたい」と強く心を揺さぶられる。その親切心、良心が、解決に導くための希望をこめたアドバイス行為をもたらしてしまう。しかし、そのようなアドバイスを忠実に実行する相談者は多くはない。そんなに簡単にできるぐらいなら、そもそも問題の状況には至っていないものである。アドバイスを受けたものの、言われたとおりにしなかったり、できなかったことで、相談者は気まずい思いをしたり、無力感を感じ、自尊心が低下することもある。場合によっては、今後相談員に会いたくなくなってしまうこともある。これは、相談事案と相談者の見立てや見通しを踏まえない中でなされたことから起きる。このように、アドバイスはその意義を微細に理解していなければ、非常に権力的な働きをすることもある。

　しかし支援者の対応の一つひとつが臨床場面を左右するということを、すべての支援者が十分に実践できているわけでもないのは、残念ながら事実である。深刻な問題を二人の別の支援専門職に語ったある相談者は、全く正反対のアドバイスを受けた。困惑した相談者が、その後筆者のところにつながった。筆者は「あなたはどう思ってるの？」と聞いたところ、相談者は驚いた表情を見せた。その支援者二人は、相談者の気持ちや考えを聞かなかったかららしい。「これはあなたにとってとても大きな問題なのだから、自分がどうしたいか、どんなふうに進めたいか、自分の気持ちや考えを一番大切にしたらいいんですよ。私はあなたがしたいと思うこと、したいペースをサポートします」と話して以降、相談者は自分を中心にして考えるという、当たり前で大切なことに意識をもてるようになった。支援者は良かれと思ってアドバイスをしたのだろうが、相談者に伝わっていないどころか、困惑を招いていた。支援専門職でさえ、「何とかしたい」という心のワナにはまるのである。支援者が気をつけ、考え

なければならないことを改めて感じさせられた事例である。

　文化差の問題の最も強いものは、「私が外国人だからこんな目にあった」という差別問題としての訴えである。実はその多くは差別問題というわけではないのだが、問題の原因を外国人差別に帰属させるのは、心理学的に説明ができる（差別は、受けた側が差別だと感じれば差別と言えるが、ここでは、法制度的な点や、日本人一般との比較においても、国籍等による差異がないことが明らかな場合に、差別問題が焦点ではないと判断したものである）。文化差が相談に持ち込まれると、在住外国人の相談者と日本人の相談員との間には緊張が生じる。文化差や差別の被害者・被抑圧者であると主張する相談者と、それを認めない相談員という、対立する構図が生じやすくなる。そうすると、相談員は説得したい欲求にかられ、相談者は孤立感を深めてしまう。逆に、相談員が相談者の主張に巻き込まれ、相談者の立場に寄り添っているつもりで、結果的に相談者の主張を承認する者になってしまうという構図も生じやすくなる。これはどちらも、相談者が、自身が抱える問題を扱っていく上で障害となる。

　日本人支援専門職＋多言語スタッフのチーム体制では、これが緩衝されやすい。日本人の筆者が「それは差別ではないですよ」と言っても相談者には響きにくいが、同国出身の多言語スタッフが丁寧に否定すると受け入れられやすい（もちろん、相談者の思いに共感した上でのことだが）。

　ある相談者は、引っ越すことにし、今住んでいる賃貸アパートを解約した。その後不動産仲介業者が家に来て、何か話した後に高額な請求書がきた。相談者は「これは私が外国人だからだ！」と強く怒っていた。筆者は多言語スタッフとともに、日本の賃貸アパート契約における手続きやお金の動きについて説明した。相談者の求めに応じて、念のため業者に電話し、その内訳について確認した。その請求額は不当に高いものではないことがわかり、相談者に伝えた。日本の賃貸アパートでどのように住むべきかということは、多言語スタッフがいろいろと語ってくれていた。相談者は事情を納得することができた。しかしここで最も大切なのは、具体的対応の前に、相談者の感情をしっかりと受け止めることである。「大きな金額を突然請求されて驚いたよね」などと、相談者の気持ちに寄り添うことで、私たちがともに問題に取り組む同士だということを相談者に感じてもらうことが重要である。

筆者は、相談に持ち込まれた文化差は、相談者の心理的な壁としても見ている。相談者が、筆者（そして多言語スタッフ）に心を開いていない、あるいは、私たちとの関係をつくることに無意識に抵抗を感じている、または、相談者自身の内的テーマに向き合うことへの抵抗が起きている、というような見立てを行う。そのような心の壁の背後にある、深い怒りや悲しみ、そこからくる孤独感をともに共有していこうとアプローチする。日本社会に生きる外国人である相談者にとって、文化差は生活する上でつきまとうテーマである。だから文化差は、相談者と相談員の「私たち」が一緒になって取り組むテーマとして扱う。相談者が抱える文化差の軋轢、相談者と相談員との間に生じる文化差の壁、これらは、「私たち」の協同なしには、相談に持ち込まれた問題を真に解決していくことはできない。相談者が"日本文化"に合わせるのでもなく、相談員が相談者に同調するのでもない。このような姿勢を持つことで、相談者が抱く心の壁を解き、本質的な問題に進めていけるようにする。

　そこで多言語スタッフは、相談者と同質の経験をもつ存在として、相談者、筆者、多言語スタッフの三者のなかで、三者の関係を深めていく重要なキーパーソンとなる。通訳者以上の役割は、この点でも求めている。

　しかしそもそも、相談者が感じている文化差をキャッチする支援者側の能力と技術が重要である。文化差はほとんどの場合、少数者が感じるが、多数者・権力のある側は無自覚になってしまう傾向がある。このとき、支援者がキャッチするためのわかりやすいサインは、支援者自身が感じる違和感、引っかかり、イライラやモヤモヤといった感情や感覚である。これは、「普通だったらこうであるはずなのに」などの無意識の認識から生まれている。このサインが出現したら、支援を見直すチャンスだ。じっくり内省すると、自分が一体何に反応しているかが見えてくる。そしてそれは100％支援者側の問題である。これは文化差だけに限らず起きるので、支援者は自分の中で起こっている感覚や感情に敏感になり、それを無視せず、大切に扱う必要がある（自分の中で起こっていることを大切に扱うことは、相談者を尊重することにつながる）。この内省、振り返り、見直しを行わないと（そもそもそれを行わない実践を「支援」とは言い難く、支援専門職はこれを常に意識している）、相談者を尊重せず、コントロールしたり、指導や指示となったり、一方的・権力的な関係性となってしまう。

文化差というのはとても興味深いテーマで、実は筆者自身も専門職として直面することがある。他国の講師から心理療法を学ぶとき、他の同職者と同様に文化的な問題を感じることがあり、それを講師に投げかける。しかし、いつでも、どの講師からも、「文化の違いは重要である。しかし、それは文化の違いからくる問題ではない」という答えが返ってくる。そしてそれは、学びを深め、実践を続ける中で正しかったと実感する。支援においては、文化差というのは付随する応用要素にすぎず、本質に違いがないことを、実践を続ける中で学んできた。にもかかわらず、これは常に浮上してくる。誰にとっても重要で無視できないものなのだ。日本に住む多言語スタッフにとっても、相談対応に文化差を感じるのは当然だろう。感じられた文化差、それは一体何なのか、そこに向き合っていくことが大切なのだと思う。

通訳があれば全て解決するのか？

　在住外国人の特有のニーズは、「自分で主体的にできることに大きな壁がある」ということである。そしてその壁が、生活上あらゆる場面に立ちはだかっているということである。この壁は、実際的な面と心理的な面がある。実際的な面は一般的に理解されていることで、言語と文化、情報の壁である。家に届いた封書、何となく重要そうに見えるが、一体どこから来たものか、何のために来たのか、何を求めているのか、さっぱりわからない。自治体、学校や幼・保育園、病院、職場、公共料金等、あらゆるところから受け取る文書のすべてが、在住外国人には対応困難なもの、つまり主体性を持てないものとなる。相談では、これを説明し、何をすべきか一緒に取り組む。コンビニで支払うだけとか、記入して投函すれば終了するようなものは簡単だが、窓口にいって手続きをしなければならないものであると、相談者の不安感は一気に高くなる。そこで、どのようにすれば相談者が主体性を感じ、自ら取り組めると思えるかが相談対応となる。

　例えば、保育所の申込み手続きをしたい場合を例にとってみよう。相談者は多くの場合、「子どもを保育所に入れたい」というニーズは明確に示しても、その後のことが想像できない。日本人であれば、「市役所の保育課に行ってください」という案内で対応十分である。しかしこのように案内されても、相談

者は次の行動に移れない。市役所がどこにあるのか、市役所の建物の中でどうやって保育課を探すのか、職員に何を言えばよいのか、日本語で応答ができず、渡される書類が理解できない不安感。情報提供だけの相談では、相談者は結局何もできずに終わることになる。在住外国人特有のニーズはここにある。

　保育所の入所手続きの相談対応としては、多くの自治体で、ウェブサイト上に情報があるので、書類をダウンロードする。保育所申込み書類は、日本人でもげんなりするほど大量である。そのうち、相談者にとって必要なことを簡潔に説明し、記入の支援を行う。申請では、どの保育所に申し込むかをいくつか選択しなければならない。本人の居住地近隣の保育所を調べて、地図にマークする。時期によっては空き状況も確認する。一緒に地図を見て、その場所がわかるか確認する。在住外国人の場合、地図を理解するという経験がない場合があり、その場合は、目印となるような建物や店舗を説明して、地理感覚を探る。実際的なイメージを共有すると場所を理解できるので、一度実際に行ってみるように勧める。職場からもらわなければならない書類については、本人にメモをしてもらい、それを職場で伝えるか、メモを見せるように伝える。こうやって集めた書類を、窓口に提出してもらう。役所のどの建物か、窓口番号は何かを説明する。不安を感じている場合は、事前に筆者が電話を一報し、いつ誰が窓口に行くかを事前に知らせておく。特に不安が強い場合は、当協会の相談日である金曜日に行くように勧める。そうすれば、困ったとしてもその場でセンターに相談電話を入れることができ、対応が可能だからである。これらのことを全て、一つひとつ、本人へ説明の上、自分がどうしたいか、何ができるか、どういうサポートをしてもらいたいかを本人に選んでもらう。具体的に説明し、具体的なイメージを共有すればするほど、相談者は自分でできると感じられることが増える。

　相談者の主体的選択と行動を支援する、というのは、どのような場面においても同じである。在住外国人の相談で頻繁にあるのは、保証人問題だ。在留資格の更新や、住居の契約のときに直面するが、身内や友人がいなかったり、少ないという特有の状況にあるため、保証人を頼む人がいないと訴えることが多い。当協会は豊中市の委託事業という公共性が背景にあるため、このような主訴やニーズに対し、相談員個人の生活や人生に関わるようなことには応じない、

というのが方針で、実際、筆者も一度も保証人になったことはないし、個人的に対応したことはない。相談員の個人的状況に依存する支援を行い続けることは、公共的な支援体制を維持できないだけでなく、相談員個人の生活に影響を及ぼし、組織が相談員を守ることができなくなる。また、相談員の誰か一人が引き受けることは、その相談員以外の相談員（当協会では多言語スタッフ）や事務局職員も、同様のことをしてもらえるという要求が生じることになる。このような対応は、スタッフ間の軋轢を引き起こしたり、バーンアウトにつながっていく可能性がある（このような問題は、すなわち、社会的に検討すべきテーマだと言える）。

　引き受けてしまえば簡単なニーズではあるものの引き受けないというのは、相談対応としては不十分に見えるかもしれないが、ニーズというのは、満たすことができないものもあることは先述した。当協会での保証人問題はこれに含めている。このようなときに相談員ができるのは、共に在るということである。ほとんどの場合は、相談者は自ら保証人を探してくる。「どうしても見つからない」と何度も訴えた相談者がいたが、その困難に共感しつつ、究極の選択となる状況において、本人が何を重視し、選択しようとしているか、ということを一緒に考えた。人生における価値観は、究極の状況でより明確になってくる。自分にとって一番大切にしたいことは何かが明らかになること、それを自分がしっかり受け止められたこと、そのことを知る人（相談員）がいること、これは相談者の自信につながる。このプロセスを重視している。

　日本語ができないために様々なところへの同行を求められることもよくある。行政機関はもとより、病院、不動産屋、職場、はたまた家族のトラブル場面なども、通訳として、あるいは代弁者として同行を求める相談はよくある。しかし、当協会の同行はかなり限られたことにしか対応していない。相談体制として不可能だということもあるが、ほとんどは、実は同行しなくても工夫によって対応が可能だからである。これも上記と同様で、具体的、詳細に準備をすることで、ほとんどの相談ケースは、相談者が自ら行動することができている。そうやって自分でやったことを、また一緒に検討し、次のステップへ進めていく。

　緊急だと見られるような状況でも同様である。「給料日まであと2週間もあ

るけど、お金が2,000円しかない」とか、「職場を逃げてきたけれど、パスポートを業者が持っていて、私をあちこち探しまわっている」、「今週在留資格の期限が切れるが、どうしたらいいか」など、今すぐ対応しなければならないような相談はよくある。具体的なことについては、優先順位をつけて、何を、いつまでにどのようにすればよいかの短期的なスケジュールを示す。しかし「すぐに対応してほしい」という直接的なニーズに、中長期的な視点を含めていくほうがよい場合もある。よくある例はDVや家庭内問題で、「昨日殴られたからもう家に怖くて帰れない」というような訴えである。「家に帰れない」「でもどこにも行くところがない」という直接的なニーズだけに注目するのではなく、その状況や背景、本人の思いなども十分語ってもらうと、真のニーズが浮かび上がり、自分が本当はどうしたいか、今後についてどんなイメージを持っているかということに気づく。そうすると、自分自身と、自分の状況についての見通しが立ち、自分の問題への主体性が強まる。現実検討を一緒にすることで、相談者は自分がしたいことを、安心と力を感じながら進めていけ、その自己効力感が心理的な緊迫感を下げる。現実的な緊急性と、心理的な緊急性のバランスを、相談者が適切に受け止めるようにすることが重要だと考えている。

　このように、当協会の相談では、日本語と情報の壁自体に対応するというりはむしろ、それを取り除いた上で、相談者が主体的に選択・行動していくことを重視する。日本語と情報の壁が心理的な壁となっている場合は、日本語と情報をサポートするだけで、心理的な壁は格段に低くなる。しかし、心理的な壁が違うところから生まれている場合ももちろんある。マイノリティは複合的な要因の重なりにより、心理・社会的なダメージを受けやすい。外国人、女性、DV被害、無職、貧困、差別といった要因が重なり、長期化すると、疎外・孤立感を深め、抑うつ状態となっているケースに出会うことがあるだろう。ここでも大切にしていることは、相談者にとって「壁」となり、疎外や孤立を深めることになった状況に対する本人の感情に共感をしながら（状況に共感するのではなく、感情に共感を示すことが重要）、相談者が主体性を感じられる側面をクローズアップさせることである。なぜなら、人は必ずレジリエンシー（回復力）があり、自分にとって良い方向に（見えることを）しようという無意識の生存本能があるからである。これは心理のより専門的なアプローチであるため、

ここでは詳細を述べない。

　在住外国人特有のニーズとは、決して言語・文化・情報によるものだけではない、つまり通訳だけでは充足できないものである。言語的な通訳だけ、あるいは逆に代わりにやってあげるようなお世話では、本人は主体性を感じにくい。そのような対応を「支援」や「相談」の名のもとにしているとしたら、それは、社会の中で、日本人と在住外国人の関係性を固定化することに加担してしまうことになる。「支援」や「福祉」は、「やってあげる」「恩恵を与える」というような権力を行使するものではない。誰かに頼らなければやっていけないと感じる結果となるような関わりは、支援ではない。これはそれぞれの専門職がその倫理規定で求められていることである。本人と状況の見立て、どのような言葉や関わりをするか、相談員の一言一言、身振りや表情まで、すべて理論的背景を踏まえて行い、理論的根拠を持って検証する。公共に開かれている理論をもって実践することが、相談と事業を独善化しない保険として機能しており、専門職はその実践に努める者である。

信頼関係──安心して取り組める関係・場に必要なもの

　筆者が当協会での相談サービスを担う中で最も大切にしているのは信頼関係である。筆者と多言語スタッフとの信頼関係、筆者と事務局との信頼関係、多言語スタッフ同士の信頼関係、これらがベースにあるからこそ、相談員と相談者が信頼関係をつくることができ、さらに、コミュニティレベルでもゆるやかに培っていくことができる。これは友人や知人関係における信頼関係とは異なるもので、信頼関係を築く義務と責任は、全面的にスタッフ側にある。それは、公益を目的とする当協会が組織として事業を実施・運営している以上、現前としてある義務と責任であり、この義務と責任は、事務局側に近いほど大きくなる。またこの信頼関係は、友人・知人関係と異なり、個人的につくられるものでもない。それぞれの個人的感情を尊重しながらも、この信頼関係は目的を持ったものである。それは、対象者が心を開き、安心し、主体性を発揮できるようにするために、責任を持っている側が担うものである。目的を持った信頼関係をつくるのも、専門的な技術である。それによって、スタッフ個人の資質に任せてしまわず、スタッフを孤立化させたり独善的にさせずにすむ。

筆者が多言語スタッフに対して信頼関係をつくる義務と責任を果たすことで、多言語スタッフは安心し、主体性を発揮して相談にあたっていける。その多言語スタッフが相談者に対して信頼関係をつくる義務と責任を担うことで、相談者は心を開くことができる。先に、ニーズを直接満たせないことがあるケースについて触れたが、これは、相談者との信頼関係が最も求められる場面である。満たされないニーズ、どうしようもできない状況を抱えた相談者。その苦しみの中で、孤立せず、自身の力を感じながら一歩を進めていけるように、協同する者として相談員が存在できるかどうか。それは信頼関係にかかっている。しっかりと聴き、適切に共感し、相談者の同志となることができれば、相談者の真の主訴が明らかになり、ニーズをすぐさま直接満たすことなくても、相談者は孤立感や不安感から解放され、相談者なりのペースに応じた一歩を進めていくことができる。相談者の心に寄り添い、思いを引き出し、豊かにし、共感、共有するプロセス。筆者はそれを心理臨床のアプローチを用いた実践で努めているが、これはソーシャル・ワークでも同様だろう。

　この最終的な義務と責任は事務局職員にあり、職員が担うものは大きい。筆者は去年から、事業担当職員のスーパービジョンを担当するようになったが、ここでは、単なるケース検討以上に、事業担当職員が、自身と他者に適切に心を開き、安心し信頼できる感覚と経験を積み重ねることを大切にしている。

　支援について取り上げると、対象者（当協会においては在住外国人）について語られがちである。しかしそこに関わる多様な人たちに対する視点は見落とされてしまいがちになる。事務局職員、多言語スタッフ、コーディネーターやボランティア・スタッフなどの名称で関わる人たち全員が、支援臨床場面における当事者である。彼らはどのような存在で、何をしているか、何をすべきか、どのような関係性が起こっているのかといったことを丁寧に見ていく必要がある。そうすることによって、相談者はもちろんのこと、関わる人たちが安心でき、守られる枠組みをつくっていくことができる。人の苦しみや困難、悲しみに触れる相談という難しい仕事であるからこそ、当事者全てが安心できる枠組みが求められる。そしてそれは、この難しい仕事をこなしていく深い喜びをもたらしてくれるのだ。

2 相談事業担当職員の試行錯誤

山本愛
とよなか国際交流協会
事務局次長

　当協会の相談事業では、専門職の相談員と多言語スタッフとの協働で様々な領域の相談に対応していることは前節の通りである。「事務局の相談担当職員って何をしているの？」、「相談は相談員と多言語スタッフに"お任せ"して、予約の受付と謝金の計算だけをしているの？」など疑問に思われるだろう。事務局業務は外からは見えづらいかもしれないし、実際の業務は外国人相談を実施している各団体の性格や位置づけによって千差万別である。

　あえて具体的に当協会の相談事務局の仕事を書き出してみると……事業の全体的な方向づけ・方針策定、相談事業のスタッフ（多言語スタッフ、コーディネーター、相談員）の管理（採用、労務管理）、スタッフや外国人利用者向けの研修企画・運営、関係機関から依頼される翻訳作業や通訳派遣の調整（災害時を含む）、相談の受付や受理面接、専門相談の日につなげない場合の相談対応（および金曜日の相談日の臨時対応）、事業の開発やグループ活動の運営、ネットワーキング（機関連携）等々……である。また、事務局は人員が限られているので、相談担当者は相談事業以外の業務も複数兼任している。

　この節ではこれらの業務を細かく説明はせず、よく事務局に寄せられることのある質問にコメントを述べる形で、現在の事務局についてイメージを持っていただければと思う。

国流に来るまでは……

> Q：「あなた自身はもともと相談事業の経験はあったんですか？」
> A：「ここ（当協会）に来るまで、相談の経験はありませんでした。」

　私は2010年に当協会に入職し、2011年から現在まで相談事業を担当している。2年前から管理職になったため、相談事業の業務は2018年度からもう1名の職員（日本語担当と兼務）と共に進めている。

私は大学卒業後に民間企業で働いた後、思うところがあってネパールに留学。その後NGOや在外公館に所属して、いわゆる国際協力の分野に身を置いてきた。NGO時代は被差別カーストの当事者団体と活動していたので、差別の撤廃や啓発を求めるアドボカシー活動と同時に、生活支援の事業にもかかわっていた。しかし、地域の人たちに直接かかわる事業の主体は現地スタッフたちである。私自身はケースワークについても専門的に学んでおらず、臨床経験もない状態だった。2003年ごろ、ネパールの「被差別カースト」と日本における「外国人」という「周縁化された人々」が共通項となり、「とよなか国際交流協会」と出会った。出会いから数年経って、職員として関わる機会を得て入職したが、相談事業は私にとっては未知の領域だった。「相手の人生にかかわる重要な仕事なのに、素人の私で大丈夫だろうか」「これまでの仕事の経験を具体的にどう役立てられるのだろうか」と、漠然とした不安を抱えつつ関わりはじめた。

事務局職員にとっての相談援助〜「専門性」は必要か

> Q:「あなた自身（事務局職員）は相談の対応をしていますか？」
> A:「必要に応じて対応しています。その中で、やはり一定の専門性は必要だと感じるようになりました」

　そもそも、前項の専門相談員が対応している「相談」と、事務局で対応する「相談」の違いは何か。両方とも「相談」として扱っているが、その違いを認識する必要がある。DVなどより専門的な内容や多言語での対応が必要な場合は、専門相談員と多言語スタッフのペアで基本的には対応している。事務局ではスクリーニング[*1]およびインテーク[*2]、専門相談に曜日的につなげない場合の相談（内容や言語的に対応可能なもの）、そして日常的な関係性の中（日本語交流活

＊1　一定の要件や基準から、相談サービスや事業につなげる人とつなげない人をふるい分けること。

＊2　個別援助の受理の段階で行われる面接のこと。相談者のさまざまな生活内容や課題が話され、当協会で対応していくかどうかの判断材料となる。

動や子ども・若者対象の居場所づくり事業）で展開される非構造的な面談[*1]における対応が多い。

　2010年に入職した当時、私は日本語交流活動担当となった。当時相談事業を担当していた先輩たちから「外国人学習者の話を傾聴し、主訴を把握すること」を、徹底的に指導されたことが、とても印象に残っている。職員は毎日事務所にいるため、様々な事業にかかわる外国人利用者との立ち話やおしゃべりといった非構造的な面談の機会が多い。日本語交流活動の担当もその一つである。おしゃべりが「相談」になることもあるし、相談につながるための信頼関係づくりの基盤になる。主訴を把握して「相談」として認識し、その人の抱えるニーズを的確にとらえ、日本に来ることによって奪われた力を取り戻す（エンパワメント）に向けた対応を個別に行うとともに、そのニーズを事業に反映させていくことが、「相談・日本語・子ども」という枠を超えて、事業担当者に求められてきたといえる。

　このような枠組みは、協会事業の中核が「人権」におかれ、利用者のエンパワメントを実現するという視点のもとで形作られてきた。人権を中核にして「生活者としての外国人」を地域で認識して多文化共生社会を実現する、という方向性が、職員が代替わりしても共有されてきた。ゆえに、どの時代においても、自分がうけた相談に対して、とりあえずの情報提供や、よくわからないから他機関を紹介するなど「丸投げ」にはせず、真摯に、実直に、外国人利用者の生活に向き合おうとする姿勢が、どの職員にも涵養されてきたのではないだろうか。しかしその過程で「巻き込まれ」や「逆転移[*2]」がおこることもしばしば見受けられてきたが、これについては後述する。

　当協会ではこれまで事業担当職員の採用時に相談援助に関する資格は求めていない。相談専門職としての採用ではないので当然のことではあるが、実際事

---

*1　「非構造的な面談」時間や場所をあらかじめ設定して行う面談ではなく、施設内などで利用者の必要に応じて随時行う面談のこと。

*2　ケースワークなどの個別援助の過程において、援助者が利用者の中に自己の過去の生育歴上の出来事を投影して反応すること。感情転移の一種であるが、このような心理規制は利用者に対するよくない影響を与えるとされ、援助者がスーパービジョンを受ける、交代する等の方法によって援助関係を良好に継続させる必要がある（「六訂社会福祉用語辞典」中央法規出版、2012年）。

務局職員には相談を受ける側として必要な力が求められている。今の協会職員は熱く強い思いを抱いて入職している人が多く、「想像する力」や、「利用者の抱える問題の背景にある社会課題を見抜く力」を持っている（もともとではなくとも、事業の実践、研修や自己研鑽の中で学んできた）と思っている。今、それに加えて求められているのが、公共的な支援を「職業」にするものにとって必要である職業的な倫理観、知識、スキルではないだろうか。スキルの中でも自己覚知[*1]として支援者側が自分の思考、感情、欲求などを洞察することや、それを踏まえた上での利用者・相談者との関係性構築と、自らをふりかえる力、つまり自己覚知が必要だと思っている。

　私自身も長らく、自分自身の相談対応に自信が持てなかった。自分の対応が適切だったのかどうか不安になることもしばしばで、緊急の時などには非番の相談員に電話をかけてアドバイスを求めることもあった。このような対応でいいのかなあ、他の職員も悩みながらやっているようだなあと、モヤモヤ過ごす時期が続いたが、相談事業以外の業務もたくさんある中で、あまり深く考えずに数年が過ぎた。しかし、あることがきっかけで、「週1回の専門相談だけではなく、日常的に事務所にいる職員自身も、責任と専門性をもって相談に対応できるようになりたい」という思いが強くなってきた。

　そのきっかけは、ある若手職員から与えられた。職員が利用者に対し、熱く強い思いをもって向き合おうとしたものの、結果的に職員自身も利用者も深く傷ついてしまったのである。その対応を振り返る中で、強い思いの背景には、職員が若者を自分自身の家族に重ねて見ていた、ということがわかった。このことは私にとっても辛い経験であり、職員が支援職として「裸」の状態で相談対応にあたることの危険さを感じた出来事であった。それまで協会では様々な職員向け研修を行っていたが、「支援職」とは、「相談援助」とは何かについて、職員が自分の業務と関連させて学んだり、振り返る機会をもっていなかったこ

[*1]　援助者が、自らの能力、性格、個性を知り、感情、態度を意識的にコントロールすること。援助は援助者の価値観や感情に左右されがちであるが、利用者の問題に自らの価値観や感情を持ち込むことは、問題の状況を誤って判断することに結びつく。そのため援助者は、自らを知り、コントロールする自己覚知が必要となる。（「六訂社会福祉用語辞典」中央法規出版 2017年）

とに気がつくと同時に、そのニーズに長らく気づけていなかった自分の未熟さを感じたのである。

　「巻き込まれ」「逆転移」現象は、様々な支援機関で起こることである。そして、利用者を守るために専門性は必要である。「公」の支援機関として適切に対応できるようになるためには、専門職の資格はなくとも、自己覚知を含む一定の専門性が必要ではないかと強く感じた。そして、まずは自分自身が学ぶことから始めてみようと思い、相談員の面接に同席したり、自分自身が対応した相談事例を専門職にスーパーバイズしてもらったりしながら、学ぶ機会を意識的につくってきた。また、自分自身の相談援助技術の向上だけではなく、組織全体の支援力の向上をはかりたいという思いから、最近通信制の大学で社会福祉の勉強を始めた。福祉、ソーシャルワークの勉強を始めると、当協会がすでに実施している事業と重なる学びが大変多いことにあらためて気づき、面白さを感じている。

　序章に榎井が記載の通り、当協会では1998年の多言語スタッフ導入にはじまり、DV防止法施行以降、2005年からは専門職の相談員を配置して、相談の体制を専門化させてきた。そして2017年度からは、事務局の職員（特に相談、子ども・若者支援事業にかかわるスタッフ）にとっても相談対応は必要な業務の一つとして再認識し、子ども・若者担当の職員も「相談事業」のサブ担当者として位置付けるようになった。そして、支援者にとって不可欠な自己覚知を促すためのグループ・スーパービジョンを導入した。併せて研修を随時実施し、実質的な「相談員」になりゆくための取り組みを始めている。

　これからも職員は熱意とあたたかさでもって利用者とかかわり、試行錯誤しながら事業を進めていくだろう。同時に、協会は市の委託を受けた公の支援団体として、そして公益団体として、さらに職員の専門性を高めることで対応の質を向上させながら、地域で継続的に、安定的に外国人利用者を支える体制をつくっていきたいと考えている。

ニーズに即応すること、キモは信頼関係

> Q：年度の途中に協議離婚問題研究会（リコン・アラート）を立ち上げたり、新しい対応言語が増えたりしていますが、計画や予算はどう管理しているのですか？
> A：もちろん年度初めに大枠を策定しますが、利用者のニーズにそって柔軟に動けるようにしています。組織の柔軟性や機動力は、各方面での信頼関係があるからこそ実現しているものだと思います。

　相談事業だけに限らないが、協会では「これをやろう！」というアイデアが上げられたとき、事業計画にはないことでも動くことがある。一般的にNGO等の民間団体は機動力が「売り」な団体が多いが、公的な側面が強い当協会もその機動力が「売り」であると思っている。豊中市の指定管理受託事業の枠の中で相談事業含む支援事業の大半が占められているため、一定の枠組みの中で事業は運営されている。予算も限られており、それも決して潤沢ではない。しかし、「計画にないからできない」ということは、私が知る限りこれまでなかった。利用者のニーズを基にして、公共性、安定性などをはかりながら新規事業を立ち上げ、予算配分も柔軟におこなっている。柔軟な予算執行を可能とするしくみは、これまでの協会運営の歴史の中で、予算削減の流れの中にあっても、最もサポートを必要とする人々のために支援事業を継続していくため編み出されてきた運営方法だった。

　そのしくみとは、予算立ての際に事業を細かく分けすぎないことである。細かな事業ごとに予算を建てると、財政逼迫時には「どの事業を減らそうか」という流れになり、担当者は自分の担当事業の予算枠を守ろうと必死になってしまう。当協会の事業体系は、すべての事業が有機的につながり、重なり合う中で運営されている。そのため、大きな枠組みでざっくりとした分け方にしておくことで、その中で柔軟な予算執行が可能となる。また、費目ごとに予算オーバーになった場合でも、全体のバランスをとりながら執行を可能としている。

　また、前項にも述べられた「信頼関係」がここでもキモになる。すべての事業の推進は事務局内の信頼関係、相談スタッフと事務局との信頼関係、そして

行政(担当課である豊中市人権政策課)との信頼関係が運営上とても重要となってくる。

相談員や多言語スタッフは、外国人支援をすすめるための主要なアクターとして協会事業に位置づけられている。臨床現場の課題や提言が相談員から事務局に提起された場合には真摯に受けとめ、相談援助がスムーズに運ぶように事務局は必要に応じて取り組みを追加し、全力でサポートする。このような積み重ねが信頼関係を生み、ケースを相談員に「丸投げ」ではなく、一任しつつ、協働するという形が可能となっているのではないかと思っている。多言語スタッフへの対応は前節にのべられているが、地域の当事者でもあるスタッフが支援者となるため、情緒面および技術面でのフォローは欠かせないものである。行政との関係については、当協会の事業や価値を理解してもらい、庁内の調整や他課への橋渡しなどを担当課が積極的に協力して担ってくれるからこそ実現し、そして充実する事業も多い。また事務局内では、事業、総務などの役割を超えて職員全員が組織の価値を共有し、フラットな関係で安心して働ける環境をつくることが、事業の充実につながると考えている。

相談事業セミナー写真(2014年2月「無法地帯の協議離婚を考える」)

しかし、言うは易しである。文化、経験、価値観が様々な人たちの調整に入ったり、関係をつくっていくことは、実際とても大変だ。伝えたつもりが相手に理解してもらえなかったことや、相手の反応に一瞬心が乱れることもよくある。そこは焦らずゆっくりと洞察を深め、としか言いようがないのだが、自分自身をオープンにして、相手を信頼し続けることが、関係性をつくっていくことにつながると私は思っている。

地域で外国人を支えるために──ネットワーキングの重要性

> Q:「これから、相談の事務局業務として力を入れたいことは何ですか?」
> A:これから「も」ですが、外国人が抱える多様な生活課題の解決のため、そして地域で外国人の課題を可視化していくために、ネットワーキング(機関連携)をすすめていきたいと思います。同時に、ワンストップ機能を持つための多職種・多専門性・多人材による対応もすすめていきたいと思っています。

　言わずもがな、多機関連携は重要である。私もNGO勤務時代に協会に出会っていることを考えると、協会ネットワークは以前からとても幅広い。協会事業と豊中市等外部との関係も、豊中市各部署、各ネットワーク・連絡会議、また大阪府等が設置している各ネットワークや外国人支援団体ネットワークとつながっている。それぞれの会議には事務局職員が出席し、協力体制をつくっている。

　設立当初からこれらのネットワークがあったわけではない。長い年月をかけて地道に行政や関係機関に外国人の生活課題などについて情報提供して、「地域住民」としての外国人を認識してもらい、外国人の視点をそれらのネットワークに反映させることの重要性を説明しながら関係を築き、積み上げてきたものである。

　機関はそれぞれに立場や専門性があるため、連携して支援をすすめる際に、見立てや支援をめぐって意見が食い違うこともある。それは不可避なことで、調整が必要になる。外国人特有の課題を知らないことで不適切な対応になってしまう場合もある。例えば、ひとり親家庭の外国人母の孤立感は、日本人のそれよりも深い場合が多い。「日本語の壁」に加えて、社会的なつながりや資源が圧倒的に少なく配慮が必要である。また、外国人に対して「日本での生活が大変なら、国に帰った方がいいんじゃない?」「夫が嫌なら離婚してしまえば」とアドバイスをする支援者もいるが、これも相手を深く傷つける場合がある。国に帰っても受け入れてくれる家族・親族がいない(地縁・血縁が唯一のセーフティネットという国や地域も多い)という人もいるし、「日本人の配偶者等」と

いう在留資格の場合、離婚によって帰国を余儀なくされるという不安があるため、なかなか離婚にふみきれない人もいるのである。例を挙げれば枚挙にいとまがないが、連携することによって支援者が出会い、地道に意見を交わし、学び合っていくことが重要なのかもしれない。この意味においても、様々な支援機関とネットワークを構築し、そこに協会がかかわっていくことの重要性は大きい。

　外国人の課題を担うべき機関は、外国人支援団体だけではない。しかし、今後「地域共生社会」の実現に向けて、外国人の生活課題に対応していくために、ワンストップで対応できるしくみも求められてくるだろう。そのため、多様な専門性を持つスタッフ、市民ボランティアや地域の人々を含めた多職種・多専門性・多人材の連携の体制を構築していくことも視野に入れ、これからも地域でより信頼され、実践力のある組織のあり方を模索し続けたい。

おわりに

　本節では、一担当者としての私見も含めて、現在の事務局について振り返ってみた。現在の協会の相談窓口は、相談者が24時間相談できる体制はなく、対応言語も11言語と限られている。しかし協会は「公共」としての外国人支援を地域の外国人に継続的に保障するために、試行錯誤しながら取り組みを積み重ねてきている。これから地域に暮らす外国人が確実に増える中で、「公共」の枠組みを維持しつつ、当事者のニーズにあわせてアウトリーチ[*1]を含む新たな展開を積極的に考えていきたいと思っている。

　相談や支援事業を通じて様々な人にかかわる仕事は、常に自分自身に向き合うことが求められる仕事である。自分自身に無意識に刷り込まれてきた考えや、価値観が揺さぶられる経験も少なくない。あえてそこに目を向けず、事務的に対応する人もいるかもしれない。しかし、自分をオープンにしていくことで、自分自身を洞察し成長させる機会を、この仕事は与えてくれていると思っている。

---

*1　潜在的なニーズを抱えている人に対して支援機関が働き掛け、事業につながることを実現させる取り組みのこと。「手を伸ばしてとる、手を差し伸べる」などの意味がある。

とよなか国流と私

ジャ・チン
相談事業コーディネーター
兼多言語スタッフ（中国語）

　気がついたら、私がとよなか国際交流協会と出会って、もう5年になります。
　2013年3月末、豊中市に引越して来ました。全然知らない町で生活するのは、私たち家族全員は外国人ですので不安でたまりませんでした。市役所からもらった「広報とよなか」を見て、とよなか国際交流協会が運営している国際交流センターを知り、早速訪ねました。ギャラリーの壁には活動している外国人の写真が飾ってあったり、日本語を勉強している人、和室で茶道をやっている人、ダンスする人、おとなから子どもまで、たくさんの人で賑わっていました。ウロウロしているうちにスタッフに声をかけられ、センターでの活動を詳しく紹介してもらいました。小学校外国語体験活動のボランティアにその場で登録して、その日からとよなか国際交流センターに通うことになりました。2014年には中国語の多言語スタッフ募集があり、スタッフになりました。今年度からはコーディネーター兼多言語スタッフとして活動しています。
　日本での育児や生活の経験をいかして同じコミュニティの人たちの役に立てていることにやりがいを感じています。中国人は多いと言われていますが、実際みんなバラバラに暮らしていて、なかなかつながる場はありません。多言語スタッフになってからSNSを活用して中国人コミュニティを立ち上げました。豊中市内外から現在150人くらいが集う情報交換の場となっており、登録者は増え続けています。そこでは主に育児の悩み相談が投稿されますが、グループのメンバーが体験談やアドバイスをのせるなど、参加者が相互に支えあう場となっています。国流での相談は単なる情報提供にとどまらず、しっかりと専門職の相談員に対応してもらえる、信頼できる相談窓口だと思っています。私たちスタッフは、様々な研修を受けて「相談員」になります。研修で衝撃的だったのは「アドバイス禁止」です。「教えて」といわれたら教えたくなってしまうものです。その人にしっかり共感して、本人自身が決定できるように促していくということは簡単ではありませんでした。しかし、相談に対応する中で、「あなたの決断が大切、一緒に考えていこう」という姿勢が身についてきました。
　私自身は、この仕事にかかわって、とても明るくなったと思います。友人や中国人の友達もたくさんできて、楽しい毎日を送っています。そして豊中の町も好きになりました。私のような外国人に言いたいです。「是非一度とよなか国際交流センターに来てください。自信を持って勧めます、きっと生活が楽しくなりますよ」。

2章 子ども事業

1 子ども事業のミソ
──子どもとボランティアがつくる居場所

今井貴代子
大阪大学大学院人間科学研究科付属
未来共創センター特任助教

はじめに

　協会では、2006年から新しい体系のもと子どもサポート事業（以下、子ども事業）がスタートし、外国にルーツをもつ子どもの居場所づくりに取り組んでいる。市の教育委員会の取り組みや府市の在日外国人教育とも連動する中で、協会の立ち位置として地域において子どもたちの居場所をつくること、またさまざまな支援や取り組みから周縁化される子どもたちへアプローチすることを重視してきた。

　センターという市の公共施設の指定管理者として公益性や公共性をもった事業を推進することが協会のミッションだが、行政施策でつくられた組織や事業、公共空間において、外国にルーツをもつ子どもがそのままの姿を肯定されるような安心できる場をつくる、ということはいかにして可能だろうか。このことは問い続けられる課題である。社会や学校の中にある規範や常識の多くが、子どもたちのそのままの姿を押しやり日本社会へ同化することを求めている。居場所づくりの中身がそのような第二の学校や第二の社会とならないよう、従来の価値観を反転させるような文化を創造し発信していくことが居場所づくりには必要とされる。

子ども事業では、特に関係性の非対称性を意識している。支援する側－支援される側が、ボランティアと外国にルーツをもつ子ども、大人と子どもという関係性に固定化されないようにし、子どもとより対等な関係をつくることで、子どもにとっての居場所を目指してきた。その運営を主に学生・大学院生ボランティアがしていることはこの事業の一つの特徴といえる。そこには子どもと同じような背景や経験をもつ当事者の若者（ピア）も含まれ、子どもにとってのロールモデルとして存在している。ボランティアやピアが子どもに寄り添い続け、今では、日本生まれ・日本育ちの外国にルーツをもつ子ども、ダブルやクォーター、在日コリアン、外国経験をもつ子ども、そうした子どもたちを友だちとする子どもなど、多様な子どもの参加が増え、主体的にかかわるような居場所のあり方に移行しているようにも感じられる。
　本章では子ども事業を扱うが、特徴として主に学生・大学院生ボランティアが運営しているという点を取り上げる。そこではピアやピア的かかわりが重要な役割を果たしているが、若者主体の事業体制や運営、居場所づくりがどのようになされているかを整理したい。そして子ども事業における職員の役割についても触れ、何が大事にされながら事業が成り立っているかを考えてみたい。
　協会ではどの事業もそうであるが、多くの市民ボランティア、協働者と一緒に事業を進めている。職員が前に出ることはそう多くない。筆者も協会で子ども事業のボランティア、職員を経験し、現在もまたボランティアとしてかかわっているのだが、職員の役割とは何かをマニュアル的に覚えたというよりも、暗黙知・職人技として盗み学んできたように思う。ボランティアとしてセンターに足を踏み入れた初日に、当時の在日コリアンの職員から「なぜ日本にいるのか、それを尋ねるのは日本人。それに答えるのはいつだって外国人の側だ」と言われ、自分の無知と特権性を思い知り、外国にルーツをもつ子どもの居場所をつくるとは、子どもではなく、かかわる人や環境がどう変わりうるかということだと思い知らされたのを覚えている。個人的経験かもしれないが、職員もボランティアも一緒に苦楽を共にして居場所づくりに取り組んでいるという印象が強い。しかし、職員が果たしている役割があるのも事実だ。職員の仕事や役割、何が大事にされているかについてまとめることは、公共空間における居場所づくりの内外で行われていることをより豊かに、その輪郭をより鮮

明に描くことにつながるかもしれない。

子ども事業の体制——ピア・コーディネーターの積極的位置づけ

　子ども事業は、主に2つの活動、子ども母語と日本語・学習支援サンプレイスからなる。子ども母語は隔週の日曜日10時から12時までの2時間、母語や母文化を同じルーツの仲間とともに学ぶ場で、現在は中国語、スペイン語、ポルトガル語、タイ語がある[*1]。サンプレイスは毎週日曜日の午後1時から3時までをコミュニケーション・コモンスペース（CCスペース）というオープンスペースで、ボランティアと一緒に日本語や学校の勉強を始めとして子どもの希望にそって活動をする場である。この2つは別々のものというよりも、つながりを重視しているので、午前に母語、午後にサンプレイスといった風にセンターで1日過ごす子どももいる。

　体制としては事業担当として事務局職員が1人または2人つき、そのもとにコーディネーターが位置づけられている。コーディネーターは子ども事業全体をコーディネートし、議論の提供やミーティングの開催を通じて、協会とボランティアの間で全体的な調整を行い、その時見えてきた課題に応じて提案や企画をする。もう一つ積極的に位置づけているのがピアである。協会では子どもたちと同じようなルーツや経験のある若者のことをピア（peer）と呼んでいる。子どもよりほんの少し年齢が上の先輩であるピア・ティーチャーが母語を教え、悩みや経験を共有できる身近なロールモデルとして存在している。コーディネーターとピア・ティーチャーは有償である。

　子ども母語にはアシスタントが、サンプレイスにはボランティアがくわわる形で活動は展開されている。近頃は、サンプレイスに外国にルーツをもつ学生がボランティアとして参加することも増えた。かつて子どもとして子ども母語

　＊1　母語はもともと相談事業で聴かれた母親からの子どもが母語や母文化を学ぶ場所がない（コミュニケーションがとれなくなる）という切実な声がきっかけにある。当初、中国語、スペイン語、ポルトガル語の3つでスタートし、2011年にはインドネシア語が、2016年からはタイ語がくわわった（現在、インドネシア語は活動を休止）。実際の教室の立ち上げには、担当職員が母親たちの相談に乗り、まずは試験的に実施する。子どもたちの参加がどの程度見込まれ、どのように持続可能な体制をつくれるかなど教室運営の課題を出し合い、検討を行っている。

やサンプレイスに参加し、大学生になって立場をかえてやって来たり、大学生になってルーツにかかわる活動をしたいとやってくる学生である。日曜日のセンターでみられる、子どもや若者のエネルギーで活気にあふれた光景はなじみのものだ。まずはピアやコーディネーターについて詳しくみていきたい。

　ピアを母語の先生に導入した背景には、外国にルーツをもつ子どもにとって、学校や社会の中でロールモデルと出会う機会が少なく、あってもテレビやメディアの中の遠い存在だったり、逆に家族だけということがあったからである。進路が狭められかねない子どもにとって、自分の少し先を歩んでいる先輩に気軽に相談できることは大きい。協会も構成団体の一つとして参加している多言語進路ガイダンスでは、高校や大学に進学した先輩が、どのように進路を決めてきたか、どのようなことに悩み、どのように進路選択していけばいいかを後輩に向かって話す場がある。多言語進路ガイダンスがハレのイベントであるならば、それを公的空間での日常的な環境にしていくことを目指したのがピアの導入である。子どもにとって等身大のロールモデルであるピアの導入には、在日外国人教育に取り組む中で得られたそうした経験則があった。

　こうした意図があるので母語教室は単なる言語の習得の場ではない。仲間やロールモデルとの出会いを通じて、子どもたちの自己肯定感が高まることをねらいとしている。ピアに求められるのも、子どもたちに寄り添い悩みや経験を共有できる関係性を築くことである。ピアも学生・大学院生が担っているので、社会人になるのをきっかけにピアの交替があるが、最近はピア自身が大学卒業などの節目で活動をいったん去る時、代わりの人を連れてくるという流れが定着している。職員が外国人支援のネットワークや外国人生徒を担当する高校教員に連絡して、大学に進学した生徒を紹介してもらうこともある。高校教員にとっては、大学進学をきっかけに環境が変わり、経済的な問題も重なって学業が続かない生徒を多く見てきただけに、そうならないように高校卒業後にも外国人支援の現場と接点をもたせたいという思いもあるのだろう。

　コーディネーターも学生・大学院生が担っており、現在6人目である。事業が走り出したばかりの立ち上げ期は、外国人の子どもの教育を研究し中国語を話す大学院生がコーディネーターをつとめた。当時、中国にルーツにもつ子どもがセンターに多く来ており子どもや保護者とのやりとりにおいて中国語を話

せ、なおかつ専門分野として研究している彼女がふさわしいという理由であった。彼女は、子どもの居場所とは何かを徹底してボランティアと一緒に悩み、共有し、それを社会化していくという居場所づくりの基礎をつくった。コーディネーターとして柔軟性や想像力を発揮し、調整・発信といった役割を担ってきた。二期以降のコーディネーターは、外国にルーツをもつ若者がピア的役割も担う形でつとめている。基本的に求められる役割は同じであるが、コーディネーターの存在は居場所づくりの雰囲気や活動内容にも表れるので、その影響が小さくないのも事実だ。これまで中国、韓国、フィリピンダブル、ブラジル、在日コリアンなどにルーツをもつ若者がコーディネーターをしてきた。彼女たちに引き寄せられるように多様な子どもたちの参加がみられるようになったことから、子どもたちにとってのピアの存在の大きさが感じられる。

学生・大学院生ボランティアによる運営
──価値観や規範の問い直し

　学生・大学院生ボランティアによって、活動がどのように運営されているかに移っていこう。今までのところ、「養成講座」といった形でボランティアを広く募集することはしていない。ホームページや講演などの機会で募集することはあるが、多くは関係者の口コミや紹介である。ボランティア希望でやってきた学生に、職員が最初に事業の紹介や在日外国人の歴史や問題についてレクチャーを行い、子どもに寄り添い、子どもの声を聴くという姿勢を大事にしてもらうようにしている。この子どもの声に耳を傾けるということが簡単なことではないことは、実際に活動に参加してボランティアが痛感するところである。

　たとえば、参加する子どもたちのニーズが日本語や学校の勉強である場合はわかりやすいが、日本生まれ・日本育ちの子どもたちのニーズはただ時間を過ごしただけでは見えづらい。支援する活動を期待してやってきた学生には、いったいこの場が何なのかわからず、離れていくこともある。子どもがどのような状況や思いでいるか、学校や家庭でどのような経験をしているかはすぐにはわからない。しかし、子どもたちとの関係が築かれるにつれて、子どもたちがぼそっともらしたことばから、子どもたちの置かれた状況を推し量っていくようになる。

学習支援・サンプレイスの様子

ボランティアがそうした気づきを深められるように、立ち上げから欠かさず大事にしていることが二つある。一つは活動後のミーティングである。ミーティングは主にコーディネーターが進行を行い、どんな子どもが来ていたか、何をしていたかを確認する。しかし、それだけではない。どんなことを話していたか、どんなつぶやきがあったかなども共有する。それらの背景に何があるかを想像させるためである。活動報告に終始してしまわないために、コーディネーターが気づきを促し、時には職員も加わって「家庭のこと話してなかった？」「進路のこと言ってなかった？」と子どもの背景を想像させ、子どもたちを取り巻く社会の問題を知るきっかけをつくっている。ボランティアは、子どもの状況やニーズだけでなく、運営上の課題についても出し合い、子どもにとってどんな場になっているか、これから取り組んでみたいことなどについても話し合う。学生主体の活動の「強み」と「弱み」を出し合い、子どもにとっての居場所とは何かを問い続け、自分自身と向き合う場がミーティングに備わっている[*1]。

　二つ目が研修である。テーマとしては、外国にルーツをもつ子どもの教育課題や取り組みにかかわるものから、さまざまなマイノリティ問題、そして居場所づくりなど、幅広い。文字の読み書きができ、学校教育に「適応」してきたであろうマジョリティに位置するボランティアだからこそ、研修のねらいは、

[*1]　立ち上げ期にボランティアがミーティングを通してまとめた冊子（『地域における外国にルーツをもつ子どもの居場所づくり〜子どもサポート事業のあゆみ2006・2007』（財）とよなか国際交流協会、2008年）がある。子どもとの出会いから見えてきた課題を「ことば・学力・進路」「アイデンティティ・自尊感情」の2つに整理し、自分たちの活動のあり方を話し合い、「ボランティアの存在」「子どもたち同士の出会い」「自己を表現できる場」「多様な人との出会い」「保護者とのつながり」を特長に挙げ、「保護者と子どもの橋渡し役」「日本語支援・学習支援をボランティアが行うことの限界と学校との連携」を課題としてまとめている。

これまで得てきた知識や経験、「当たり前」と思っていることを疑い、それらをいったん捨てる（unlearn）ことにある。職員が企画することが多いが、ボランティアが企画したものとしては、たとえば「識字シンポジウム」がある。これはある子どもがもらした「オレ、漢字がわからへんねん。…ほんでなあ、実はオレ、時々、ボランティアさんらが何を言ってはるかわからへんときがあるねん」という言葉から、ダブルリミテッド・非識字の問題と出会ったのがきっかけである。もう一つ強調しておきたい点としては、在日コリアンの歴史や実践に学ぶ機会が協会には多くあることだ。在日コリアンの子どもたちの夏期学校（ハギハッキョ）や小学校で開催されている民族教室（呉服小学校母国語教室）には学生ボランティアや職員が参加し多くの気づきや学びを得ている。こうして、学生ボランティアは活動を振り返り、気づきや学びを共有し、発信することを繰り返しながら、これまで自分たちが当然だと思ってきたことの価値観や規範を問い直していく（今井、2014）。

　ここ数年の運営上のテーマは、子どもたちがつながり主体的にかかわるような居場所づくりであったと筆者は思っている。ピア的なかかわりのボランティアやコーディネーターが増え子どもとの関係が近くなったこともあり、子どもの意見を積極的に取り入れた活動に取り組んできた。たとえば、こどもまち「たぶんかミニとよなか」[*1]やダンス教室「わたパチ」[*2]などの活動を通して、

[*1]　「たぶんかミニとよなか」は2010年から6年間続いたこどものまちづくりである。当時、サンプレイスの活動が子どもとボランティア1対1のかかわりが多く、子ども同士に交流がないことが課題に挙がっていた。コーディネーターは子ども同士がつながるように、一人の子どもが寂しそうにしていたら、そこに自分一人がつくのではなく、他の子どもをつなげるように働きかけた。やがて、ボランティアが入らなくても子どもだけで話したり遊んだり勉強することが増え、子どもたちがつながり、新しく何かが創造される空間と関係が生み出された。非対称な関係を意識しながらも縦関係に陥りがちな活動形態が少し形を変えることで、つながりという横関係がみるみると増えていった。これをきっかけに、年に1回ある多文化フェスティバルでの子どもイベントを、発表型がそれまでだったのを、子どもがつながるような参加型のイベント「たぶんかミニとよなか」へと変えていったのである。（『外国にルーツを持つことをプラスに思える日まで…』公益財団法人とよなか国際交流協会、2013年）

[*2]　「わたパチ」は、2014年から2年間教室という形で続き、今も継続して子ども主体で取り組まれている。教室はある一人の日本生まれ日本育ちの子どもの存在と、その子をサポートしようとするボランティアから生まれた。ダンスをしたいというその子の

日本語・学習支援という形では参加がなかったであろう日本生まれ・日本育ちの子どもの姿がみられるようになったのである。居場所づくりにかかわっているという実感が子ども自身にも芽生えるようになった。

　学生ボランティア主体の活動であること、そして近年は外国にルーツをもつ当事者のボランティアが増えるなかで、事業の不安定性といった懸念がないわけではない。学生ゆえに長期的なかかわりは見込めず、大学の授業やバイト、そして就職活動や卒業論文執筆などさまざまなことが同時並行する中で活動に参加している。継続的に活動に参加できず、子どもの数が多くてボランティアが少ないという日もある。外国にルーツをもつ当事者の場合、在留資格を含めた自分自身の日本での生活、親のこと、仕事のこと、不安定な労働や家庭基盤の問題などが押しかかることもある。こうした難しい面があったとしてもボランティアを学生に絞ること、そしてピア的なかかわりがあることのメリットは、多様な子どもたちが年齢の近いボランティアを慕って集まってくることからも一目瞭然である。ピアにとっては公的機関としての協会が一つの拠り所となっていたり、ここでの活動を通してエンパワメントされることも多い。これまでかかわってきたピアやボランティアは、活動を卒業した後も時々センターに現れたり同窓会を開くなどつながりが維持されているが、それは子どもの居場所であると同時に自分たちの居場所でもあるからなのかもしれない。

　その反面、事業責任者である担当職員に負荷が多くかかる。必要に迫られ学生の参加状況の把握や事業運営のサポートをしたり、ピアに対しては特に生活環境にも気を配り、時には奨学金制度の紹介や進路や家族の相談などにも乗ったりする。職員とボランティア、そして子どもとの距離や関係性の近さが子ども事業のよい面であるが、それぞれの境界線の曖昧さが課題となることも多い。

　　　声を聴いて、ダンスを幼い頃からやっていたボランティアがその子にダンスを教え始めた。目標はダンスチームをつくり、協会のイベントに出演すること。練習に練習を重ね迎えた当日、その子は緊張して舞台に立つこともできなかった。その子の悔しい気持ちを汲み取ったボランティアは、ダンス教室を立ち上げ2年に渡ってその子が自信をもって踊れるまでつきあった。その過程で、日本生まれ日本育ちの韓国・朝鮮、インド、フランス、フィリピンなど、さまざまなルーツをもつ子どもがダンス教室に参加するようになった。今では、市の夏祭りに子ども自らエントリーし踊るまでになった。

居場所づくりで対応できないこと、居場所づくりをしているから見えてくること
―― 社会化という役割

　ここまで居場所づくりについて書いてきたが、居場所づくりの中で対応できないものも実に多い。課題への対応や問題解決にはまた別のアプローチが求められ、職員がそれらを担っている。一つは相談やケースワークである。子どもの場合、進路相談という形で現れることが多い。ボランティアと一緒に勉強したり話をしたりするのを楽しみにやってきた子どもも、中学2年生頃になると高校受験が不安になる。親に呼び寄せられたティーンエイジャーの子どもからは、日本の中学、高校への編入の仕方などシステム的なことから、学校に入った後のサポート体制や日本語支援の問い合わせがある。こうした子どもがサンプレイスにやってきたとき、ボランティアのできることには限界がある。そこで職員が進路の選択肢の説明や学費を含む学校制度の情報提供、家族との話し合い、時には教育委員会や学校とのやりとりを行い、必要とあれば会議を開催するなどのケースワークを行う。

　逆に言えば、居場所づくりで対応できないことは新しい事業が生まれるきっかけや関係機関を巻き込んだ連携につながる。課題を把握して、事業化し社会化することは職員の大事な役割の一つである。サンプレイスに長年通っていた子どもから日本語がわからないと高校受験を前に相談があり、学力につながる日本語を体系的に学ぶ「学びなおし」の機会の必要性と重要性が明らかになったことがある。子どもの日本語指導に長年取り組んできた元教員にスーパーバイザーとしてかかわってもらい、子どもの日本語指導者の養成と「とよなかこども日本語教室」が新しく立ち上げられた。同時に関係機関に子どもの状況や取り組みの重要性を発信して、翌年には市教委との協働事業として取り組まれることになった。他にも、ティーンエイジャーの若者たちの相談が増えたことから、子どもとも大人とも違う若者特有の課題があることを知り、若者事業を立ち上げ、今では市内の関係機関と連携しながら取り組まれるようになった。子どもが安心して居場所に来れ、そこで話を聴いてもらえることで、課題やニーズが現れやすく、それが新しい事業の立ち上げや関係機関と連携する際の

根拠となっているのである。

　以上から、子ども事業の業務は、①事業運営（母語やサンプレイスを通じた居場所づくり）、②相談・ケースワーク、③事業化・社会化といった3つに整理することができる。事業運営についてはピアを含む学生ボランティアによる運営のベースがつくられ、子どもたちの主体的なかかわりが増える中で、「場」の安定と「場」自体のパワーが感じられるようになってきた。一方で、「人」については、学生なので入れ替わりがあり落ち着くことはなく、職員の役割としては居場所づくりを担うボランティアへのかかわりが大きくなる。他の事業よりボランティアと職員の関係が近くなるぶん、職員がボランティアから個人的な相談を受けることもあり、相談業務全般にいえることだが、対人援助としてのかかわりやソーシャルワークが求められることもある[*1]。

　どの業務であれ大事にされているのは、子どもの声からその背景に何があるかを想像し、ニーズと課題を把握し、それを社会化することである。個々の相談やケースに対応しながら、ニーズをもとに新たな事業をつくり、関係機関と連携していく、この社会化のプロセスをつくってきたのが協会であり、何より職員に求められてきたことのように筆者には感じられる。①場をつくること（人をつくること）、②個に対応すること、③社会にはたらきかけること、この3つはその都度比重は異なるが、担当職員が抱え込んで全て一人ですることではなく、チームワークで行うものである。筆者が職員時代に言われたのは、「事業を抱え込むな（独占するな）」ということや、「問題を社会化しろ」ということだった。業務がうまく回らないときがあれば、他の職員がアドバイスや気づきをくれたり、凝り固まって考えが硬直的になるのを解きほぐすために、職員にもunlearn研修は重視されていた。事業を回すこと、対応を行うこと、それ自体大切なことだが、それに終始するのではなく、居場所づくりの取り組みから見えてきたことを広く社会に発信しなければ、子どもにとっての生きやすい

[*1] 子どもや教育のこと、そして相談の専門性を今のところ担当職員になる必須要件にしていないので、運営や対応が立ちいかなくなることが時にある。それに対しては、経験のある職員がフォローしたり、アドバイスを外からもらったり、研修などで学ぶ機会が用意されている。また、数年前から、相談事業の相談員（心理カウンセラー）が必要に応じて子ども事業で対応した相談のアドバイスなどを行っている。

社会にはならない。逆に発信をすれば協力者や理解者を得られることもある。職員としては発信する力や巻き込む力があるのが望ましいが、言葉を変えればそれは抱え込まない力、SOSを出す力ともいえる。

おわりに

これまで述べてきたような事業展開ができるのも、協会がさまざまなネットワークの中にあることは大きい。特に市や府の教育委員会、在日外国人教育に取り組む教員組織や支援団体とのネットワークは、情報の共有や交換、具体的な対応、コーディネーターやピア、ボランティアの紹介、研修の機会など多岐にわたっている。また、居場所づくりが協会内の活動で終わらずにいられるのも、行政や学校など関係機関との連携があるからである。

協会ではピアを積極的に位置づけるところから子ども事業はスタートした。子どもにとっての居場所、「ただそこにいていい場所」は、日本語・学習支援や母語教室といった事業内容よりも、究極的には「そこにどんな人がいるか」だろう。外国にルーツをもつ子どもにとって、家族以外で、自分と同じような立場や経験をしている少し上の先輩や大学生に出会えるかどうかは、それ以降の人生を大きく左右する。この人なら話を聴いてもらえるかもしれないという期待や安心感がまずあって、その次に子ども自身から日本語や学習支援、母語、そして他の活動や課題に取り組んでいける。今では「もと子ども」が若者になって居場所づくりにかかわるという循環も生まれてきた。「そこにどんな人がいるか」は子どもにとっては特に重要なのである。他の地域でこうした外国にルーツをもつ子どもの居場所づくりが取り組まれる際には、「そこにどんな人がいるか」が大事にされてほしいし、その「人」とは子どもとの出会いで変わっていく「人」のことである。

公的空間としての居場所づくりで大事なのは、当たり前のことだが、ここに来ていない人がなぜ来れないのか、どうしたら来ることができるかを考え、周縁化される人たちへのアプローチを忘れないことだろう。外国にルーツをもつ子どもの居場所づくりは、今ここにいる子どもだけでなく、まだ出会っていない子どもにも開かれているべきである。子どもがどんな場を必要としているか、どんな人との出会いを求めているかを想像しながら、場づくりを行う。場は生

き物なので、次第に場がそこに来た子どもや大人を育てていくようになる。サンプレイスで時々みられる、ボランティアがゼロで子ども同士楽しく勉強する光景や、子どもだけでダンスグループを結成するといったことは、子どもに場への安心感と信頼があるからだろう。もちろん、場がそこに至るまでには時間もかかる。居場所づくりに取り組む人には想像力と場の持つ力への信頼が重要だと筆者は考えている。

参考文献
今井貴代子編（2014）『外国にルーツをもつ子どもと支援活動〜「居場所づくり」「学習支援」の現場から』大阪大学未来共生イノベーター博士課程プログラム

2　子ども事業と居場所づくり
―― 「いいじゃん！ぬるま湯で！」

山根絵美
とよなか国際交流協会
事業主任職員

　まずは自己紹介を兼ねて当協会の職員になった経緯を簡単にお話ししたい。2008年、私は多文化教育を学ぶために大学院に進学した。進学先の研究室には既に国流でボランティアをしている先輩がたくさんおり（前節執筆者の今井もそうであった）、そこで研究室の先輩に「国流に行ってみない？」と誘われたのがきっかけだった。センターを初めて訪れた日、対応してくれたのは在日コリアンの職員だった。出会って早々、「周縁化ってわかるか」と言葉を投げかけられ、その唐突さに戸惑う私を後目に、日本における外国人を取り巻く状況の話を続けながら私に"マジョリティとしての自分の立ち位置"を問い、「とりあえず〇日に活動あるからおいでや」と、気づけば勝手に活動に参加する日を決められていた。それまで私はボランティア経験など全くなく、ボランティア活動に精を出している友人や後輩たちを「すごいな〜」と感心する程度だった。ところがどっこい、である。気づけば「サンプレイス」だけでなく「おまつり

地球一周クラブ*1」に「小学校外国語体験活動*2」のコーディネーター等いろいろな事業に携わり、研究室よりも長い時間をセンターで過ごしていた。

　ボランティアを始めて1年半後、修士論文のための調査で半年間海外に行くことになり、ボランティアを一旦"卒業"することになった。その後帰国して修士課程を修了し、博士課程に進学すると同時に職員となって国流に"カムバック"した。

　ここから先は、職員として事業を運営するうえで感じる課題や悩み、やりがいなどについてお話ししたい。

ボランティア不足への対応

　他の多くの組織と同じように、ボランティア不足は恒常的な課題である。特に子ども事業の担い手は大学生（ないし大学院生）であることから、大学卒業と同時にボランティアを卒業してしまうし、ボランティアの数そのものは多いはずなのに様々な事情から活動日にやってくるボランティアが2、3人しかいない……ということも多々ある。2006年に子ども事業が始まってしばらくは"卒業するボランティアは新しいボランティアを連れてくる"という暗黙のルールがあったが、現在はそのルールを運用できないくらい、ボランティア自身も他にボランティア仲間を見つけることが難しいようだ。

　これまでいくつかの大学の授業やゼミで大々的にボランティア募集のPRをすることもあったが、それが上手くいった試しはなかった。大人数に対して大きく網を張るよりも、個人で問い合わせをしてくれた大学生をいかに引き留められるかがミソとなる。ボランティア希望者には必ず活動見学と、見学した活動後のミーティングにも出席してもらっている。その際、見学に来たボランティアが、その日の活動の中での出来事と子たちの背景とのつながりに気づける

---

*1　グローバル時代を生きる子どもたちに国際的な視点を身につけてもらうことを目的とした、小中学生を対象とした国際理解講座。地域にすむ外国人講師とボランティア（高校生または大学生）による運営。

*2　国際理解教育の一環として外国語に触れ親しむ体験活動を目的とした事業で、豊中市教育委員会の委託をうけて実施している。豊中市立小学校（全41校）の3年生から6年生を対象に、国際交流協会と地域に暮らす外国人（ボランティア）が学校と協働して行っている。

よう、子どもの課題や家庭状況などを丁寧に説明するよう心掛けている。

　さらに、子どもの頃に子ども事業に当事者として参加していた"元子ども"や元ボランティアにもよく声をかけている。協会のことを知ってくれているぶん、そうしたボランティアは阿吽の呼吸で動いてくれる、とても貴重な人材だ。このように、一度できたつながりを大切な資源としながら新たな人材は逃さずキャッチしていく、というのが現在のボランティア獲得の主な手法になっている。

　しかし、それだけで十分なボランティアやスタッフが見つかるわけはもちろんなく、ボランティア不足は現在進行形で進んでいる。ポルトガル語母語教室も2018年3月にスタッフが卒業し、その後ずっと活動休止状態にある。探し回ってはいるものの、母語スタッフの場合"子どものピアかつロールモデルとなる人"という条件もあり、それに見合う人材を発掘することはなかなか困難である。ポルトガル語の母語の参加者自体が減少傾向（来ない日が多く、来ても1人だけ）であるため、教室自体を続けるかどうかの検討も行ったが、1人でも参加を希望する子どもがいる以上はやはり継続するべきだという結論に至った。なくすことは簡単だが、一度なくしたものを取り戻したり、再スタートさせることは難しい。しかしそれ以上に、場があり続けることは「ルーツのある子どもがここにいるのだ」という証明を地域社会に向けて出し続けることでもある。スタッフの条件を変えることも視野に入れつつ、引き続きスタッフ探しを行っている。

外国にルーツを持つ子どもたちへのアプローチ

　子ども事業に参加する子どもたちについては、まず、保護者の心をどう摑むかがポイントとなる。日本語交流活動や「おやこでにほんご」に参加する外国人に声をかける際、話をしながら子どもや保護者自身のニーズを探り、「学校の宿題を大学生がみてくれるよ」とか「大学生と一緒に思い切り遊べるよ」、「同じ国のお友だちに出会えるよ」など誘い文句を使い分けている。学習なり遊びなり、何でもよいので、まずはセンターに足を運んでもらうきっかけをいかに作るかが重要だ。一度参加したものの、その後活動から足が遠のいてしまった子どもには、イベントの折などにできる限り声をかけるようにしている。

すぐには来てくれなくても、高校生や若者になった時にまたふらっとセンターに立ち寄ってくれることがあり、そこから若者事業や相談、外国語体験活動など他事業へとつながっていく事例もある。子どもたちに"いつでも来ていいんだよ"とメッセージを送り続け、細く長くつながりつづけることが大切だ。
　豊中市は外国人が少数点在する地域であるため、どこにどんな子どもたちがいるのかを把握することが難しい。アウトリーチをするためには、どれだけ学校現場や教育委員会と連携できるかが要となる。機関連携としては、豊中市外国人教育推進協議会（以下、市外教）や教育委員会の担当部局とも必要に応じて情報共有をしている。また、小学校外国語体験活動等で現場の先生と話をする機会があれば「ルーツを持つ子はいますか」と尋ね、どこの学校にどのルーツを持つ子どもがいるか実態把握に努めている。そうした積み重ねから、学校の先生が子どもを事業につないでくれたり、子どもの相談へとつながることも増えてきており、少しずつ成果が現れ始めている。
　子どものルーツや国籍、家庭環境などに関する事柄は個人情報であるため、共有が難しい局面もある。しかし、個人情報保護法が云々……と消極的になり、個人情報をアンタッチャブルなものにしてしまってはならないだろう。それらは子どもを支援するためには欠かすことができない重要なものだ。適切な方法・プロセスを経て必要な情報を共有できる関係性作り・システム作りは今後の課題の一つである。

ボランティアとの関係づくりは難しい

　「私たちゆっくりなので、もう少し待っていてもらえませんか」
　これは職員になって1年目、子ども事業を担当して4か月ほどたったある日、当時のコーディネーターとボランティアから投げかけられた言葉だ。
　先述のように、筆者自身もボランティアだったことから、事業に対する思い入れが強く、自分が参加していた頃の活動の様子が常に念頭にあった。職員になって子ども事業を担当したばかりの頃は、"ボランティアはこうあるべき"、"もっとこうしてほしい"、"どうしてこれができないんだろう"という私の（職員としてというよりもOGとしての）気持ちが明示的、暗示的にも強く出てしまい、ボランティアに求めるものが必然的に高くなっていた。自身の想いや経験

に引きずられすぎて、ボランティアそれぞれの活動への考えやコミットメントの仕方はそれぞれであること、また、メンバーが変われば活動の色も少しずつ変わるということ、そんな当たり前のことにしばらく気づけないでいた。"事業に参加する子どもたちのために"という大義名分のもと、自分の抱くボランティア像を押し付け、実際に活動の中で子どもたちと向き合うボランティアそれぞれの私生活の忙しさ、メンタル面への理解や配慮が十分に出来ていなかった。それが現役ボランティアとの間にギャップを生み出すとともに、ボランティアに窮屈な思いをさせることへとつながっていたのだ。その結果として返ってきたのが先の言葉だった。

　「サンプレイス」が子どもにとって安心して居られる場所になるには、ボランティアと子どもとが信頼関係を築く必要があり、そのためには長い時間を要する。出来るだけ休まず活動に参加し、子どもたちと丁寧に関係性を築いてほしいというのが職員としてボランティアに望むことだが、なかなかそうはいかない。バイトに課題、試験に就活などやることが山積している多忙な学生生活において、ボランティア活動を最優先に出来る学生のほうが稀である。その中でどこまでボランティアにコミットしてもらえるかは、活動（やセンター）が子どもたちにとってだけでなく、ボランティア自身にとっても居心地の良い場所になっているかどうかも重要なのだ。ボランティアにはボランティアのペースがある。ボランティアが主体の活動である以上、ボランティアにとっても活動そのものやセンターが居心地の良い場所でなければ、主体的にかかわろうとするモチベーションは生まれてこない。何よりもまず、ボランティアが安心して事業に参加できることは、子どもたちが安心して活動に参加するための基盤なのである。

　とは言え、事業の中で最も大切にすべき存在は子どもたちであり、"子どものための場所"が"ボランティアにとっての居場所"になってしまわないよう注意は必要だ。スタッフやボランティアの中には外国にルーツをもつ当事者や、何かしらの悩みや生きづらさを抱えたボランティアもいる。ボランティアには支援者としての役割が求められるが、ボランティア自身のしんどさゆえにその役割が十分に果たせない状況も、稀ではあるが生じている（例えば、ボランティア同士が活動中、自分たちのしんどい状況を夢中になって話し合っていて、気づけ

ば子どもがほったらかしになっていたなど)。また、自由意志で参加するボランティアに、どれだけ活動への責任感を持ってもらうかも非常に難しい問題である。活動の主旨や目的から逸脱しないようある程度のルール作りやマネジメントは必要だ。しかし、時にボランティア自身がしんどさを抱える中で、ボランティアにどこまで支援者としての自覚を持ってもらうのか、役割を担ってもらうのか、一筋縄ではいかない。活動に携わっているボランティアの強みと課題を把握し、その時々のボランティアが自分達らしく活動できるよう、どう見守り、支えるか。それにはまず、職員自身が「支援職」や「相談援助職」であることを自覚して業務に携わることが必要で、それなしではボランティアにどう動くべきか、どこに注意すべきかといった、支援者としての心構えを伝えることは難しいと感じている。

ボランティアとの関係性を築くために

　ボランティアが安心して活動に参加できるための肝となるのが、職員との関係性だ。ボランティアの入れ替わりが毎年ある中で、ボランティアに活動への理解を深めてもらい、関係性を築いていくことは割と骨の折れる作業である。私の場合、入職時、そして2度の産・育休から復帰した時と、協会に戻ってくるたびに子ども事業のスタッフやボランティアの多くが入れ替わっていて、浦島太郎状態だった。コーディネーター、母語スタッフ、ボランティアがどんな人たちで、どんなことを考え、どんな風に活動に関わっているのか、その折々の活動の色は少しずつ把握していくしかない。

　大切にしていることは、まず、呼ばれたい名前で活動すること。事業に参加する子どもたちには、必ず「ここでは何って呼ばれたい？」と聞いている。本名でも、通名でも、ニックネームでも何でもよい。自分らしくいられる名前を大切にすること、そこから関係性作りの第一歩が始まる。子どもたちにとって大切にしてもらいたいことは、ボランティアにも大切にしてもらいたい。そのため、新ボランティアにも必ず「名前、何って呼んだらいい？何って呼ばれたい？」と尋ねている。

　また、活動の前後に出来るだけボランティアと雑談する時間を作るようにしている。大学やバイトのこと、就活のことなどプライベートな話題が多いが、

それによってボランティアのことを深く知ることができ、また、今悩んでいること、頑張っていることなどを聞けば、各々がどんなコンディションなのかを知ることが出来る。

　子どもたちへの声掛けと一緒で、久しぶりに来てくれたボランティアに対して「久しぶりだね！」「来てくれてよかった、助かるわ〜」と、欠かさず声をかけるようにしている。ボランティアに対して"あなたがいてくれて嬉しい、助かる"という気持ちを表明することは、ボランティアの活動への関わりを高めることにつながる。単純なことだが、"この場に必要とされている"という実感を持つことは重要で、それこそが場へのコミットメントを生み出し、高めるのだと感じている。

　常にきめ細やかにスタッフやボランティアと関われたらよいのだが、担当事業が複数あり、業務内容も多岐にわたるため、いつも十分な時間を確保できるわけではない。活動後にボランティアと飲みにでも……といっても、子育て中のためそれも難しい。スタッフやボランティアと談話する時間をいかに作るか、短い時間でどれだけ密なコミュニケーションがとれるかが課題である。

ボランティアも「消費しない、されない」こと

　語弊を恐れず言うなら、よくも悪くも協会は人使いが"荒い"。「巻き込み力」は天下一品ではないかと思う。先述のように、私自身の経験をもってしてもそうだ。協会では、一度関わると「〇日、ヒマ？時間ある？センター来れる？」とか「〇〇やるからちょっと手伝ってくれる？」、「こんなんやってみーひん？」などと、次から次へとお声がかかる。私も職員になってから、何かに困るにつけてボランティアに声をかけてまわることが多い。大学生ボランティアに限らず、一人のボランティアに多様な活動に関わってもらおうとするのは、当協会の文化ともいえる。他の事業のボランティアや参加者を始め、協会に集う多様な人たちと関わることは、ボランティアのより深い気付きにつながり、それぞれの活動に重層的な強みが出来上がっていくように思う。

　ボランティアを始めた当初、よく、「外国人を消費するな」と言われていた。外国人を"消費する"とは、例えばイベントの時だけなどに外国人を呼んでエスニック料理を販売してもらったり、民族舞踊を踊ってもらったりすること

(いわゆる Food、Fashion、Festival の"3F"中心の国際交流を思い浮かべてもらうとよい)で、日本人の都合の良い時だけ外国人を使うということを意味している。同じように、ボランティアも協会に良いように使われるだけになるな、消費されるな、と言われていた。

ところが、自戒を込めて書くが、「消費するな／されるな」と

子ども・若者支援事業のボランティア・コーディネーターとの合宿のようす（2017年）

偉そうに言いながら、ついつい関わりの濃いボランティアや参加者にいろいろなことを頼みすぎてしまうきらいがある。雑な依頼のしかたをして怒られたこともあるが、ボランティアの多くは頼りにされると応えてくれる、応えようとしてくれる人たちであることから、実は本人の負担になっていたことに気づけずにいたこともあった。今井の節にもあるように、職員がすべてを抱え込まずSOSを出すことも大切だが、SOSを出しすぎたり乱発したりしてしまうと、逆にボランティア側のSOSを見逃してしまう危険性もある。ボランティアにとって有益になっているのか、負担になってはいないか。活動に参加する子どもにだけでなく、ボランティアにも運営側の協会にとっても、三者それぞれにとってwin-win-winであることが求められるが、ボランティアにとってのwinが何か——それは子どもの課題を知ることであったり、社会的な課題を知ることであったり、新たな友だちができること、自分の他では話せないことが話せることなど、ボランティアによっても異なるだろう——を問い続ける必要がある。

わたしの自己覚知——国流に関わり続けている背景

冒頭の自己紹介でも述べたように修士課程から博士課程への進学を決めていた私は、ゆくゆくは研究者になろうと思っていた。しかし学業を続けるには厳しい経済状況にあり、進学を控えぼちぼち仕事を探さなければと悩んでいた年度末、協会職員の新規採用の公募が出ていることを知った。自身のボランティ

ア経験からも、協会は実践の場であると同時に理論的なことも学べることが出来る場だとわかっていた私は、国流で働くことはメリットが大きいと感じ、職員採用への応募を決めたのだった。そうして、気が付けばボランティアの期間を含め、10年の歳月を国流で過ごしている。

　子ども事業にかかわり始めてから念頭にあるのは、"居場所とは何か"という問いだ。特に入職してからの数年間、子ども事業が子どもにとって「ぬるま湯」のような場所になっているのではないか、それでいいんだろうか、と悩むことが多かった。その一つに、「とよなか子ども日本語教室」を立ち上げるきっかけになった、ある子どもの存在があった。その子は小学5年生の時に日本に来日したニューカマーの子で、サンプレイスの活動では彼の母語が話せるボランティアと自分が今好きなことなどについてポツリ、ポツリと母語で話して過ごしていた。ボランティアも職員も、彼の日本語や学習面の課題を感じながらも、「子どもがやりたいことをやる。強制はしない」というサンプレイスのルールに則り、「勉強しよう」と学習を促すことはあまりなかった。そうして数年を過ごすうちに、高校受験目前になって日本語の課題が大きな壁となって立ちはだかることになってしまった。

　なぜ、もっと早くに動けなかったのだろう。「居場所」だからと言って、「ぬるま湯」のように居心地がいいだけの場でいいのだろうか。「ぬるま湯」は、入っている間は心地良いが、気を付けなければ上がったあとに風邪をひいてしまう。ここに参加する子どもたちがセンターから一歩外に出たときに風邪を引いてしまうのではないか。そうなってしまったらどうするのか。そうならないための強さや知恵を、事業のなかで子どもたちに身につけてもらう必要があるのではないか──。ぐるぐる、ぐるぐると、そんな風に考え続けていた。

　ところがある日、協会相談員の吉嶋から「いいじゃんぬるま湯で。なんでだめなの？疲れたな〜と思った時に、またお湯に浸かりにおいでって言ったらいいんじゃないの？」と言われた。その時は「そうか。……そうなのかなぁ」と、どこか釈然としないまま、その言葉を受け止めていた。

　実はそこに、しんどくてもそれを跳ね返せるほどの強さをもって生きなければ！と思いこんで（というより、思いこまされて）生きてきたという、私自身の成育歴が影響していたのだった。辛かった幼少期、「ぬるま湯につかっていた

らダメだ」と、甘えることは許されないと思いこんでおり、そもそも辛さを吐き出せるぬるま湯すら用意されていなかった自分自身と、ここに来る子どもたちとを重ねて考えていたのである。そして、子どもたちや若者が時々国流にやって来ては、ほんの少し元気になった様子で帰っていくのをみて、「あぁ、そうか」と、ようやく腑に落ちた。

「ぬるま湯」を欲していたのは、本当は私自身。そして、ここにはそれがある。

子ども事業は、疲れた時に元気を取り戻すことのできる、温かく居心地の良いぬるま湯そのものなのだ。それに気づいたとき、ようやく「ぬるま湯でいいんだ」と思えるようになった。私が子ども事業を通してやろうとしていることは、自分が幼少期に求めていたこと——しんどさをちゃんと外に吐き出せることの大切さを伝えること、そしてそれをちゃんと受け止めてくれる場や人が「ここにあるよ」と伝えること。"ぬるま湯に浸かれる場所"をセンターにとどめず、社会全体に創り出していくことなのだ。

最後にかえて——ボランティアへのメッセージ

協会では外国人に関することに限らず、ジェンダー、貧困、障害、部落等々、人権に関わることを学ぶ機会がふんだんにある。そうした社会的な課題だけでなく、多様な人たちとの出会いのなかで、心が揺さぶられたり、価値観が変わったり、learn して unlearn する毎日である。

今活動に関わるボランティアのみんなにも、私が経験したように、何かしらの学び＝お土産を持って卒業してもらってほしい。消費されることなく、自分の糧となるように。私もまだまだ未熟だが、これからもお湯加減を「ああでもない、こうでもない」と探りながら、心地よいぬるま湯をボランティアのみんなと作っていきたい。

3 若者支援
――職員だって悩む

黒島トーマス友基
とよなか国際交流協会
事業担当職員

国流との出会い

　私が初めて"国流"に足を踏み入れたのは2012年ごろだった。大学を中退し、社会人として日々を必死に生きながら悶々とする若者だった。そこからボランティア、コーディネーター、そして職員として現在に至るまで、国流と私の関係は変化し続けている。

　初めて国流に足を踏み入れた時、実のところ何をするところかもよくわかっていなかった。何か明確な目的をもって国流に来たわけではなく、当時の子ども事業担当職員である今井さん（本章1節の執筆者）に会いにきたのだ。

　私は戦後大阪に進駐していた米兵の祖父と、進駐軍の兵士を相手にしていたセックスワーカーの祖母をもつ。1950年に父が生まれて間もなくして祖父はアメリカに帰り、その後連絡が途絶えた。祖母はその後もセックスワークを続け、父を養った。私は幼いころから自身のルーツについては両親から聞かされており、特段意識をしたことはなかった。しかし思春期にさしかかり、周囲との身体の違いや同調を求める空気をきっかけに悩み始め、一時期は自身のルーツを否定した。その後、高校では不登校も経験するが、多くの友人や先生との出会いを経て自身のルーツを受け入れ、外国人生徒が集まる交流会などでは中心的な役割を担わせてもらい、自身のルーツについても積極的に発言をしていた。

　しかし、国流にやってきたころの私はというと、大学を中退して地元の自動車工場に就職し、社会人として歩み始めたころだった。周囲も私の仕事以外の部分を見ることはなかった。ルーツを否定されることはないが尋ねられることもない。自分を形作る大切な要素を無視され、生活にも心にも全く余裕がなく、再び自身のルーツをしまい込んでしまいそうになっていた。国流に足を踏み入れたのはそんなころだった。自分のルーツのことを誰かに話したい。まずは今井さんに話をしに国流にやってきた。次は豊中市内の中学校や高校へ講師とし

て自分のことを話す機会をもらった。『自分のルーツのことを誰かに話したい』という思いは、しだいに『声をあげていない仲間に"一人じゃないよ"と伝えたい』という思いに変わっていった。その後、てーげー部という活動で仲間と映像作品を制作したり、若者の事業に関わるようになり、2016年からは職員として国流に関わっている。

若者支援事業

　私が国流に関わりだしたころは、国流の若者に関わる事業が動き出したころと重なる。国流では若者に関わる事業が2012年度からスタートし、関係機関との連携や聞き取りなどの実態把握を経て、2013年から2014年ごろにかけて若者に関わる事業が多く立ち上がった。自身が興味や関心のあるテーマについてセンターの利用者などに対して発表をするてーげー大学（月一回開催）、インターネットのライブ配信サービスを利用した若者による情報発信のとよなかエアライン（月二回程度開催）、若者にとっても重要な労働に関する事をアットホームな雰囲気で話しながら基礎知識を身につけるおしごとカフェ（月二回開催）、若者の声からトライアル的に始まった多文化ダンス教室（週三回開催）、若者が料理を作りながら自由な雰囲気で話す事ができる居場所としてたまりば（週一回開催）が立ち上がり、若者のための相談や、個別対応ではあるものの日本語の学習が始まったのもこの頃だ。

　これは2010年ごろから外国にルーツをもつ10代後半の若者から高校編入の相談が相次いで寄せられたことによる。外国にルーツをもつ若者といっても状況は様々で、日本語の支援が必要な人や教科学習も併せて必要な人、進学したい人もいれば就労したい人もいる。「学校に入りたい」「日本語を勉強したい」「学校に行きたい」「仕事がない」これらの問題は本人や周囲、例えば家族などが自覚しやすい問題だ。

　しかし若者が抱えている問題はそう単純なものではなく、例えば家庭の中で幼いころから続く力関係や依存の度合いなどが原因で進路に影響を及ぼしている場合も少なくない。しかし本人や家族からするとその関係性が"当たり前"であり、疑いをはさむ余地すらない。こうなってくると自分の置かれた状況は自覚しづらく、問題は長期化する。他にも友人関係や恋愛などでも、今まで築

き上げてきた時間が長かったり、相手への思いが強かったりすると、たとえ周りから見て明らかに問題だという場合だったとしても、本人からは見えづらく自覚しづらい。これは若者に限らずどの年代でも見受けられることだろうが、若者の場合はこれから独り立ちをしていく過渡期であり、コミュニケーションのとり方も不器用だったり、進路に対する家庭の影響もまだまだ大きい。その結果、自身ではどうしていいか分からず、事態を打開する力も不足していて進路を決めかね日々を過ごしている……、これは若者世代の一つの特徴と言えるのではないだろうか。

　こういった場合、研修や講座などを通じて若者が自身の状況に対して気付きを得ることも大事だが、自分の考えや疑問などを安心して言い合える場、居場所を得るということがとても重要となってくる。最初は他愛のない話でも、少しずつ自分の想いを言葉にしていくことで自分の考えを整理していく。あるいは相手の意見を聞きながら、自分とは違った考え方に触れる事であらためて自分を振り返り見つめなおす。そのような経験は若者が考えるきっかけ、"考えの種"となっていく。若者にとってそういった場所はかけがえのない場所であり、そこに集った若者たちは仲間になっていく。私が職員になる前に参加していたてーぎー大学やとよなかエアラインなど、若者に関わる事業はいずれもそうした要素が盛り込まれていた。

"ひとりじゃない"ことの尊さ

　センターにはいろんな若者がやってくる。府内の中学校に通うフィリピン人のジョー（仮名）は、日本語の学習をするため学校の担任に連れられてセンターにやってきた。学校では日本語の授業についていくことが出来ずに自習室で過ごすことが多く教科の勉強からは取り残されており、学習意欲も高くなかった。また家庭環境も複雑で、家に帰っても落ち着いて勉強ができる状況ではない事が容易に想像できた。センターにやってきたときは表情も固く、緊張しているような様子だった。それから日本語交流活動や若者の日本語サポートで学習することになった彼と接するようになってすぐ、彼の"人懐っこさ"に気が付いた。学習でセンターに来たとき、彼は必ず事務所にあいさつをしてくれた。毎回律儀にあいさつをもらえるとこちらもうれしい。あいさつを返しなが

ら、彼のことが純粋に知りたくて、一言二言つけ足して話をしてみる。「暑いね」、「電車できたの？」など何気ない話をするようになってからは彼もこちらを気に掛けるようになったのか、センターに来ると声を出さずに事務所を変な顔をしながらのぞき込み、おどけて見せる。学習の後にはまた事務所にきて、その日覚えた日本語を使って冗談を言ってみせる。やがて彼からは他愛のない話に交じって学校や家庭での悩みや将来についての話が出てくるようになった。活動の中でも、自分と同じ国出身のおとなや同年代の仲間と出会い、表情は日ごとに明るくなっていった。そんな彼の顔を見るとやっぱりうれしい。

　彼はこう言う。「ここ（センター）の人はやさしい。話を聞いてくれる」と。私は彼からの話を聞きはしたものの、聞き出そうとはしていない。むしろ、彼が進んで話をしてくれたと思っている。彼が進んで話をしてくれたのは、他愛のない話が出来る関係性が築けたからだろう。彼の場合、日本語、教科学習、学習意欲、家庭環境など、問題は山積みだ。こういった場合、つい話を聞き出そうとしてしまいそうになる。「何時に寝て何時に起きた？」「ご飯は何を食べた？」「学校は楽しい？家族は？」そんな言葉をぐっと飲みこみ、他愛のない話をする。こちらが冗談を言うと彼も冗談で返してくれる。彼が家庭の話をしにくそうにしていた時は私の家庭の話をしてみたりもした。そうやって彼と関係を築いていくことで彼は進んで自分の話をしていってくれた。

　彼は中学校に通っている。学校の先生をはじめ彼に関わっている人、挨拶が出来る相手はきっと多いはずだ。しかし、彼は自分の話をすることが出来なかった。本来人懐っこく、相手に自分の話をする力を持っていたにもかかわらずだ。彼は地域や学校で孤立していた。言葉の壁もあるのだが、周囲が彼の抱えている問題の大きさゆえに課題にばかり目がいってしまい、彼の思いや意思というものが置き去りになってしまっていたのかもしれない。家族もまた彼の思いを聞く時間も余裕もなく、彼は家庭でも今の悩みや将来の夢について話す事が出来なかったのだ。しかし、彼はセンターに集う人たちと繋がり、自分を受け入れてもらい相手を受け入れることで、自分の意見もはっきり言えるようになっていった。自分の問題をしっかりと捉え、"相談する"という意思を持った人ならば、むしろ関係性がない相手だからこそ話せることもあるだろう。しかし前出のように、自分の置かれた状況を自覚している若者は少なく、「相談

しよう」と考えている若者は少ない。彼にとっては、日々の関係性の中で話を聞いてくれる人が必要だった。若者にとって、安心して話せる場があり、共感しあえる相手がいることは、日々を生きていく力に直結しているように思う。彼は今、将来の夢のために高校入学を目指し、日本語と教科の学習で追い込み真っ最中だ。「難しい！」「僕はもう頭が痛い！」冗談交じりの彼の悲鳴に「難しいけどやんねん！」「もっと頭痛い人もおる！顔洗ってこい！」と、おおよそ支援とはいえないような返事を返し、彼と笑い合う。"ひとりじゃない"ということは"生きる"ことと同じぐらいに尊い。彼は国流で知り合ったフィリピン人の友人と一緒に、今日も事務所をのぞき込んでおどけている。

若者は悩み、迷う──若者への思いともどかしさ

いうまでもなく、若者は悩む。そして迷う。自分自身もそうだったし、おそらく全ての人は若者の時、多かれ少なかれ悩み、迷っただろう。その悩みや迷いを受け入れてくれる場所、しんどくなったらいつでも帰ってこられる場所としても、国流は機能している。口で説明するのは簡単だが、その難しさを教えられたのがイサム（仮名）だ。

母がタイ人のイサムは高校卒業後しばらくアルバイトをしていたが、語学系の専門学校への進学が決まり、年明けから九州へ行くという知らせを人づてに聞いたのは、私が職員として働きだした2016年の初秋だった。11月も終わりにさしかかり、彼はふらりとセンターにやってきた。近況を話しながら、九州での新生活の話に至った時、彼から「貯金がない」という話が出てきた。よくよく話を聞いてみるとアルバイトの収入は日々の生活でほとんど消えてしまい、何とか貯めたお金も入学金などに消えてしまった。引越し費用や家財道具をそろえるお金も、もちろん九州での生活費もなく、あてもないというのだ。この話は彼から相談として出てきたものではなく、「インテリアとか考えたりするのも楽しいよね」とその場にいた他の若者が何気なく言った言葉がきっかけだった。そこから今の収入と支出、新生活で毎月かかる費用を計算したり、お金の工面の方法を考えたりなどなど、私は彼と慌ただしく進めた。「どうにかしなくては、なんとかしなくては、なんとかなるのか？」と日に日に私の焦りが高まっていった。彼も新生活に向けて慌ただしく動き出したが、「部屋は築浅

で1LDK以上がいい」「電化製品の中古品は無理」など、彼から様々な条件が出てきた。それらの希望を彼と見つめながら、それが現実とどれほどのギャップがあるのかを彼と一緒に考えた。

　現実に納得が出来ない彼に、私はもどかしさを感じていた。彼に対して抱いたもどかしさは、誤解を恐れずに言えば怒りに起因する。「なぜ現実を見ることが出来ないのか」「なぜ計画性がないのか」「そんなことで地方で一人でやっていけるのか」、「そもそもなんで大阪の専門学校じゃなくて九州なんだ」その怒りに蓋をしながら、怒りがとめどなく沸き上がる自分の現状にショックを受けていた。なぜ私はここまで怒りを覚えるのか。月に一度のスーパービジョンはその怒りと見つめ合う機会になっていった。なぜ彼に対して怒るのか、何に対して怒るのか、怒りの源は何なのか。

　そこで分かったことは、私は彼に対して強い思い入れを抱いているということだった。イサムとは彼が高校に入ってすぐのころ、私が職員として働く前に若者の活動を通して知り合った。年齢は10歳以上離れていたが外国にルーツをもつ若者同士、職員になる前の私は彼に対して後輩と付き合うような感覚で接していて、職員になってもなおそういった感覚が抜けていなかった。しっかりしない後輩に"喝"をいれる、根性を叩き直す、そういった攻撃的な感覚を自分は持ち合わせているのかと思うと、涙が出た。自分の中に「"相手を思う"という名のもとに肯定される暴力性」を見出したのだ。それに対する恐怖心、情けなさ、憎悪、そして何より相手に対する申し訳なさでいっぱいになった涙だった。

　私はそれまで国流でのボランティアとしての経験や自身のルーツから、外国ルーツの若者の気持ちをよく理解できる、と心の中でそう思っていた。しかし実際は相手への理解を通り越し、自分の思いを相手に押し付けていた。若者は社会から常に"常識"や"普通"という概念を基に同調を求められ、時には排除されている。国流はそんな若者が疲れたときにいつでも帰ってこられる場所でなければならないと私は思っている。しかし、私が彼に抱いていた怒りはまさしく社会が押し付けている"常識"や"普通"といった価値観そのものだ。私に必要とされているものがあるとすれば、その気持ちを受け入れ共に考えることであって、言うまでもなく彼に怒りをぶつけることではない。私自身もまた悩

み、迷いながら日々を過ごしている若者だ。

　どんなに頭の中で整理をしても、怒りは湧いて出る時がある。雨が降ったから待ち合わせに現れなかったり、手続きが煩雑だから高校入試をあきらめると言い出したり、若者の事業が始まる直前まで数人で楽しそうに話していたと思ったら盛り上がってそのままみんなでカラオケに行ってしまい事業に誰も来ない時など、若者の事業には驚きと怒りがたくさん詰まっている。その度にスーパービジョンや他の職員との会話を通して、怒りの背後にはどんな思いがあるのかを見つめる。「自分は高校の時ちゃんとやったのに」という妬みがでたり「ちゃんとせなえらいことなるよ」といった焦りが出ることもある。その度にまた「なぜ妬むのか」「なぜ焦るのか」という風に掘り下げていくと、結局は自身の生育歴やコンプレックスなどに行きつく。過去に親から押し付けられしぶしぶやり通した経験や、周囲の目を意識して言えずにいた事など、自分でも忘れているような過去の出来事が出てきたり、無意識のうちに引け目を感じている部分を知る事も多い。時には大きく動揺する事もある。若者を通じて私はあらためて自分自身と知り合っているような感覚を日々抱きながら国流で働いている。

　補足までに、現在イサムは無事に九州の専門学校を卒業し、社会人として新たな一歩を踏み出している。

人のかたち、職員のかたち

　職員になってから一番悩んだことは、ボランティアとの距離の取り方である。これは未だに分かった、と胸を張れるまで至っていない。第一、"距離"という言葉が合っているのかどうかも分からない、というような状況ではあるのだが、最近は以前のように思いつめなくなってきた。以前の私はイサムに対してもどかしさを感じていた時のように、自身の感情をどう処理していいか分からず蓋をしてしまったがゆえに感情が大きく増幅し怒りとなり、もどかしさを感じてしまった。相手に強く共感しているからこそ湧き上がる感情と向き合うすべも、それを利用して彼と接するすべも当時の私にはなかったのだ。

　前出のように、協会では多くの市民ボランティア、協働者と一緒に事業を進めている。職員が前に出ることはそう多くなく、それでいて暗黙知的な役割が

ある。活動のマネジメント、といえばそれまでなのだが、活動の場が参加者全員にとって居心地のいいものになっているか、より居心地のいい場にするにはどうすればいいか。参加者任せでもなく、それでいて職員主導でもない、ええあんばいにするには何が必要なのか。まずはそのことを知ることに、思いのほか時間がかかったように思う。職員になるまでの５年間、私はボランティアとして思いのまま動いていたし、感じたままを言葉にしていた。それが出来る場所だったからこそ安心して国流に通えたし、自分本位な言い方をすれば私がそう振る舞うことで他の人も自由に行動ができるようになるとすればそれはどんなにすてきなことだろう、と考えていた。もちろん、職員がこれらを"絶対に"してはいけないということはない。その場が安心できる場になったり、参加者が自由に行動出来たりするようになるのであれば、きっかけは職員であっても構わない。職員としての役割を自覚した上で、ええあんばいの場にするためならば一時的に活動に踏み込んでもいいし、踏み込まなくてもいいのだ。実際に私が安心して国流に通えるようになったのは職員とのつながりがあったからだ。

　しかし職員になってすぐの私は、元々一緒に活動をしていたという関係性を職員としてどう活かすべきか、友人としてどうすべきかが分らず、物理的に"距離"をとってしまった。若者が活動で料理を作って私に一緒に食べようと誘いに来てくれた時も事務所で仕事の手を休めなかった。ボランティアの時は月に２回は飲みに行っていた友人たちともめっきり飲みに行かなくなった。ボランティア主体であるべき事業の中で職員がどう関わるべきか……。暗黙知を理解する、それ以前にそこに暗黙知が存在すると気付くまで、私は事業に対して能動的な関わりを持てずにいた。これはある方向から見れば「ほったらかし」や「無関心」と見られてしまう危険性をはらんでいるし、現にそういうふうに見ていた人もいただろうと思う。"あえてしない"のと"よくわからないからしない"というのは決定的に違うのだ。

　私の場合、自身のボランティアとしての経験やルーツが基となり、相手へ強い共感を示しやすい。若者と関われば関わるほど、若者の存在が過去の自分と重なり、感情が入る。「あの時自分はこうした」、「あの時自分が失敗したから同じ事をさせたくない」、若者に対してそんな気持ちがしばしば湧き上がる。しかし、それは私が自身の経験からたどりついた私の常識や価値観でしかない。

若者支援事業で「豊中まつり」に出店

私が過去に失敗した選択と若者が同じ選択をしたとしても失敗するとは限らないし、私が最善だと思う選択は若者の最善だとは限らない。大切なのは若者が自分自身で選択をする事だ。私自身の事を振り返ってみると、過去の選択で後悔が大きい選択のほとんどは親や周囲に決められたり、流されて選んだりしてしまった選択だ。自身で決めて失敗した選択も多いが、それらはさほど後悔をしていない。自分で納得した上で選択をし、失敗しているからだ。人に決められたり流されたりした選択は人のせいにしたり、あるいは抗えなかった自分のせいにしてしまう。しかし自身で選択の時に悩めば悩むほど、迷えば迷うほど失敗した時の「やってもうたー！」という後悔も大きいが「あんだけ悩んで迷って選んだ結果やからしゃあない」という納得も大きい。その自身の経験があるにも拘わらず、逆に経験があるからこそ若者に対して"口を挟まずにはいられない"気持ちになる事が私の場合はしばしばあるのだ。扱いの難しいこの特性だが、私はこの特性こそが自分らしさではないか、とも思っている。同感してしまう人ではなく、共感できる人、既存の常識や価値観だけにとらわれず自分に置き換えて相手の思いを想像し感じることができる人でありたい。私は人が好きだ。できる事ならばみんなが一日中、どこにいても笑い合えるような日常を過ごせるようにしたい。しかし、もちろんの事ながら私にそんな力はないし、たとえそんな魔法が使えたとしても使うべきではない。いつ、どこで、誰と笑うのか、それを決めるのは若者自身だし、それをどこまで広げられるかどうかは若者自身の力次第だ。私に出来ることは国流にいる時ぐらいは笑い合えるようにする事と、若者が前に進むための選択をする時に悩ませたり迷わせたりする事ぐらいだ。悩めば悩むほど、迷えば迷うほど行きついた答えには価値がある。失敗か成功かの結果も大事だが、結果に至るまでの過程次第では失敗も成功になるし、成功も失敗になる。私は今までいじめや不登校、大学中退、ブラック企業への就職など数多くの失敗を繰り返してきた。しかし、それらがあったからこ

そ今、国流で働いているし、若者をはじめ色んな人たちと笑い合いながら過ごしている。それが私の人としてのかたちだと思うし、それを活かした職員になるにはどうすればいいのか。私はかたちを模索している。

とよなか国流と私

平松マリア
外国人のための多言語相談サービス
多言語スタッフ（フィリピノ語）

　2002年に国流でDVホットラインが開設され、私はそのフィリピノ語通訳としてかかわりました。そのことがきっかけで、多言語スタッフに起用され、現在に至ります。
　私自身、以前は言葉の壁のために困った時に助けてもらえず苦労しました。子育て中も、悔しい思いをたくさんしました。ですので、自分自身の経験をいかして、同じ国の人の力になりたいと思ってこの活動を始めたのです。一主婦だった私にとって、支援者になるというのは簡単ではありませんでした。辛い悩みを抱える人の話を聞くと自分自身が辛くなってしまい、いつも帰宅途中にドーナツ屋に寄って甘いものを泣きながら食べて、帰宅したものです。しかし、相談員からの指導を受けたり、研修会で学ぶうちに、相談者と自分との間の「線引き」を学び、支援者として対応する力が身についてきました。また、相談事業は私自身が様々な知識を得る機会になり、自信がついてきました。そして私が得た知識や経験を、来日するフィリピンの人たちとシェアできることが、何よりもうれしいことです。
　私には日本人の元夫との間に娘が二人います。娘たちは小さいころ、私の存在を恥ずかしく思っていたようです。しかし、私が国流で働き出し、彼女たちも国流のプログラムに参加し始めて、大きく変わりました。自分がフィリピンのルーツをもつことを前向きにとらえ、私を尊敬してくれるようになりました。また、娘は二人ともフィリピンに留学、国流でボランティアをするなど、ルーツを誇りにしながら道を拓いていきました。とても嬉しいことです。私の子どもだけではなく、国流でルーツを大事にしてきた子どもたちが、自分の力で社会に巣立っていく姿をこれまで何人も見てきました。こういう子どもたちをこれからも応援していきたいと思います。
　私は長く国流にかかわって、ここの強みは「愛と連携」だと思っています。相談者のニーズにそって、すぐに活動がつくられます。スタッフは一人で仕事を抱え込まず、みんなでシェアしながらたくさんの事業をすすめています。私もそうですが、悩んでいる時はすぐに助けてくれる人がいます。そして、市役所との風通しもよく、私たちのことを認識してくれています。とよなか国流と同じく、今年は私も来日25周年です。私にとって国流は安らぎの場所でもあり、日本の中の第二の故郷みたいな感じです。きっとここに来る外国人はみんなそう思っていると思います。もっとここにつながる人を増やしていきたいと思っています。

3章　日本語交流活動

1　「日本語を教える」から「日本語で知り合う・つながる・支え合う」へ

新矢麻紀子
大阪産業大学
国際学部教授

はじめに——日本語交流活動のはじまり

　とよなか国際交流協会には、いわゆる「日本語教室」はない。「日本語」を学習したり、「日本語」を軸にして行われる活動は全て「日本語交流活動」と呼ばれ、現在、協会主催の活動が8つ開催されている。

　それらのベースと言える「とよなかにほんご」が立ち上げられたのが、1999年。当時は、「日本語交流活動」と言っても、「え？　何、それ？」と言われる聞き慣れないものであった。「日本語交流活動」という言葉そのものも一般的ではなかったし、「日本語を中心にすえない活動」「日本語を教えない教室」だと言うと、ますます「え?!　何、それ?」となった。

　本章では、「日本語交流活動」がどのように生まれ、育ち、展開していったのかを追いかけてみたい。アドバイザー制度があった創設時から2006年までを新矢（筆者）が、活動が拡張していった2006年から2018年現在までを山野上が描き、最後に山本がボランティアと職員の両面からその関係づくりを述べる。

　「とよなかにほんご」創設時には、「日本語教育の専門家」としてスーパーバイザー1人とアドバイザー4人が就任し、筆者は、初代アドバイザー4人のう

ちの1人として1999年から2003年まで活動に参加した。本節前半では、「とよなかにほんご」で大切にしてきたことは何か、立ち上げ時にどのように活動がつくられていったのか、そして広がっていったのかを、「木ひる」「木よる」「金あさ」の3教室のうち筆者が参加していた「木ひる」での活動を中心に振り返ってみたい。

「日本語交流活動」誕生の背景
―― 地域日本語教育の新たな方法の模索から

　1990年代は、序章で榎井も書いているように、1970年代から増加してきた中国残留邦人、ブラジルをはじめとする中南米からの日系人、日本人との国際結婚移住者（主に女性）等、定住を目的とした外国人が第二言語としての日本語を学習できる場として、日本各地に日本語教室が開設されてきた時期である。しかし、移民への第二言語教育の蓄積がない日本では、地域の日本語教室においても、大学や日本語学校での留学生向け日本語教育の内容や方法、いわゆる「学校型」の日本語教育が行われていた。それに関して何の違和感や疑問も持っていない教師や機関がある一方、生活背景、学習歴、ニーズなどが留学生と全く異なる地域日本語の学習者に、同じ教科書を同じ方法で、たった週1回2時間教えるだけで教育効果が上がるのか、と疑問を感じたり、日本語能力差の大きい学習者を大勢同じクラスで教えることに苦労したり、など、新たな教育内容と方法の必要性を感じている教師や機関も存在はした。しかし、その解決策の模索に積極的に取り組む機関はほとんどなかったと言える。

　とよなか国際交流協会（以下、国流）もそのような悩みを抱えており、そこで実施されたのが、「とよなかにほんご」の前身にあたる日本語教室に来ていた外国人学習者へのアンケート調査であった。そこで見出されたことは、彼らが日本語を使う場所は国流の日本語教室であって、他ではほとんど日本語を使わないことであった。つまり、教室は、それまで想定されていた「地域社会で正しい日本語を使えるようになるための準備の場」ではなく、「コミュニケーションの場」そのものだったのである。またそれは、外国人には日本語で話す友人等がほとんどおらず、地域で孤立した状態であることも意味していた。

　そのような現実から生まれたのが、日本語教室を「日本語の練習の場」では

なく、「外国人と日本人が日本語を使って本物のコミュニケーションを行う場」にする「日本語交流活動」という発想であった。今では、そういうコンセプトで日本語学習の活動実践を行っている地域日本語教室も増えてきたが、当時では非常にユニークかつ大胆な試みであった。

日本語交流活動

関係性の流動化

　教室の目的を「日本語の練習の場」から「本物のコミュニケーションの場」にするためには、一人の先生が大勢の学習者を教える構図を変える必要があった。同じ地域市民である日本人と外国人の交流を実現するために、それまでの日本語教育の有資格者教師ではなく、一般市民が日本語ボランティアとして募られた。また、彼らの日本語交流活動に助言を行う日本語教育の専門家としてアドバイザーが4名、統括するスーパーバイザーが1名、また協会からは担当職員が配置された。

　このような経緯で始まった「とよなかにほんご」について、活動の土台になるコンセプトづくりを担ったスーパーバイザーの西口光一さんが、『とよなかにほんごのあゆみ』（以下、『あゆみ』）の中で、「とよなかにほんご」の始まりを振り返って次のように述べている。

　　地域日本語活動に関わる人が担うべき役割を流動化するという大号令だったのだと思います。さらに言うと、それは、地域の日本語教室に参加する在住外国人と市民ボランティアのそもそもの関係性を流動化する大号令であったのだと思います。

　日本語教室では、「日本語を母語とする日本人は教える人×日本語力が十分でない外国人は習う人」という構図は、ほぼずっと変わらない。日本語ボランティアが日本語の先生で、外国人が日本語を習う学習者である限り、絶対的で固定した権力関係がそこに横たわる。とよなか国流の基本理念を実現し、「市民がつくる国際交流活動」「外国人市民と共生するまちづくり」「ともにつくる世界の未来」という3つの柱を活動に反映するには、「日本人×外国人」「教え

る人×習う人」という固定的でアンバランスな関係性を流動化する必要があった。「とよなかにほんご」では「日本人と日本語で話してみたい外国人×異文化に関心があり、何か社会の活動に参加したい日本人」に置き換えられたのである。

「日本語」の位置付けの変革

　外国人と日本人の関係性を流動化するということになれば、必然的に二者間に存在する「日本語」の位置付けも変わることになる。上述したように、「とよなかにほんご」では日本語は準備のために学習するものではなく、その場での交流に不可欠なもので、そこで学び習得しつつ、使用するものに変わった。地域の教室にやってくる外国人は、来日の理由も生活環境も全く異なっており、その日本語のニーズも千差万別である。自分が興味あるテーマ、各自の生活に必要なテーマを見つけ、日本語ボランティアの助けを借りながら話したり書いたりする活動を行う。そこでは外国人だけではなく、日本人も同じように話したり書いたりする活動を行う。

　例えば、「木ひる」では、活動を前半と後半に分け、前半ではほぼ日本語のレベルでグループを分けるが、後半では、「読む」「書く」「聞く」「話す」という活動グループがあり、学習者がその日に参加したい活動を自分で選べるシステムになっている。自分で選択できることが、活動参加への意欲につながり、また毎回、活動メンバーが変化することでより多くの人たちと出会い、交流することが自動的に達成できるようなしかけになっている。多くの地域日本語教室では、日本人と学習者が1対1で、毎回同じ固定したペアで活動している。ある他機関の日本語教室が、学習者に対して教室への要望を尋ねたところ、「同じ人だけでなく、もっといろいろな日本人（ボランティア）と話したい。外国人のクラスメイトとも話したい。」と言ったことがある。このことからも、外国人が日本語教室に何を求めてやってきているのかの一端が見えてくる。

　現在、文法を軸とした積み上げ型ではなく、テーマ型で学習を進める活動方法は地域日本語教育の領域にもかなり広まり、文化庁の「「生活者としての外国人」に対する日本語教育の標準的なカリキュラム案」でも推奨されるようになった。しかしながら、当時においては「有効な日本語学習の方法ではない」

「とよなか国流だからできることだ」という冷ややかで突き放した目で見られていたことを書き添えておきたい。

「場づくり」と「場」の持つ意義の転換
　また、日本語の位置付けの変化とともに、活動の「場」のあり方も変わった。「準備の場」「裏舞台」としての日本語教室から、現実の「コミュニケーションの場」になった。田中（1996）は「コミュニケーションスペース」という概念を用いて、日本語の能力にあまり依存しないような活動を重視し、「作業などの活動を中心とするコミュニケーションスペース」を提案している。一方、西口は、田中の考え方を援用しながら、「作業ということにこだわらず、もう少し言葉のことを気にして、在住外国人と市民ボランティアが交わり、作業や対話をし、相互に啓発し合う場」と考えた。
　筆者はボランティアの人たちとともに、「木ひる」で「ことば体験」という体験型の活動をアイデアを出し合いつくった。みんなでスーパーのチラシを集めたり、ファミレスの古いメニューをもらいに行ったりして、小道具を準備した。ある日の活動では、買い物をするのに必要な言葉を学び、翌週、近所のスーパーに買い物に出かける。ある日は、料理の言葉を学習してから、センターの調理室で卵焼きなどちょっとした和食をつくり、食べる。そういう活動を外国人と日本人がともに行いながらそこで必要な日本語を学習していく。
　そのような形での活動は、学習者が必要な日本語を楽しく学べるだけではなく、ボランティアにとっても、学習者の置かれている状況や課題が見えやすくなる機会になったのではないだろうか。
　このように、当時の「とよなかにほんご」は、立ち位置そのものがいわゆる日本語教室とは全く異なる、日本語教育界から見れば、異端児であった。しかし、現在、そのあり方が地域日本語教育のメインストリームになってきたことを鑑みれば、日本に移民として暮らす外国人にとって何が必要なのか、日本語学習の位置付けがどうあるべきか、多文化社会で何が求められているのかを、早くから多角的に見つめていたということではないだろうか。

参加者のダイナミズム

　次に、「とよなかにほんご」の参加メンバーの構成とダイナミズムに触れておきたい。

　「とよなかにほんご」創設当初の1、2年は、運営に関わる職員、アドバイザー、日本語ボランティアの全ての参加者にとって、まさしく闘いの連続であった。外国人にとって本当に必要な日本語はどういうものかを見極める闘い、日本語交流活動の理念を活動実践にいかに落とし込むかを模索する闘い、職員×アドバイザー×日本語ボランティアの関係性を構築する闘い、などなどである。

　「とよなかにほんご」は当初、まるで実験教室のようなスタイルで始められた。4回のセミナー型の講座のあとは、「実践講座」として、毎週土曜日、3か月にわたって「日本語で日本人と外国人が交流すること」に興味がある近隣の日本人市民と外国人、協会職員、スーパーバイザー＋アドバイザー（その時はまだコーディネータと呼んでいた）が集い、「日本語交流活動」を実践した。普通に考えると、協会職員は国際交流の専門家として、アドバイザーは日本語教育の専門家として、ボランティアに技を指南する、という構図が想像される。しかし、日本語交流活動の理念は、日本人同士の関係をも流動化した。その空間はだれにとっても未知の領域で、日々手探りであったこともまた、人と人との関係をフラットにし、活動をダイナミックにすることに奏功したのかもしれない。

　職員もアドバイザーもボランティアも活動時間よりずっと早くから集まり、終わってからも長時間残って、対話し、協働し、活動を産み出してきた。『あゆみ』に「よく続いたなと思う」と筆者自身が書いているが、活動の帰り道にもずっと考え、別の日にもアドバイザーで集まったり、職員と作戦会議をしたり、恐ろしいほどの時間を「とよなかにほんご」に注ぎ込んでいた。

　なかでも、職員とアドバイザーが時間と知恵のありったけを注いでいたのが、養成講座やワークショップである。得体の知れない「日本語交流活動」をボランティアと外国人にとっての「私たちの日常的な活動」にしてもらうことを目指して、様々な形態のワークショップのアイデアを出し合い、活動を組み立てた。「とよなかにほんご」のボランティアは皆クールでクリティカルで、誤魔

化しや子どもだましは通用しない人たちだ。そのボランティアに気づきと主体的な行動を促す活動を考案するということについては、アドバイザーの真価が問われた。今もまだ日本語交流活動が進展し続けているのは、当時のワークショップの成果であろうと強く感じている。

「とよなかにほんご「木ひる」」の活動風景（2017年）

　当初、アドバイザーは「阪大の人」と呼ばれていた。「日本語教育は専門家かもしれないが、地域日本語教育については大した経験も知見もない頭デッカチなヤツらが、何をしに来たんだ?!」と、特に各種ボランティア活動に長く携わっている人たちからは思われていたようである。しかし、実は、アドバイザーが協会内部の職員としてではなく、外部の人間としてフリーな立場で関わることによって、また、地域日本語の新たな形を一から共につくる仲間として参画することによって、人間関係の風通しがよくなり、また、活動がより活性化したと考えられる。ボランティアからすると、協会職員には言いにくいことが言えたり、日本語教育の知識があることも都合がよかったようだ。また、職員も別の視点からの意見を聞けることで事業を多様化できたようである。アドバイザー側も同様で、囚われなく自由に意見が言えることは有り難かった。独立分権の立ち位置で三者のバランスが取れていたと考えられる。

　なお、筆者ら元アドバイザーにとっては、「とよなかにほんご」を皆でつくっていった当時の経験が、現在のそれぞれの教育や研究活動の源泉になっていることを、最近も元アドバイザー仲間で確認し合ったことを記しておきたい。

越境する日本語交流活動

　このように始まった「木ひる」「木よる」「金あさ」での日本語交流活動は、活動が安定していくと同時に、「日本語」という枠を越え、「教室」という境界を越えた活動へと拡張していった。当時の事例を紹介しておこう。

Aさんとの活動

　あるアフリカの国からの難民認定申請者が、「木ひる」に学習者としてやってきた。教室では他の学習者と同様に、日本語交流活動に参加していたが、Aさんの裁判を「木ひる」の何人かのボランティアが継続的に傍聴し、その進捗状況を木ひるの活動後のミーティングで報告し、担当職員、アドバイザー、ボランティア全員で共有する、ということが行われた。これらのプロセスをとおして、教室内での日本語交流だけではなく、難民認定制度やその他の入国管理に関する法律にも関心を持ち、より専門的に学び、知識を得ていった。外国人の言語の課題に焦点を当てるだけではなく、より大きな包括的な視点から外国人一人ひとりの人生を丸ごと見ることができるようになることで、その人にとっての日本語の意味を考え、再び日本語交流活動に還元することができたのではないかと思われる。

相談窓口としての日本語交流活動

　また、「相談」に訪れた外国人が「木ひる」につながれて、学習者として参加するようになることもあった。逆に、「木ひる」から相談につなぐケースも少なからずあった。とよなかに限らず、日本語教室や日本語交流の場は、外国人にとっては日本語を習得する場である以上に、悩みや困りごとを持ち込める簡易相談所のような機能を有している。地域社会から遮断されている外国人にとって、日本語教室とはまさに相談窓口なのである。

Dくんとの活動

　活動の越境が外国人の子どもにまで及んだケースもある。ある南米からの外国人学習者が連れてきた中学生の息子に、学校の教科学習や高校入試に向けた学習支援を行った。長期にわたり、ボランティアが交代で彼の勉強を見て、見事、高校に合格した。彼は、その後、大学にも進学し、とよなか国流で通訳や母語教室の講師をするまでになった。

「ちょっとほっと」の発行

　教室を越えてボランティア間の交流を目的とした自主的な活動も芽生えた。

とよなかにほんごネットワーク交流誌「ちょっとほっと」の発刊と定期発行である。1999年の創設時の土曜日の活動時に、1人のアドバイザーと2人のボランティアが始めた「週末はボランティア」という小さな誌面が発展し、各教室から編集委員が参加し、交流誌をつくった。そこに、ボランティア、職員、アドバイザーが「新しいメンバーの紹介」「活動報告」「食べたいレシピ」「紙上バトル」をはじめとする数々のコーナーに執筆した。なお、「ちょっとほっと」は一旦終了した後、現在、「木ひる」で復刊されている。

「なんとかし隊」の活動

　さらに、日本語交流活動が3年を迎え、学習者もボランティアも増え、学習者が連れてくる子どもの保育に保育ボランティアも参加するようになり、ようやく活動が安定してきた頃に企画されたのが「なんとかし隊」である。これは、「ほんまにしんどい外国人、ほんまに生活や日本語の支援が必要な外国人がここに来てへんのんちゃう？」という筆者と1人の「木ひる」のボランティアの思いから、どうするのがいいのかよくわからないけれど「何とかしよう！」「何とかしたい！」という思いで、皆に声をかけ、ボランティア、職員、アドバイザーの有志で「なんとかし隊」を結成した。「職チーム」「教会・国際結婚チーム」「食チーム」に分かれ、技術研修生受け入れ機関、ハローワーク、教会、レストランやエスニック食材店、結婚相談所など、「しんどい外国人」が潜在しそうな場所を訪れ、資料を集めたり、インタビューしたりして、外国人に関する情報を収集した。そして、そこに国流や「とよなかにほんご」のチラシを置いてもらったり、外国人に広報してもらうように依頼をした。「ほんまにしんどい外国人」「ほんまに日本語が必要な外国人」は当時も今も数多く、しかしひっそりと存在しており、それは今も変わらず外国人や日本語に関わる解決すべき最大の課題と言っていいであろう。

「おやこでにほんご」の始まり――弱みを強みに転換する試み

　また、当時の活動が拡大し、現在にまで継続されているものがある。「おやこでにほんご」である。2002年に文化庁の「学校の余暇教室等を活用した親子参加型の日本語教室の開設事業」の委託事業として「おやこでにほんご」が

始まり、筆者も運営委員として関わった。最初は、日本語交流活動と同じ日本語ボランティアが活動や運営に携わったが、外国人親子と同じ年代で同じ環境にある日本人親子との活動が好評で、それ以来、そのメンバー構成での活動が続いている。詳しい説明は山野上の次節をご覧いただきたいが、「幼い子どもがいることで日本語が学べない」という、通常はネガティブに捉えられてしまう外国人親（多くは母親）の状況を、「親と子がともに遊び、学べる」、しかもそれが外国人親子だけでなく、日本人親子も、というポジティブな発想への転換が活動を長く継続させ、広めていった最も大きな要因であろう。

　外国人の母親にとっては、どこに遊びにいけばいいのか、子どもが病気になった時にどうすればいいのか等、育児に必要な情報もなく、また、ママ友もなかなかつくれない。「おやこでにほんご」は育児や子どもの教育に関する貴重な情報源であり、日本の文化を、あるいは外国の文化を学べる場であり、そして日本語習得と日本語による本物のコミュニケーションの場となっている。欧米では盛んなファミリー・リテラシーの一つの形態として位置付けられよう。

日本語交流活動の意義－外国人へのまなざしの転換

　これらの拡張的活動がなぜ生まれたかは、教室の活動が日本語だけにフォーカスしない「日本語交流活動」という概念で進められてきたからである。地域の日本語教室でよくみられるのは、活動後のミーティングでの「今日は教科書の16課をやりました。○○さんは、て形がぜんぜん入っていません」という報告である。日本語交流活動では、そういう「言語」形式にのみ目を向けるのではなく、目の前にいる「その人」に注目する。そこからその人の真の課題が見えてくるのであり、逆に日本語に関しても、本当の課題がより見えやすくなってくるのである。そういうところから、日本語という境界を越えて活動が広がり、その外国人にとっての必要な支援や関わり方がわかってくる。日本語は必要かつ重要であるが、しかし、それだけにフォーカスをすることで、見落としてしまう重要な何かがあるのではないだろうか。外国人を見る、接する際の「まなざし」の転換を起こしたのが「日本語交流活動」の理念であり、実践であった。

2 市民による日本語交流活動の広がり

山野上隆史
とよなか国際交流協会
事務局長

はじめに

　新矢が述べたように、「日本語交流活動」は「日本語を教える」ことを唯一の目的とはしていない。外国人と市民ボランティアが日本語を使った活動を通して人間関係を作り、一緒になって多文化共生社会の地域づくりを進めることを目的とした取り組みである。いわゆる語学の教室とは活動の考え方も実践の内容も大きく異なるため、実践の積み重ねを通して活動の方法や考え方が根づくまでは時間を要した。

　話し合いや実践を地道に積み重ねて、ボランティアと職員の間で共通の理解を作ることが必要だったが、その分、「日本語交流活動」によって地域が得られたものは大きい。

　ここでは、「日本語交流活動」という考え方が一定の理解を得た後、とよなか国際交流協会がどのように活動の幅を広げてきたかということを書く。

　なお、筆者は2002年から2006年までと「よなかにほんご」のアドバイザーとして事業に関わり、2006〜2008年はとよなか国際交流協会の日本語交流活動の担当職員として事業に関わった。その後、転職し、しばらくとよなか国際交流協会からは離れていたものの2016年度からは再度職員として勤務している。この間、立場や関わり方は大きく変わっているが、一緒に事業に取り組んだり、遠くから眺めたりした中で見えた日本語交流活動の展開について書きたい。

おやこでにほんご——ピアによる活動の広がり

　日本語交流活動は木ひる、木よる、金あさでスタートしたが、そのうち、平日の日中に開催される木ひる、金あさには常に子育て中の外国人ママが参加していた。日本語交流活動と同時間帯に多文化保育にこにこという活動を行っていることもあり、子育て中の外国人ママが参加していた。しかし、当時のとよ

「おかまち・おやこでにほんご」お誕生日会のようす（2017年）

なか国際交流センターは最寄り駅から15分弱歩いたところにあった。1回や2回の参加ならまだしも、毎週駅からベビーカーを押して参加するのは大変なことである。また、多文化保育にこにこがあったが、日本語交流活動に参加しているお母さんのもとと行ったり来たりする子もいれば、結局お母さんから離れられない子もいる。さらには泣き出す子もいる。頑張って足を運んでいたが、子どもがうるさくしないか、周りの迷惑にならないかということが気になったのか、次第に足が遠のく外国人ママがいた。「教室」ではないので周りのボランティアも外国人も外国人ママに「気にしないで」と声をかけるが、それでも気にして来なくなる人がいた。地域社会からただでさえ孤立しがちな外国人ママが支援の場からも足が遠のく現実があったのである。

　そこで生まれたのが、外国人ママと子どもが安心して参加できる親子のための活動「おやこでにほんご」である（文化庁委嘱事業としてスタート）。日本語交流活動のボランティアなどが参加し、交通の便のよい駅前の施設を使って親子向けの読み聞かせやお弁当作りなどをプログラムに組み込み、活動をしていた。ある日、ひょんなことから、出産育児をきっかけに活動から遠ざかっていたボランティアが子どもを連れて「おやこでにほんご」に参加した。「久しぶりにちょっとお手伝いを…」という感じで参加したところ、その日は外国人ママからの質問が子どもを連れてやってきたその子連れ日本人ママに集中することとなった。それをきっかけに「外国人ママがつながりたいのは、まさに今子育てをしているママたちではないか」となり、ボランティアも小さな子どもを連れて参加する「おやこでにほんご」の今の形が確立された。それまで小さな子どもを育てているお母さんがボランティアとして活動に参加するということをあまり想定していなかったが、「おやこでにほんご」に参加する親子がいたことからも、日本人ママも出産育児をきっかけに社会から切り離されていると

感じている人たちがいること、社会参加へのニーズがあることが分かった。乳幼児をかかえ、家にこもりがちな外国人ママが安心して参加できる情報交換の場、様々な悩みを話したり、相談できる場、リフレッシュできる場を日本語交流活動を通してつくるというスタイルが生まれた。

その後、当時、図書館で利用者が減少し、新たな利用者の開拓が課題であったこと、利用者の開拓だけでなく公共施設としての役割を再検討していたこと、特に市の南部地域からは電車に乗らないと「おやこでにほんご」に参加できない状況だったことから、家に近くで活動がある方がよいのではないかということになり、市中央部と南部の図書館に活動の場を移している。

また、「おやこでにほんご」を通して、図書館は子育て中の外国人ママと出会い、存在を認識することとなる。その結果、外国人が利用しやすいように多言語での指さし会話カードをそろえたり、外国人ママが読み手となって多言語での絵本の読み聞かせ会を実施したりすることとなった。

日本語交流活動（「とよなかにほんご」）で出会っていたことがきっかけとなって、新たな日本語交流活動（「おやこでにほんご」）が生まれ、それが多文化共生社会の地域づくりの一つの拠点としての図書館を生み出したと言える。

日本語交流活動で仕事へ

2006年頃、日曜日にセンターを訪問し、日本語学習や日本人との交流を求める外国人が続いた。話を聞くと地域の事業所で働いており、平日はもとより、土曜日も仕事になることがあり、日曜日に居場所を求めていることが分かった。豊中市は外国人労働者が少数で点在する地域であり、それまで外国人労働者に対して地域の生活者という視点から支援する取組やそのための環境整備はあまりなされてこなかった。また、とある事業者からは自社の外国人労働者の福利厚生の一環として生活支援を行いたいが、何か一緒にできないかという申し出があった。

そこで外国人労働者とその家族が社会参加するための場所を設けるだけでなく、地域、会社をまき込んだ環境整備を行うことを目的に北摂「かいしゃとちいきでつくるにほんご」の実行委員会を立ち上げ、9月より活動を開始することとなった（文化庁委嘱事業としてスタート）。

まずはボランティアを募り、地域の工場などで働く技能実習生やIT技術者などが参加できるように日曜日の午前中に日本語交流活動「にちようがちゃがちゃ団」をスタートした。ボランティアとお互いの仕事のことについて話し合ったり、日本語の勉強をしたり、また参加者の中には若い人も多く、体を動かしたいという希望があったため、万博記念公園で運動会をするなどした。

　活動を開始してしばらくしたとき、センターの近くでスパイスの輸入販売を始めた人が来館した。外国人もよく来店するということだったのでボランティアと一緒にお店を訪問したところ、日本語交流活動のチラシを置いてくれることになった。ところが、その後、特に外国人の参加者は増える気配がない。再度、話を聞きに行くと、インドやネパール出身の人がたくさん買い物に来るが、特に飲食店で働く人は仕事が忙しく、日本語交流活動に参加できないということであった。そこで来ることができないのであれば、逆に市民がお店を訪れるきっかけを作れないかということで協会の広報誌で飲食店で働く外国人を取り上げるエスニックマップの掲載をスタートした。働いている人の外国人の姿を取り上げ、また、できるだけ話のきっかけとなるような仕掛けを盛り込んだ（「ネパール語であいさつをしたら、チャイを1杯サービス」など）。

　このほか、期間限定ではあるが事業所で外国人労働者向けの日本語教室を開設したり、市域を越えて隣の市で事業者の施設を借りて専門家による日本語教室を開催したり、ボランティアによる日本語交流活動を開設したりした（いずれも1年少しで閉じることとなったが）。今もにちようがちゃがちゃ団は継続して運営されており、地域で急増する外国人労働者の受け皿となっている。

　2009年、地域で働く外国人を対象とした取組が少し落ち着きを見せ始めるが、その頃の日本語交流活動は「木ひる」、「金あさ」、「にちようがちゃがちゃ団」、「おかまちおやこでにほんご」（中央地域）、「しょうないおやこでにほんご」（南部地域）というようにその対象と場所の両面においてすでに広がりを見せていた。協会では日本語交流事業において開催曜日や時間、場所、活動形態の異なる多様な活動を展開することで多様なニーズにこたえようとしてきたからである。

　しかし、日本語交流活動の持続可能性を考えると、多様なニーズに対応するために活動を増やすのには限界があるため、既存の活動の強みと弱みをうまく

つなぎ合わせる仕組みが必要になる。そこで、すでに広がった日本語交流活動のボランティアを対象に、「多文化共生社会の基盤をつくるための"むすびめ"を生み出すにほんごコーディネーター研修」を実施した。これは外国人と日本社会との重要な接点となりうる日本語ボランティアが「生活者としての外国人」に必要なもの・

日本語交流活動「もっともっとつかえるにほんご」（2017年）

ことは何かに耳を傾け、必要に応じて関係機関や支援事業につないだり、活動内容の見直しを行い、ポスト（個人）としてのコーディネーターではなく、仕組みとしてのコーディネータ（広くコーディネートされた活動体系）を生み出すことを目標としたものである。労働、保健・子育て、図書館、外国人市民への情報提供などの行政セクション、企業、外国人労働者からの聞き取りを行ったり、先進地域からの学びを行い、最後はモデル事業として「しごとにつなげるにほんご講座」を実施した。

研修の成果として①様々な分野において外国人が抱える問題の把握と整理、その解決に活用できる社会資源（情報や事業）を知ることができた。②市のさまざまな関係部署との連携を整理・確認できた。③市の関係部署と新たな連携が結ばれたこと（＝それぞれのもつ地域資源をうまく組み合わせること）により、これまで解決できなかった課題に取り組む素地ができた。具体的には外国人への情報提供、母子保健・子育て分野における連携、図書館における多文化サービスの充実、外国人の就労支援において新たな連携が結べた。

さらに2011年からはリーマンショックにより仕事を失った外国人から相談が舞い込んだことを受け、仕事につなげる日本語教室「もっともっとつかえるにほんご」を開設した。

現在はむすびめはグループとして活動しており、事務局と定期的なミーティングのほか、日本語能力試験対応のクラスやケース対応としての日本語レッスンを行っている。さらに、むすびめのメンバー中心にEPAST（EPAサポートと

よなか)を結成し、経済連携協定によりフィリピンから来日し、介護施設で働いているEPA介護福祉士候補生に対する日本語の授業などを進めてきている。

市民ボランティア中心の新しい活動の創出

　市民ボランティアが日本語交流活動を通じて、外国人と出会い、知り合う中で、協会職員には見えない部分、気づかない部分に気づき、市民ボランティアから新しい提案が生まれたりする。市の北東部に位置する千里地域での活動の展開はまさにそういった市民の気づきと動きから生まれたものである。

　「おやこでにほんご」はスタートしてから約10年経過した2012年、先行して実施していた「おかまちおやこでにほんご」、「しょうないおやこでにほんご」から世話人を募って1年かけて検討を重ね、日本語交流活動の空白地であった千里地域に「せんりおやこでにほんご」をスタートさせている。

　さらに「せんりおやこでにほんご」に通ってきている外国人ママが日々の暮らしの中で言葉の壁を感じていることが分かり、一方で同じ頃、と「よなかにほんご」に千里地域から時間をかけて通ってきている外国人の存在を地域の課題として取り上げた市民ボランティアがいた。そして、それらの気づきや課題は新たな日本語交流活動の必要性へとつながる。課題を提示したボランティアが中心となって、ほかのボランティアにも声をかけて、2016年に千里地域で日本語交流活動を立ち上げる準備会を設置した。準備会で1年にわたって検討を重ね、さらに新規ボランティアの養成講座も行ったうえで千里地域連携センターとの共催で2017年からは新しい日本語交流活動「千里にほんご」をスタートさせている。

　「おやこでにほんご」の経験の蓄積が「せんりおやこでにほんご」を生み出し、そこでの出会いや「とよなかにほんご」での出会いが「千里にほんご」につながる。いずれも1年近く準備のために時間をかけ、活動の理念や対象、どんな内容の活動を行うかということをミーティングで検討したり、協会の日本語交流活動を見学したり、近隣の市町の日本語教室を見学するなどして準備を行ってきた。

　このように日本語交流活動の場は単なる「日本語を教える場／学ぶ場」で終わらない。日本語を使ってお互いのことを知ること、外国人の置かれている状

況や課題が見えることが次の場を生み出す源泉となり、そのことが多文化共生の地域社会を作る動きにつながっていると言える。

　また、個々の日本語交流活動はとよなか国際交流センターで開催される国際交流フェスティバルにそれぞれブース出展をしたり、図書館や公民館で開催されるイベントに出店したりするなど個々に活動の場を広げている。「日本語を教える場／学ぶ場」で終わらないからこその展開だろう。

　また、広がるだけでなく、2017年度にはむすびめが中心となって日本語交流活動間の交流会を開催している。それぞれの活動の状況や課題を共有したり、そこで出されたことをもとに研修会を開催するなどして横に広がった活動をつなぎなおす試みが行われている。

　このように新しい日本語交流活動が生まれたり、個々の日本語交流活動の活動内容や場面が広がったり、日本語交流活動間の交流会を行うなどして日本語交流活動をつなぎ直したりしながら、日本語交流活動は広がりを見せてきている。また、それらの広がりとともに参加する市民ボランティアも増えてきている。

　外国人が地域社会から孤立することがないように、地域に居場所と人間関係を生み出し、広げ、さらに少しずつその網の目を細かくしてきているその様子は、まさに日本語交流活動の展開を通じたセーフティネットの広がりと言えよう。

日本語交流活動を支える土台

　筆者は前職の文化庁の仕事で、ほかの地域の日本語教室を見学する機会が何度もあった。そのときの感覚からすると、協会の日本語交流活動は個々の日本語交流活動が市民ボランティア主体でしっかりと運営されているというだけでなく、数年に一度、新たな活動が生まれ続けてきていて、それが多文化共生のまちづくりにつながっているという点でも、特徴的であると感じている。日本語交流活動を通して外国人と出会うこと、人間関係ができて様々な状況や背景が見えてくればこその動きではないかと考えている。

　また、ほかにも特徴的なことがいくつかある。一つは個々の活動の運営について、代表を置かず、活動の内容や方針などはミーティングで決めること。便

宜上、当番制でお世話係のようなものを設け、活動の準備をしたり、ミーティングの進行などをしたりする人はいる。しかし、だれか1人の考えで、あるいは事務局のみの考えで何かが決まるということはなく、大事なことはミーティングで決める。ミーティングは今日来た外国人の様子、どんな活動をしたかから始まり、活動内で企画しているイベントの打ち合わせや活動の課題、新しいボランティアの受け入れ方法など幅広い内容について検討を行う。細かな運営方法は活動によって異なるが、ミーティングをとおしてボトムアップでものごとを進めているからこそ、だれか特定の人に負担が生じたり、活動が変に偏ったりせず、ボランティア・協会事務局の意見やアイデアを集結する形で進められている。

　もう一つは（中断していた時期もあったが今は）年に1回、ボランティアの養成講座を行っていること。日本語交流活動への参加はボランティア養成講座の受講することが条件になっている。回数は3〜4回（1回2時間程度）と限られているが、日本語の教え方などのスキルに特化せず、外国人が置かれている状況や課題について知ったり、人権について考えたり、ボランティア活動について考えたり、対話・交流活動に参加するための準備として組み立てていることに特徴がある。

　定期的に新しい人が入ってくること、最低限のことは共有されていること、さらに各日本語交流活動ではミーティングがあり、個人個人の出会いや見えたこと、課題がグループとして共有されていくことは、ボランティア一人ひとりが孤立することなく、持続可能な活動とするための工夫となっている。

日本語交流活動を支える土台のさらに根っこ——聴くことから始めるつよみ

　これまでの日本語交流活動を振り返ってみると、当然だが、その時々によって参加する外国人は異なる。何を望んでいるか、何をしたいかということは違ってくる。また、時期によってボランティアも担当職員も変わるので、経験も違えば活動の中で気が付くことも違ってくる。そんな中、事業を一貫して対話中心にボトムアップで進めようとしても、当然、ボランティアと事業担当職員や協会事務局との関係や距離感、考え方などが同じようでいて、全然違うということがありうる。その結果、人間関係やお互いに期待する役割や想いにずれ

が生まれたりする。また、そういったずれは個々の日本語交流活動の中だけの話ではなく、日本語交流活動と多言語相談事業との間、日本語交流活動と多文化保育にこにこ、日本語交流活動とそのほかの事業との間でも生じうる。

　そういったときは、日本語交流活動について、ある意見や考え、やり方を「正しいもの」としてぶつけるのではなく、「積極的に聴く（相手の声に耳を傾ける）」ことでずれやほころびを見つけ、修正しながら糸口を見出そうとしてきた。また、聴くことを対話の基本とすることでずれなどに気づけるようにしてきた。実際に学習者の声を集めてみたり、他の事業のスタッフの話を聴く場を設けたりするなど、日本語交流活動ではこれまで多くの「聴く」試みが行われてきた。これは人間関係構築の面でも、安心感の面でもとても大きい。日本語交流活動の中で欠かせない要素だろう。

　また、聴いたことを基に「外国人が何を学ぶか」ということにとどまらず、地域や社会が変わらないといけないのはどんなことかということを考えて、取り組んできたのがこの25年だろう。その結果が、日本語交流活動そのものやそこに参加する人の広がりに現れており、それこそが日本語交流活動が多文化共生のまちづくり事業として位置づく所以である。「教える」ということは究極的には「どう説明して相手の理解を促すか」＝「どう話すか」ということになるが、日本語交流活動ではむしろ「聴く」ということが出発点であり、軸になる。「話す」ではなく「聴く」から始めるからこそ、先入観ではなく見えることがあるし、相手に寄り添った形で活動を広げることができるのだろう。

　日本に暮らす外国人の状況はすでに多様であるが、外国人労働者の受入れ拡大を迎え、さらに多様性は増すと思われる。そのような状況の中、多様な課題に対して、柔軟に対応することが必要になる。これまでと同じように「聴く」ことを大事に対話を続け、にほんご交流活動と多文化共生の地域づくりをつないでいくことを続けていけば、これまでの25年の上に、新たなものが積み上げられていくはず。そう確信して、わくわくしている。

3 日本語事業の現場
──働く場の環境づくりと関係づくり

山本房代
とよなか国際交流協会
事業主任職員

はじめに

　私と「とよなか国流」の出会いは、2008年私が学生だった頃にさかのぼる。大学院の研究室の先輩に連れられて、学生ボランティアがスタッフとして活動する「〜平和と共存のための〜おまつり地球一周クラブ（以下、一周クラブ）」の運営に関わったのが初めての出会いだ。ボランティアをするつもりも何もなく「こういうところがあるから、ちょっと行ってみない？」と連れられて行ったのだが、なぜか初日から一周クラブのボランティアとして参加し、ロシアのお母さん方とボルシチをつくった（スメタナのトッピングの仕方を間違えて怒られるというおまけつきだった）。その後はあれよあれよという感じで当時月3回ほど実施していた一周クラブのボランティアや、ボランティア研修を受けたりすることを続けて、片道2時間かけて大学のキャンパスよりも遠い道のりをとよなか国流に通っていた。活動は大体日曜日だったため、同じ日曜日に活動している「にちようがちゃがちゃだん」や「学習支援サンプレイス」、「多言語相談サービス」（当時日曜日にも開催していた）の活動も横目で見つつ、「なぜこんな遠方まで、わざわざボランティアをしに行っているのだろう…」と自問自答しながら国際交流センターに通っていたことを覚えている。それでも、当時の私にはボランティアを辞めるという選択肢はなかったように思う。なぜか。この問いには、以下の現在の自分とボランティアの関係を振り返ってからこたえたいと思う。

　職員になって6年が経過した今、自分のボランティア時代を思い起こしつつ、職員としての自分とボランティアとの関わりという視点で、現担当の日本語事業について考えてみたい。なお、私は2012年に職員として採用されて以降、多文化こどもエンパワメント事業（「若者支援」や「子どもにほんごプロジェクト」など）を主に担当してきた。その後、産・育休で10ヶ月ほどの休みを挟み、復帰後の2018年度4月に日本語事業の担当となったため、本原稿を執筆して

いる時点では担当になって約半年を過ぎたばかりである。そのため、日本語事業担当者としての長年の経験を語るということはできないが、前担当事業などとの違いや、以前の担当者の話も織り交ぜながら振り返ってみたいと思う。

にほんご活動事業と職員の役割

　前節までで語られてきたとおり、にほんご活動事業には、大きく分けて日本語交流活動事業と「おやこでにほんご」事業の二つがある。日本語交流活動事業では、週4日（月・木・金・日）・計5つのボランティアグループが、「おやこでにほんご」事業では「おかまち」・「しょうない」・「せんり」それぞれのグループのボランティアが、活動の実施・運営・振り返りをグループごとにおこなっている。ボランティアそれぞれが活動を運営しているため、職員が日々の活動運営に表立って携わることはほとんどない。日本語交流活動事業では、活動毎のミーティングに参加し連絡事項を共有する、学習者の休みの連絡をする、備品整備など活動の環境を整える、など裏方の業務が主である。「おやこでにほんご」に至っては、活動そのものが地域の図書館で実施されているため、日々の活動の運営は子育て中のママであるボランティアが全て取り仕切っている。私はメーリングリストを活用した情報共有や3つの活動を横断する連絡会の実施、図書館への訪問などを通じて、日頃の活動の様子のキャッチアップをしている。

　職員の役割として重要なことの一つは、ボランティアの活動環境の整備だ。にほんご活動事業は、「おとな国際事業」に位置づけられている。これは、外国人市民を対象とした多言語相談サービス事業などの「おとなサポート事業」と異なり、日本人ボランティアの市民活動としての側面も持ち合わせているということである。事業の枠組みをつくり、ボランティアにとって居心地の良い活動環境を整えることが、活動に参加する外国人にとっても居心地がよい活動づくりにつながる（ただし、ボランティアにとってのみ居心地のよい環境を整備することは本末転倒である。とよなか国流の事業体系では、外国人の安心安全な場づくりを全ての活動の中心に据えている）。

　具体的な環境整備の一つとして、入り口としてのボランティア養成講座の企画運営が挙げられる。活動に参加するにあたり、ボランティアには在日外国人

の現状や社会的マイノリティについて知り、共通理解をもつ機会として現在は年に1度、3～4回連続のボランティア養成講座を設けている。活動には、このボランティア養成講座を受講した人のみがボランティアとして参加することとなる。この講座は、現役のボランティアにはフォローアップ研修として案内しており、毎年参加を勧めている。入り口の環境整備といっても、ボランティアの資格や能力を問うようなことはないし、個人の選別をするわけではない。ただ、この講座の中である程度、自分が興味をもって取り組めそうか、自分にあった活動かどうか、の見極めを参加者自身がおこなっている。結果として、協会や日本語事業の基本的理念に共感する人がボランティアとして取り組むことになるという点で、協会が活動の一定の枠組みをつくっているといえる。

　また、にほんご活動に関わる関係機関（図書館や公民館、教育委員会の識字担当部局など）との連携や、地域の校区連絡会や子育て支援関係者の集う会議、福祉ネットワーク会議などに参加することで、情報共有・取り組みの周知をおこなっている。こうしたネットワークづくりや活動の周知も、環境整備の一つといえるだろう。

　さて、上記のような環境整備以外にも、職員の役割として私が重視しているのはボランティアとの関係づくりだ。日本語教師の資格があるわけでもなく、ボランティアコーディネートや市民活動の運営を専門的に学んできたわけでもなく、かといって外国人をとりまく社会情勢や法律の専門家でもない、子育ても初心者……こんな私が担当職員となっても、日々の活動は私の担当前と変わらず、粛々と実施されている。日本語交流活動担当の前任者・橋本（事業担当職員、2012年度～2017年度在籍）は、「ボランティアさんってすごいよ。」「だって、ボランティアなんだよ？」と口癖のように言っていた。この発言の真意を確認したことはないが、私なりに「ボランティアの無償性と自主性への敬意」を表した言葉だと解釈している。本当に、一人ひとりのボランティアが、日々の生活の合間をぬって活動に主体的に関わっている現実には敬意を表すほかない。だからこそ、ボランティアが気持ちよく活動できるためにどのような関係をつくっていくかは、事務局職員としての重要な役割の一つだと感じている。このことについて、少し掘り下げて考えてみたい。

ボランティアとの関係づくり——ボランティアの声を形に

　ボランティアの声を聴くことは関係づくりの第一歩である。この時の「声」とは、活動をおこなう上で出てくる多様な「要望」ともいいかえられる。この声は、日々の活動の合間にポロッときく場合もあれば、ミーティングなどの場でビシッと要求される場合もある。声があがるということは、現状をよりよくする機会がある／見直す機会があるということだと私は考えている。

　この半年の間だけでも、外国人学習者が日本でのゴミの出し方や離乳食の作り方を知らない、母語保障についての理解促進をはかりたい、外国人に読み聞かせの方法を知ってほしい、就学前の子どもへの日本語教育が必要ではないか、災害時の多言語の情報提供を行政へはたらきかけてほしい……などボランティアから寄せられた声は数えきれない。その一つひとつが、現場で外国人と真摯に向き合っているからこそ出されたものである。他にも、ボランティア組織の運営についてや先のボランティア養成講座のあり方について、ボランティア同士の交流を深めたいなどの意見などもある。

　こんな声があがった時、私は「困っているのは（ニーズがあるのは）誰なのか」、どういった背景でその声が出されたのかを確認しながら話を聴き、対応を決めるようにしている。まず、外国人が困っている場合（1）。日常的な活動の中で、関係ができているボランティアにだからこそ日々の疑問や困りごとを共有する外国人は多く、また、日々接するボランティアにしか気づけないこともある。このようなニーズに対しては、情報提供や相談事業への連携というかたちで対応する。前出のゴミの出し方や離乳食の作り方などについては、資料をもとに情報提供をし、すぐに対応した。その他、緊急性の高いもの（たとえば、家庭内暴力や労働災害などについての相談など）や子どもの進路に関する相談については、担当職員間や関係機関との連携も含めて速やかに対応を行う。また、就学前の子どもに対する日本語教育をしてほしい、など新しい活動の要請に関わるものについては、ニーズの詳細を確認していく。実際にそういったニーズがどれくらいあるのか、また、そのようなニーズはどうして出てきているのか。直接外国人の未就学児をもつ親から話をきいたり、行政の子ども担当部局などへも問い合わせが必要だ。入学後の環境に対する保護者の不安感が背

景にあるのかもしれないし、実際に小学校現場で苦労している子どもや保護者がいるからなのかもしれない。情報を集めた上で、どのように応えることができるのか、協会の物理的な予算や人員体制、他機関との連携もふまえて考えていく必要がある。

次に、外国人の困りごとに対してボランティアが何かしたいと思っている、という要望の場合だ(2)。例えば、外国人支援に関わる人に向けた母語保持の大切さについての理解促進や、外国人保護者を対象とした読み聞かせの方法についてのレクチャーなどについての要望などはこれにあたる。外国人のおかれた状況や悩みごとをキャッチしたボランティアが、そのための企画をしてはどうかと提案してくれている。この場合もニーズの詳細や背景を確認することをしているが、ぜひボランティアにもその企画を共に考えていきませんか？と提案し返している。(1)のケースと同様に外国人のニーズが背景にあるため、職員がすべて企画をしてしまうこともももちろん可能だ。けれども、ボランティアの想いから出てきた声について、一緒に形にしていくことができるならばその方がいいと私は考えている。ちなみに、このような要望から実現した活動の一つに、「千里にほんご」の活動がある。

最後に、ボランティア自身のニーズがある場合だ(3)。(1)や(2)のようなニーズとは異なり、困りごとというよりはむしろ、事務局としての協会のあり方・対応についてなどの要望といった方がいいだろうか。市民活動としてのにほんご活動事業をみた場合、この要望は各活動のあり方そのものに関わるようなニーズであるという点で非常に重要であると私は考えている。そして、このニーズの実現のためには、なるべく話し合いを重ねながら、協会事業の理念や考え方に沿いつつ、ボランティアの要望を物理的に実現可能な落としどころは何か、模索している。

例えば、日本語交流活動のボランティアを養成する「にほんごボランティア養成講座」のあり方について、一部のボランティアからは「教え方のノウハウも知りたい」という声があがっていた。しかし、前節までで語られているとおり日本語交流活動は、日本語を介して外国人学習者と日本人ボランティアが交流することを目的としており、日本語を教えるいわゆる教室型の活動ではない。したがって、養成講座ではいわゆる日本語教授法などについての講座は実施し

ていなかった。こうした声に対し、これまでは他団体の講座を紹介したり、他団体との共催でフォローアップ研修を開催していたが、今年度は「にほんごボランティア養成講座」の後に続くかたちで「とよなかにほんご」初期の頃に関わっていたアドバイザーを講師に招き、「ボランティア・オリエンテーション」を企画した。もちろんこれは、日本語教授法やノウハウを知るための講座ではなく、「日本語交流活動」に関する講座である。「ノウハウも知りたい」というニーズについては、実は「日本語交流活動」をより深く知ってもらうことで応えることになるのではないか、とボランティアとのやりとりから感じ、このような企画を提案した。これまでは各活動のなかで、現役ボランティアによる研修やアドバイス、ボランティア自身の自主的な学びによって「日本語交流活動」が各ボランティアに継承されていた。しかし、それをどのような形で各活動やボランティア自身に求めていくのか、その時々の各活動の事情やニーズによって見極めていくことも必要である。

　今年度は以上のような形でボランティアの声から企画を実施したが、この形を継続するのがよいのかどうかは分からない。大切だと思うのは、ある一つの課題に対して、事務局のできる範囲での提案を行い、それをさらにボランティアと共に考えていく、という過程である。ともに活動をつくるというプロセスでいえば、（2）や（3）への対応の仕方は共通している。それは、職員とボランティア一人ひとりとの対等な関係づくりの過程でもあると私は考えている。お互いの要求をぶつけ合うのではなく、外国人参加者の利益や市民活動としての事業のあり方を念頭におきつつ、実現可能なその時の最良の答えを一緒に創り出す、というイメージだ。言葉で書いてしまえば格好いいのだが、少なくとも職員の方はウンウン唸りながら、一挙一動を選びながら、この過程を通っていると思う。ボランティアと対等な一個人として話をしながら、一方でボランティアが所属する活動の事業主としての判断を求められるため、難しいと感じることも多い。しかし、この地道なプロセスは、非常に重要なプロセスだと私は考えている。なぜ私がこのプロセスが重要だと考えているのか。文章にしようと試みたが、残念ながら今回はそこには至らなかった。今言えるのは、この地味なプロセスを続けながら活動を続けている方が、「いい感じ」がするということだ。もちろんこのプロセスは、協会理念の中にある「ボトムアップの組

織づくり」などに通じる、構成員の意見を大切にして活動をすすめるという基本的なプロセスである。その中で私が大切にしたいのは何なのだろうか。なかなか言葉にできないが、ボランティアの声を聴き続けながら、考え続けていきたいと思う。

ボランティアとの関係づくり
――日々のコミュニケーションを大切に

にほんご活動事業ボランティアとのコミュニケーションにおいて、私が意識していることは、まず「ほう・れん・そう（報告・連絡・相談）」である。なんだ、そんな当たり前のこと…と思われたかもしれないが、ボランティアは、みな意識の高い社会人である。一職員の仕事ぶりも、同じ社会人としてみられていると感じる。事務所で作業している際に、ボランティアから声がかかったり、電話やメールをもらったりする際に「お忙しいところすみません」「お仕事中にすみません」と前置きしてくださる人のなんと多いこと！「いえいえ、むしろボランティアのあなたのお話を聞くことが私にとっての重要な仕事の一つなんです」と言いたいのをグッとこらえている。

この点は、以前担当していた若者事業とは大きく違う点で、若者事業をになうコーディネーターやボランティア、利用者の若者たちへは少し違ったアプローチをしていた。「ほう・れん・そう」以前に、「髪切った？」「休日何してた？」「今日の服装素敵やね」など、日常の他愛ない話からコミュニケーションをとり、若者自身が語ってくれる言葉に耳を傾けることを意識していた。中には自分自身のことを何時間も語ってくれる若者もおり、普段の生活の中では自分の話をただ聴いてもらえる場がないのではないか…、と感じたこともある。また、子どもから大人への移行期である若者の中には、人との適切な距離をつかめずにいる人もいて、それが延々と話し続けることや、就業時間外に職員との交流を求めることにつながっていると思われたケースもある。そのこと自体は職員への信頼やセンターという場への安心感に由来することだと思われるが[*1]、今思うと大人とのコミュニケーションの取り方とはずいぶん違うと感じ

---

*1　若者事業における職員の役割についてより詳しくは、前章の黒島（p.84）を参照されたい。

る。もちろん、大人のボランティア一人ひとりとの世間話や日常的なコミュニケーションをとることも大切にしている。日本語事業担当の前任者橋本からは、100人以上いるボランティアの名前はなるべく早く覚えること、と引き継いだ。「おやこでにほんご」前任者の大庭（事業担当職員、2014年度から在職）は、ボランティアのお子さんの名前も一緒に覚えることとアドバイスをもらった。ボランティアや家族の名前を覚えることは、一人ひとりを知ることの大切な一歩だという風に思う。大勢いるボランティアとゆっくり話す機会は少なく、あっても限られた時間であるが、一人ひとりのボランティアが、今日はこんな体調だ／今度旅行へいくらしい／子・孫が産まれる予定だ／資格試験の勉強中だ…などのそれぞれの事情をかかえながら活動していることを知ることで、それぞれの「にほんご活動事業」が「"○○さんの関わる"にほんご活動事業」になっていく。ミーティングでの情報共有や事務連絡だけでなく、こうした日々の些細なコミュニケーションの積み重ねがボランティアとのつながりを太くし、「声」を聴かせてもらうことにつながっているのではと思う。

　また、個人的なことになるが、上記のような日々の些細なコミュニケーションを交わすという行為そのものが、私自身がボランティアから承認されているということを確認する作業となっている。私は、幼い頃から上か下か、YesかNoか、良いか悪いか……そのような価値観の中で無意識に過ごしてきた。そのような価値観が主な日常生活においては、「対等な関係」の人と「コミュニケーションを交わす」ということはほとんどなかった。質問をすれば返ってくる、挨拶をすれば近況報告もかえってくる、そのような一見当たり前のやりとりが、私にとっては、大げさにいうと「存在していてもいいんだ」という実感として蓄積される気がする。日々の何気ない会話において、私自身が承認されている、と感じることが職員をやっていてよかったな、と思う瞬間でもある。ボランティアの側でも、日々のコミュニケーションの中から、何らかのポジティブなメッセージを受け取ってもらえていたらありがたいと思う。

おわりに――なんで、わざわざボランティアを？

　「はじめに」で学生時代の自分に問うた質問の答えを考えてみる。当時の自分には関わる明確な理由や目的はなかったように思う。しかし今現在の私が振

り返るに、私が感じていた「社会の常識」から少し違う軸をもっていた国際交流センターという空間に、もう少し身をおいていたいという思いがあったのではないかと思う。いつ訪れてもセンターに集う職員やその他のスタッフ、周りのボランティアが温かく迎え入れてくれている雰囲気があり、「必要とされている」感があった。「あるがままの自分でいいよ」という承認を知らず知らずのうちにセンターにいる多くの人から受けていたのではないかと思う。

　にほんご活動事業のボランティアは、同じ問いになんとこたえるだろうか。背景も考え方も異なる多様な方たちがいるので、おそらく、千差万別のこたえが返ってくるだろう。一度関わった責任があるから、やりがいを感じているから、人の役に立ちたいから、自分にとっても居場所だから……いろいろな答えが想像できる。でも、一言で表せない、もっと複雑で重層的な答えの人も多いのではないかと思う。当時の私のように明確な理由は分からないまま、答えを探しながらボランティアを続けている人もいるかもしれない。そのボランティアの日常の取組みを言葉や記録に残すこともまた私の役割ではないかと思う。ボランティアの日々の実践を可視化する。そのことから、また新たな「声」が生まれてくるに違いない。私は職員という立場であるが、その立場を意識しつつ、ボランティアの声を聴き、そこから学び、ともに実践していくパートナーでありたいと思う。

とよなか国流と私

スシル・サプコタ
会社員

　現在は岐阜県在住ですが、以前は大阪に住んでいて、とよなか国際交流協会にかなりお世話になりました。
　私は今からおよそ9年前にネパールから来日しました。父は元々から仕事で日本にいて、永住者の在留資格を取れたので、家族全員で日本に住むことになり、母と妹たちと一緒に日本に来ました。日本に来る前は、唯一知っていた日本語は「ありがとう」でした。それ以外は本当に何も分からないままで日本に来たのです。日本に来る前はすごく楽しみにしていましたが、異国での暮らしがどれだけ大変かは、来てからやっと気づきました。
　友達も誰ひとりいない、どこか出かけるにも道の目印とする看板等も読めないから、戻れる自信がない、誰かに聞くことも当然出来ない……。早く日本語を勉強したかったですが、家族全員で日本にきているのに、父一人の稼ぎで日本語学校に通うことはなかなか出来ませんでした。
　そんな時、とよなか国際交流協会と出会い、私を救ってくれたのです。
　日本人のボランティアさんが居てくれて、そこで私たちのような外国人に日本語を教えてくれることを知って、すごく喜びました。しかも、ネパール語も話せる職員の方がいて、より親しみを感じながら、日本語の勉強をし始めました。日本語を勉強できる色んなクラスがあって、全てに通いました。最初はなかなか難しかったですが、経験豊富なボランティアさんがジェスチャーや色んな方法で日本語を教えてくれました。
　外国にルーツを持つ子ども達の為の「学習支援・サンプレイス」という活動もあり、そこでも日本語を含め、日本の学校の文化やゲーム等も学ぶことができました。自分の年齢と近い大学生のボランティアさんがいたので、友達のような感覚も抱くことができて、すごく嬉しかったです。皆の温かい支援を受け、少しずつ日本語が上達していき、日本の生活もどんどん楽しくなっていきました。そして、来日して6か月後に夜間の高校を紹介して頂き、ネパールの学校からの編入という形で入りました。それから、1年半勉強し、卒業することができました。その後は、大学を卒業、現在の会社に正社員として就職し、結婚し、日本で安定した生活を送っています。全てとよなか国際交流協会のおかげです、心から感謝しています。

とよなか国流と私

ディスネル・グタラ
大学非常勤講師

　私は日系4世のペルー人で、1999年、15歳の時に日本にやって来ました。先に来日していた家族がとよなか国際交流センターに連れて行ってくれたのが初めてでした。日本とペルーとの学校の制度の違いで、来日当初は学校に通っていなかった私は、センターで日本語の勉強をしようと思い、通い始めました。仕事のため家族が家にいない間、センターに行きました。そこで日本語を勉強したり、いろいろな人と話したりして、センターで過ごす時間が少しずつ多くなっていきました。ボランティアや職員の皆さんがとても親切で、将来の悩みなどを親身になって聞いてくれました。通い始めて一年後にはその皆さんの厚い応援のおかげで、高校に編入することができました。

　高校に行っても時折センターに行って、ボランティアや職員さんに高校生活の話を聞いてもらったり、宿題を手伝ってもらったりすることもありました。そのうち、日本語教室に人手が足りないときの簡単な手伝いをさせてもらうようになり、さらに、大学生になってからは少しずつ通訳として関わるようになりました。大学三年になると、センターで母語教室の活動が始まりました。8年間に渡って、スペイン語圏の国々にルーツをもつ子どもたちに遊びなどを通じて、スペイン語を教えていました。

　以上のように、来日してからはセンターが私の居場所となってくれました。もしセンターに行かなければ、私が今頃どうしていただろうかと思うと少し不安になります。

　センターが私の居場所になってくれたように、次の世代の子どもたちにとってもそう思ってもらえるように、活動に取り組んできました。

　センターではスペイン語圏だけでなく、中国やブラジルなどにルーツをもつ、私と似た背景の人たちとの出逢いもあり、お互いの悩みについて話し合うことができました。それがこころの支えとなりました。そういった場を与えてくれたセンターがあったからこそ、多くの大切な友達を作ることができました。

　私にとってのセンターは居場所であり、学びの場であり、一緒に成長できる友達を作る場でもありました。

4章 国流に集まる人びと

永田貴聖
国立民族学博物館外来研究員

外国人／日本人　境界領域で「ばづくり」をする人びと

　本章では、とよなか国際交流センターに集まる人びとと、特に、外国人住民の利用者よりも、いくつかの企画や活動ごとに集まる日本人ボランティアなど、外国人住民以外の人びとやスタッフの皆さんに焦点を当てて紹介する。とくにセンターの活動では、外国人／日本人という「／」による分け方が意味を持たなくなってきている場面が多い。実際に、センターにはミックスルーツのスタッフもいるし、ボランティアの中にも外国人や海外からのルーツをもった日本国籍の人びとも多くいる。日本で生まれ育った在日コリアンの人びとも多い。そして、何よりも外国ルーツの人びとを理解しようという日本人も多い。これは、これまでの活動においてセンターで「ひとづくり」、「ばづくり」を目指してきた途中経過である。

　しかし、社会全体をみてみると、依然として、外国人住民や海外とのかかわりがあまりない人びとが多いのも現実である。そして、そのような日本人住民たちは、センターのような場所で外国人住民と出会うことを機に、海外から移住してきた外国人住民の経験や気持ちを理解し、時に共感する人びとになる。

　私は、共感する人びとが外国人／日本人の間の境界領域を少しでも広げる存在になるのだと考えている。センターは多くの外国人住民に生活情報を提供し、時には支援し、また、集まる「場」となることを目的としている。

　そして、この「ばづくり」を継続するために、センターのスタッフだけではなく、外国人住民に寄り添う日本人住民の活動は必要不可欠なのである。「ひ

とづくり」活動に参加する人びとが外国人と協働し、境界の領域を拡大するのである。それこそがとよなか国際交流センターにとっての「ばづくり」であり、大きな魅力なのである。

外部者からみたとよなか国際交流センターの活動

では、なぜセンターのスタッフでも、ボランティアでもない私がこの章を担当するようになったのかの経緯を説明したい。この説明は、「ばづくり」とも大きく関係している。私は、ここ10年近く、日本・韓国に住むフィリピン人移住者の社会関係について調査してきた文化人類学者であり、暮らしている京都市にあるフィリピン人グループの活動にも長く関わってきた。

そのため、数年に一度、こちらのセンターでフィリピン人関係の集まりがあると関係者に声をかけていただき訪れ、限られた回数であるが「ばづくり」に参加したことがある。そして、最近では、センターで高校時代から活動し、スタッフとなった日本とフィリピンのミックスルーツである三木幸美さんや、私の大学院生時代に別の研究科に所属し親交があった多言語スタッフを総括している吉嶋かおりさんが活躍されているというのを聞いた。

2017年11月頃、突然、事務局長の山野上さんから連絡をいただき、センターの活動風景を文化人類学が行う参与観察法に基づくエスノグラフィにより、記述してほしいという話があり、悩みながらも引き受けることとした。

私は大学院時代にはフィリピン大学にも留学し、現在はフィリピン人の海外移住を調べる研究者である。しかし、もともと私の両親は私が生まれる前に韓国籍から日本国籍に変更した元「在日コリアン」で、私は一応その3世ということになる。私が「在日コリアン」に「元」をつけるのは、親の代から在日コリアンの集住地域を離れ、家族ではだれもハングルは読めないし、私以外の兄弟は朝鮮半島に行ったことすらないのでそうしている。日本に同化してしまっているわけだが、大学生になり人間関係が広がるようになってようやく自身のルーツを他人に話すようになった。ただ、いまでも、数少ない在日コリアンの集まりに参加する機会があっても、日本国籍で日本名の私はいつも肩身が狭い。かといって民族名を名乗る気にはどうもなれない。フィリピノ語を多少話せるようになり、フィリピン人たちと関わりはじめてからは、フィリピン人たちの

集まりに「ホーム」のような意識をもつようになった。だからといって、フィリピン人にはなれるわけでもない。しかし、日本名を持ち、ほとんど日本に同化しながらも、やはり外国ルーツであることを表明するのは、「外国ルーツである○○系日本人もいるんだ！いったい何が悪いんだ！」という意味をこめている。

協会事務所のようす

　私はどこにいっても日本人であるかもしれないし、日本人ではないかもしれない。もしかすると、常に、「外国人／日本人」の「境界領域」にいるのかもしれない。ただ、どういうわけか私は境界領域にいることでさまざまな立場の人びとの気持ちが多少なりともわかるようになった気がする。今回、私は、センターとの再会を機に、多くの人びとが境界領域の「場」で出会い、交差し、「ばづくり」を実践する姿に迫りたいと思う。そこで、多くの人が集まる金曜日と日曜日の企画とイベントのいくつかに注目することとした。さて、人びとがどう活動しているのだろうか？

活動に注目する──ある日の風景と人びと

　金曜日、とよなか国際交流センターには企画がたくさんあり、多くの人びとが集まる。無料多言語相談サービスが開かれているのも金曜日である。

①多言語相談サービス

　毎週金曜日、午前11時から午後4時までのこの時間、中国語、タイ語、韓国語、スペイン語、ベトナム語、フィリピノ語の多言語相談スタッフたちが勢ぞろいする。私が朝10時に行くとすでにミーティングが行われていた。相談スタッフは壁などがなく開放的なオープンスペースとなっている事務室の右端に陣取っている。相談業務担当職員であり、事務局次長の山本愛さん、吉嶋さん（総括）を中心としながら、クラウディアさん、ユエンさん、ジャさん、ジ

ェイさん、マリアさん、マインさんたちそれぞれの言語相談スタッフがひとつのテーブルを囲み、今後の相談や事業の進め方について話し合っている。同時に、多言語防災情報のスマホアプリが安価で入手できるので、いろんな人にすすめようという生活に必要な情報の共有も行われる。全体の打ち合わせがひと段落すると、それぞれの多言語スタッフが吉嶋さんと個別に継続課題のケースワークについて相談シートをみながら話し合いをはじめる。山本愛さんは自分の机に戻り、吉嶋さんや言語相談スタッフたちの活動を総括し、今後の相談業務の運営や展開について検討する。なので、直接相談に関わるわけではないが相談業務の情報を把握している。相談日は、多言語スタッフ全員が真剣な顔をしている。しかし、カウンター越しに同胞の外国人利用者から母語であいさつをされると安心して笑顔になる。相談業務は、相談希望者が日時を予約して実施される。相談内容は非常に多岐にわたり、対応が難しい課題が多い。ビザの活動可能範囲の確認（自営業の可否など）、日本人配偶者との協議離婚、DV、子どもの教育問題、さまざまな行政手続き、労働問題などである。ケースごとに、相談者と多言語スタッフ、総括の吉嶋さんが何度も面談し、解決策を模索する。また、弁護士などの専門家が同席し、行われることもある。総括の吉嶋さんとそれぞれの多言語スタッフは相談者たちの出身国の価値観や文化を尊重し、相談者たちに日本での制度や慣習をていねいにわかりやすいように説明しながら実施する。面談予約は1日の相談日につき2〜3件入っている。そして、予約がない飛び込みの相談もある。センターでは、相談を待つというだけではなく、たとえば、多言語スタッフが日本語教室にはじめてやってきた外国人利用者に母語で近況や生活状況について雑談するなど、外国人利用者が困ったことに直面した場合、いつでも気楽に担当者に相談できるよう人間関係づくりをこころがけている。利用者や相談者が多言語スタッフと関係をつくるだけではなく、同国人同士や外国人利用者同士が関係を構築するために、出身国ごとのコミュニティを作ることも視野に入れている。たとえば、フィリピノ語スタッフのマリアさんが中心となり、家庭や仕事が忙しくなかなか集まることができない40代、50代を対象にしたフィリピン人のグループFilipino Young At Heart's Club（FYAHC）を組織している。FYAHCは、センター内で健康づくりのためにZUMBAワークショップや、親睦のための持ち寄りパーティーな

どを不定期で開催している。

　他の多言語スタッフたちも、金曜日の昼休み、日本語学習にやってきた同国人同士と集まり、それぞれが持参したお弁当を広げ、昼食をとりながら母語で雑談する。このように多言語スタッフが相談しやすい雰囲気と人間関係をつくるのも「ばづくり」の一環である。もちろん、これはセンターを頻繁に利用する外国人住民が相談を利用しやすくなることばかりではない。人間関係が親密になりすぎて逆に友人たちに相談内容が知られたくないということで多言語相談サービスを利用しにくくなる場合もある。また、多言語スタッフが相談者と親密になりすぎて、仕事とプライベートの区切りをつけることが難しくなる場合もある。しかし、このようなマイナス面をあえて理解したうえで、センターでは積極的に多言語スタッフたちが「ばづくり」を実践している。そして、時には、多言語スタッフ同士が、仕事の話は抜きにして、他のスタッフや一部のボランティアの人たちと勤務時間終了後に懇親のための食事会を行うこともある。スタッフ同士でも「ばづくり」のための関係づくりが行われている。

フィリピン人中高年の居場所づくりグループ活動「Flipipino Young at Heart's Club」のクリスマスパーティの様子

②とよなかにほんご「金あさ」

　そして、多言語相談サービスと同じ日、重なる時間帯に開催されているのが「とよなかにほんご『金あさ』」である。午前10時半から12時まで開催されている「金あさ」には、40〜50人近くの外国人利用者たちが初級から中級レベル、中には上級レベルの日本語学習のために会議室とコミュニケーションコモンスペースに集まる。そして、総勢40〜50人近い日本人ボランティアたちが日本語学習を支えている。日本語事業担当職員の山本房代さんに連れられはじめて会議室にいったときにはすでにたくさんの人びとがレッスンを行っていた。私はここで、センターの活動を記述するためにやってきた文化人類学者だと自

とよなかにほんご・金あさの学習風景（2017年）

己紹介し、巡回しながら参与観察を行うというなんとも怪しく、摩訶不思議な存在だった。

外国人利用者たちは、留学生、中期滞在者、就労のために滞在している人、日本人配偶者との国際結婚のために来日したものの日本語学習機会がなかった外国人女性たちなど、国籍、出身地域、母語、日本に住む目的もさまざまである。他の曜日や時間帯にも日本語学習は開催されているが、毎回、「金あさ」の時間帯には子連れの母親父親が10名（組）程度いる。同じ時間帯に、子連れの親たちが日本語学習を行うコミュニケーションコモンスペースの横にあるプレイルームでは「多文化保育にこにこ」が開催されている。親たちは子どもを多文化保育に預け、日本語学習と多文化保育を行ったり来たりしながら日本語を練習している。

日本語学習は、外国人利用者1～2名もしくは家族や夫婦の外国人利用者ペアや友人仲間と日本人ボランティア1～3名の少人数のグループである。また、日本語初級者向けに5名程度のクラス学習を行っている。ボランティアたちは、日本語教育の専門家ではないが、センターでは、ボランティアは必ず日本に住んでいる外国人の生活状況や来日経緯を理解するためのボランティア研修を受講しなければならない。また、午前中に開催されるということもあり、ボランティアの多くが50代の主婦たちやリタイヤシニアである。青年海外協力隊の経験者や海外を飛び回った元商社マンなど海外経験豊富な人も多い。日本語教育の専門家ではないものの、さまざまな外国人に日本語学習を通じて交流している経験豊富な日本語教育の「セミプロ」も少なくない。

日本語学習は担当制であり、同じボランティアが同じ利用者や少人数をペアかグループとして長く担当する。なので、お互いに人間関係もできる。日本語の教え方もさまざまな工夫がされている。日本語能力検定用や、日本語学校でも使われている教科書が用いられ、比較的体系的に学習が行われているグループもあれば、指差し語学帳やスマホなどを使っている初級のグループ、日本語

の雑誌や旅行ガイドなどを活用し、日本の文化背景なども話し、異文化理解のための相互ディスカッションに近い交流活動を行っているグループもある。

月に1回最後の30分間、ペアやグループによる学習だけではなく、数名の学習者と数名のボランティアがグループとなり一つの

多文化こども保育にこにこの様子（2017年）

テーマについて日本語で歓談する交流会がある。2018年5月のテーマは、「父の日」、「母の日」であった。私が参加したグループでは主に中国人とタイ人の学習者がおり、それぞれが経験した父の日と母の日の事情について話した。よくある話として、何をプレゼントにするのか悩んだときは、プレゼントを受け取る父親や母親に欲しいものを聞くことである。いずれも共通していたこととして、父親がプレゼントは「なんでもよい」と返答するのに対して、母親はリクエストを出す傾向にあるということであった。これは日本も同じだった。

そして、毎回学習終了後には、その日担当した日本語ボランティアが集まり、はじめてセンターにきた学習者の日本語レベルや移住経緯、初級クラスの進捗状況などを共有するミーティングが行われる。ここで次回以降の学習者の担当ボランティアが決められる。

このミーティングをまとめるのが「キャンディーズ」と呼ばれる総括担当である。「キャンディーズ」は「金あさ」のボランティアを総括する役割を担っており、4〜6人が担当する。同じ人が長く担当するのではなく、3ヶ月に一度、日本語ボランティアの中から希望者が担当する交代制である。

日本語ボランティアたちは、センターの活動にそれぞれの意味や想いを持って参加している。私が、数回「金あさ」に訪れ、日本語学習を担当するわけでもなく、参与観察ということで巡回していると、必ず何人かの方が私に声をかける。例えば、Tさん（80代、女性）は「金あさ」のボランティアというだけではなく、長年、センター、さらに豊中市の国際交流事業に関わってきた。Tさんには「金あさ」を訪れた初日に私がうろうろしていると声をかけていただ

いた。Tさんには、長年、日本語学習で『ゆうゆう』という同人誌を作っており、そこにはボランティア経験者や外国人の学習経験者たちが異文化体験のようなものを書いているのでぜひみてほしいと話してもらった。また、私が最初の自己紹介で文化人類学をやっているということをよく覚えておられ、ご家族のひとりが以前に文化人類学を学んでいたことや、日本語学習では台湾人留学生を担当されていることなどを話してもらった。

　Tさんは、日本語学習ボランティアは日本語学習を行うだけにとどまらず、ボランティア研修などで、外国人住民の中でも生活が厳しい人や困難に直面している人たちの状況をより深く理解したほうがよいと考えている。また、センターができる以前から豊中市の国際交流事業に関わっており、豊中全体が外国人の生活状況を改善する施策をより大きな規模で実施してほしいと考えている。そのこともあり、センターの運営にもたびたび意見することがある。たとえば、かつてはトイレの案内板や活動紹介の壁紙などがわかりにくかったことも指摘したことがあるらしい。

　日本語学習活動が行われているコミュニケーションコモンスペース付近をうろうろしているとHさん（70代、男性）がやさしく声をかけてくれた。Hさんは業務用の冷蔵庫の販売やメンテナンスなどを行う会社に勤め、頻繁にアジア地域の出張に行っていた。しかし、定年後、時間を余すことが多くなった。一念発起して日本語ボランティアをはじめ、それ以来7年間続けている。「金あさ」に集まる外国人利用者にHさんがかつて訪れたアジア地域の街の話をしても、もう古いことでみんなわからないと笑いながら説明してくれる。Hさんはセンターに集まるボランティア仲間だけではなく、日本語学習者やスタッフとも積極的に交流している。たとえば、「金あさ」が終わり、ボランティア仲間や日本語学習の外国人利用者と昼食をともにした後も、学習者と雑談を続けることも時々ある。さらに、Tさん同様、センターの運営にも意見することが多い。子どもが多いので上りエスカレータのところにも柵をつけるようにと提案したこともある。

　「金あさ」で参与観察を行う日は、ミーティングの後、私はボランティアの全員の前で必ず一言あいさつすることになっていた。そこで考えた結果「ここで活動されているみなさんは日本人と外国人の中間的な位置をつくろうとして

いるのではないのだろうか」とやや抽象的な発言をした。この発言は、私が考えたことではない。非常勤講師を行っているある大学の授業で、学生たちにある映像作品を見せた。それは、日本育ちの外国ルーツの中学生が友達から遊びに誘われたが、親たちが日本語を話せず、日本人医師との通訳のために遊びにいけないという設定の話だった。この作品は、外国人や外国ルーツに人びとのための医療通訳制度が充実していれば中学生たちは遊びにいけるという趣旨のものである。その時にある学生がした「こういう外国人と日本人をつなぐ中間的な立場にある制度ってやっぱいるんじゃないですかね。」という発言を思い出した。私はこの学生の言葉を拝借し、あまり深く考えず発言した。ミーティングを終えると早速、数名の方が近付いてきて、「あれって、具体的にどういう意味ですか?」という質問をいただいた。その時は、正直、あまりうまく答えられなかった。

しかし、考えてみると、外国から来て日本で生活する人びとや外国をルーツとする人びと、そして、海外での経験や外国人と関わりが深い日本人たちはすでに、多くの場面で、外国人や外国にルーツを持つ人びとと日本人との橋渡し役や単に言語だけではない文化や価値観の違いについての説明を含めた翻訳を行っている。私はさまざまな制度が充実し、多様な人びとが混在し、翻訳が自在に行われる「場」が拡大することが重要ではないかと考える。それによって、日頃、日本人と外国人という異なる立場にある人びとがお互いに負担を感じず混在できる「場」ができていくのだと思う。「金あさ」は日本語学習を通じて、まさに「中間的な位置」の「ばづくり」が学習者もボランティアも負担なくできているのではないだろうか。

また、その翌週の「金あさ」では、学習中あるボランティアの方によばれ、日本に長く在住し、すでに日本語がかなりできる学習者も交え、この私の発言の意味について短いやりとりがあった。議論の中身は、学習者の方が日本国籍の取得を希望しており、その場合のアイデンティティについてだった。ボランティアの方が、私の発言を取り上げながら、学習者の方にアイデンティティについて質問していた。学習者の方は国籍が日本ではあるが、アイデンティティは日本でもあり、出身国でもあるという内容だった。このような議論にはどれが正しいという答えはない。まさにその本人が考えていることが答えである。

そして、その答えは状況により変化もする。それでよいのである。
　これらは、このような人びとが集まる「場」としても「金あさ」やセンターの活動があるのだろうと強く実感した瞬間だった。そして、ここに集まるボランティアの人びとは意識的にも無意識的にも社会における「金あさ」やセンターの活動のような「ばづくり」の意義がいったい何であるのかを模索し続けているのではと感じた。
　ボランティアで集まる人びとは終了後、昼食をとりながらこのようなボランティア活動を実践する意味や意義づけについても話しているのだろうと思った。ボランティア自身が自身の活動の個人としての意味や動機づけ、社会的な意義を日々、ボランティア仲間や外国人利用者との交流から問い続けているのかもしれない。そして、その問い続ける活動が「ばづくり」の原動力となっているのだろう。

③子どもサポート事業「学習支援・サンプレイス」
　毎週日曜日午後1時から3時に開催されている「サンプレイス」は外国にルーツをもつ子どもたちが集まり、「居場所づくり」を目的として行われている。また、子どもの希望により、学習支援も行われている。外国ルーツをもつ子どもたちと一緒に時間を過ごしたい子どもや、学校の宿題などを持ち込み、勉強でわからないところを学習している子どもたちが集まる。毎週、10人前後の子どもたちが集まり、3～4人のボランティアが活動に参加し、子どもたちの「居場所づくり」をサポートしている。そして、子どもたちだけではなく、ボランティアの中にも外国にルーツをもつ人がいる。外国にルーツをもつ子どもたちとルーツをもつ子どもたちに共感する人びとが集まる「場」になっている。2018年6月のある日曜日の活動に注目してみた。
　私が1時にセンターに行くと日曜日は比較的イベントが多いのだが、休日とあってリラックスした雰囲気が流れている。金曜日に多言語スタッフが集まるテーブルにボランティアたちが集まっていた。ボランティアたちはみんな大学生、ペルーにルーツをもつ大学生Cさんと在日コリアン4世の大学生Aさん、日本人の大学生Yさんがボランティアのリーダー的な存在として「サンプレイス」に長く関わっている。担当スタッフの山根絵美さんから、最近の子どもた

ちの様子や新しいボランティアの大学生Tさんの紹介、さらに、この日は私が参与観察を行うことなどが説明される。活動はコミュニケーションコモンスペース、会議室、ダンススタジオにもなっている音楽健康づくりルームで行われる。通常、担当スタッフの山根さんは事務所に常駐し、活動はボランティアを中心にして実施される。ボランティアは自律性が高く、主体的に活動している。子どもたちがすこしずつ集まってきた。もの静かなニューカマー韓国人と在日コリアンのミックスルーツの小学生と中学生の兄弟がコミュニケーションコモンスペースに備え付けられている机で勉強をはじめる。兄は持参した韓国語で書かれた数学の参考書で、弟は日本語で書かれた英語の本を使って勉強をはじめる。大学生ボランティアのTさんが兄弟からわからないところを聞かれ、談笑しながら答える。ちらっと内容をみるとなかなか難しい。そのとき、横の会議室では、この日はじめてやってきた最近来日したやや緊張気味のネパール人の中学生2人が、数学の学習に取り組む。2人は実際の年齢は高校生相当であるが、日本語があまりできないまま日本の中学に編入し、数学に苦戦しているようだった。ペルーにルーツをもち大学で理系のコースを専門としている大学生ボランティアがこの2人に勉強を教える。音楽健康づくりルームにはニューカマー韓国人と日本のミックスルーツの女子2人がダンスの練習をし、どういう振付がよいかで悩んでいる。2013年、センターでは、若者支援事業の一環として「多文化ダンス教室わたパチ」という活動が始まった。講師は、現在常勤スタッフとなっている三木幸美さんだった。その後、「わたパチ」は「サンプレイス」と合同し、現在では、「サンプレイス」の活動の中でダンスが続いている。いまは高校生や大学生になり、卒業していった先輩たちのチームは豊中のまつりにも出場したことがある。その後輩の2人は先輩たちからダンスを習得し、いまは自分たちで振付を考えている。部屋に入ってきたベトナム人の小学生の女子にやさしく接し、ダンスを教えようとする。女子もその気にはなりつつあるが、結局その日、女子は恥ずかしくなり、ダンスは行わず、「サンプレイス」で時々会う少し上の中国ルーツの男子がいるコミュニケーションコモンスペースに移動する。残されたミックスルーツの女子たちは練習を続ける。中国ルーツの男子とベトナムルーツの女子はカードゲームをはじめる。YさんとAさんがそこに加わる。男子が女子にカードゲームのやり方を教える。

若者支援事業「わかもののたまりば」の様子

男子はカードゲームのルールを自分の好きなようにころころとかえていく。そうこうしているうちに、女子はゲームに飽き、センターが準備している箱から人生ゲームをだし、ボランティアのYさんをつかまえ一緒にはじめる。中国ルーツの男子は、しばらくしてやってきたインド系カナダ人の小学生低学年の姉妹と一緒にボランティアのAさんをつかまえてスポンジボールでの遊びをはじめる。静かに勉強をしていた韓国系の兄弟はその日やるべき課題を終えたのか勉強をやめ、将棋をはじめる。このような感じで静かな時間が流れて行く。集まっている子どもたちには外国からのルーツをもつという共通点がある。そのことが子どもたちにとって「リラックス」した「居場所づくり」となっているのだろう。

　子どもたちが帰ったあと、担当スタッフの山根さんと大学生ボランティアたちが再びテーブルを囲んで振り返りを行う。子どもたちの様子が細かく報告される。ある子はなんとなくいらいらしていたようだったがなぜだったのか？ダンスチームの女子たちは自分たちのダンスの出来に満足しているのか？ネパール人2人の学習はどの程度進んだのか？などボランティアから事細かく共有され、次回の課題や注目点が議論される。ミーティングがひと段落した後、ボランティアたちは残り、互いの近況報告を行う。話は尽きず、時間はどんどん流れていく。外国にルーツを持ったボランティアもいれば、日本のみがルーツのボランティアもいる。それぞれが外国ルーツの子どもたちとの関わりに意味をみいだしながら「ばづくり」を行っている。

　もし、中学生や高校生のときに、私が子どもとして、また、ボランティアとして、この場にいたら、おそらく、もっと早い時期から自身の外国ルーツであることや、将来そのこととどう向き合おうかということを考え始めただろうに！と思う。少し後悔するが、それは、今後のライフワークとしてじっくり考え続けることにしたい。

外国人住民・日本人住民、外国ルーツ、日本ルーツが協働する「ばづくり」

　紹介してきたこれらの活動はオープンスペースに常駐しているスタッフの1人から2人がひとつの活動を担当し、集まるボランティアの人びとがさまざまな役割を担いながら運営されている。すでに仕事や子育てを終えたシニアの人びとが社会的な関わりを求め、気楽な気持ちでやってくる場合もあれば、外国からの多様な文化背景をもった人びとにとって生きやすい社会をつくっていこうという使命感をもってやってくる人びともいる。そして、センターには外国人だったり、ミックスルーツだったりということでかつて利用者だった人びとがボランティアになったり、スタッフになったりしている場合もある。また、大学生ボランティアだった人がスタッフになった場合もある。そのことを実感できるのが事務室である。オープンスペースでどこからでもみえるこの場所には総勢12人のスタッフが常駐している。常勤の人もいれば多言語スタッフのように週1回のパートタイムの人もいる。今回、執筆の話をいただいた事務局長の山野上さんも大学時代にセンターでボランティアをしていた。また、日本とフィリピンのミックスルーツであるスタッフの三木幸美さんは大学時代にボランティアを経験し、センターでダンスチームなどを組織するなどして、積極的に活動した後にスタッフとなった。「金あさ」などの日本語事業を担当する山本房代さん、「サンプレイス」を担当する山根絵美さんもやはり大学・大学院時代にセンターでのボランティアを経験している。相談事業担当で事務局次長の山本愛さんは民間企業での勤務を経てネパール留学後にセンターと出会い、現在に至っている。そして、黒島トーマス友基さんは祖父が元米兵のアメラジアンであり、自身のアイデンティティを模索する過程でセンターに関わりはじめた。とよなか国際交流センターは、それぞれがそれぞれの経験や個性、できることを持ちよって「ばづくり」が行われている。そして、そこでできた「場」において、集まる人びとは自身がもつ「外国人」であることや、外国ルーツであることをひとつの能力や個性として肯定的にとらえ、それが「ひとづくり」に結実していくのではとつよく思った。

まとめ——社会全体での「ばづくり」の必要性

　これまで、とよなか国際交流センターでの活動や集まる人びと、スタッフの動向に注目して、海外生まれやルーツをもつ人びとや、それらの人びとを理解しようとする人びと、また、海外生まれやルーツをもつ人びととの偶然な出会いを肯定的に受け入れた日本人がそれぞれ異なる多様な経験や知恵を持ち寄って、協働できる「境界領域」での「ばづくり」についてまとめてきた。最後に、この「ばづくり」がどのような意味をもっているのかを検討したい。

　「ばづくり」によって作られた「場」は、日本社会ではマイノリティとなってしまう海外生まれやルーツを持つ人びとが日本への適応や同化を求められることや、常に、マジョリティから、「なぜ日本にいるのか？」という説明を求められることがない場所を実現しようとしているように思う[*1]。海外生まれやルーツを持つ人が、気楽に、自身や自身のルーツ、それを持ちながら日本で生活している現在を前向きに考えるようになること、そして、集まる日本人もやはり、気楽に、海外生まれやルーツを持つ人びととの出会いを自身の社会全体を再考する好機ととらえ、人びとの文化や生き方を知ろう、学ぼうという意識をもてるような場をつくろうとしているようにみえる。

　そして、私は、センターだけではなく、日本社会全体に「ばづくり」の意識が広がり、海外生まれやルーツを持つ人びとの必要最低限度の生活が保障され、人びとが自身の文化、言語を継承し発展させることができる社会を実現するための諸制度の整備や意識の変革を実現する必要があると感じる。現在、グローバル化の世界には新自由主義という経済至上主義の嵐が吹き荒れ、その勢いはますます強いものになっている。「〇〇ファースト」という言葉や、在日コリアン、最近ではニューカマーの人びとへのヘイトスピーチにみられるように、マジョリティたちは、異なる人びとやマイノリティを排除するという分断の時代であるとも考えられる。しかし、あえてこういう時代であるからこそ、私は

---

*1　2章2節において、山根はボランティアとしてはじめてセンターに足を踏み入れたとき、当時の在日コリアンの職員から「なぜ、日本にいるのか、それを尋ねるのは日本人。それに答えるのはいつだって外国人の側だ」と指摘されたことを思い知らされた出来事として紹介している。

「ばづくり」の実践がとよなか国際交流センターの実践だけではなく、社会全体の「ばづくり」となる必要性を強調したい。経済至上主義や弱者切り捨てを行う上からのグローバル化ではなく、とよなか国際交流センターの「ばづくり」の実践が「異なる場所で異なる文化を歴史経路に支えられて今を生きる彼らと私たちとが、同時代人として深く結びつけられ、そのことによって新たな社会関係を構築したり再編成したりする可能性に開かれている時代であること」（清水2013：19）を社会に示すことができると期待している。

参考文献
清水展（2013）『草の根グローバリゼーション──世界遺産棚田村の文化実践と生活戦略』京都大学学術出版会

とよなか国流と私

大城かおり
子どもサポート事業コーディネーター／大学生

　私は日系ペルー人の両親の間に生まれ、日本で育ちました。物心ついたときから、同じ日系ペルー人やブラジル人が近所に住んでいたため、自分のルーツについて何の疑問も持たずにすんなりと受け入れ、保育所に通っている他の子と自分は違うと、なんとなく理解していたと思います。そんな中、4歳のときに引っ越すことが決まり、今まで同じ外国にルーツをもつ人に囲まれていた環境が一変し、どこか独りぼっちになった感覚がありました。引っ越してから数年後、私は小学校に入学しました。ちょうどそのころ、叔父が日本語を学ぶために来日し、通い始めた場所が「とよなか国際交流センター」（以下国流）でした。叔父が日本語学びに行くということで、付き添いとしてついていったのが、私と国流の出会いでした。

　国流に出会ってからすぐに同じ地域に同じルーツを持つ同世代の子がいることがわかりました。人見知りだったためすぐに仲良くとはいかなかったものの、今振り返ってみると仲間が増えたような気がして安心したと思います。そこから、同じペルールーツで、子どもをもつ親が、わが子にペルーの文化や言葉を学んで欲しいという思いから月2回のスペイン語母語教室とGRUPO NAZCA（グルーポ・ナスカ）というダンスグループを結成しました。このことがきっかけで週末はほとんど国流で過ごしていました。学校でなにか問題を抱えていたわけではないのですが、私のルーツを説明しなくても理解してくれる、このままの自分でいいことを肯定してくれる国流は、いつの間にかわたしの第3の居場所になっていました。

　中学、高校と進学していくにつれて勉強や部活で忙しくなり、あれだけ通っていた国流と疎遠になっていましたが、大学進学後に知人を通して国流のボランティアに誘われ、今は支援される側ではなく支援する側として国流に戻ってきました。職員や雰囲気はだいぶ変わっていましたが、実家に帰ってきたような安心感がありました。ボランティアとして活動し始めてから、自分のルーツや今まで悩んできたことについて話す機会が増え、今までのことを振り返ることが多くなり、自分の思いや考えに改めて気づくことがたくさんありました。

　私にとって国流は、自分が自分として成り立った原点であり、かけがえのない出会いの場を作ってくれた場所であり、わたしの財産です。子どものころ支えてもらい、居場所を作ってもらったように、今度は私がその担い手になれればいいなと思います。

外国人の就労支援で気づいた
支援者に求められる福祉的な関わりと可能性

COLUMN

冨江真弓
豊中市くらし支援課
地域就労支援センター

外国人の就労支援との出会い

　私は2002年度から指定管理者制度が導入される前の2010年度まで、とよなか国際交流協会(以下、協会)に職員として、今の事業体系を作り上げる過程に関わりました。丸9年間、協会ボランティア、外国人、関係機関の人たちと様々な事業をつくりながら、最後の2年に行き着いたのが"就労支援"でした。

　協会事業の中心である相談事業に多言語スタッフが配置されたことで、外国人自身の求める支援が見えるようになり、それらに応えるある一定の解決が可能となりました。例えばDV相談であれば女性センター等と連携し、安全確保、在留資格も含めた<国際>離婚手続きのサポート、生活保護などで新たな生活を整えることができるようになりました。しかし、その先の生活再建と"自立"となると日本語能力も含め、外国人であるということで、仕事を見つけて経済的に自立した生活につなげていくことが難しいのが現状でした。そんな限界を感じているときに2008年にリーマンショックが起き、失業した南米日系人家族の相談が押し寄せてきました。それは生活困窮に陥る緊急事態で、相談事業の蓄積をもってしても太刀打ちできる範疇を超えるニーズだったのです。その時、ピンチを救ってくれたのが豊中市立労働会館でした。

　労働会館のスタッフに言われたのです。「その人が働く仕事現場で必要な日本語ができればよいので、働きながら必要な日本語を覚えたらいいのです」と。これまで働きたい外国人に言ってきたのが、「まずは日本語を勉強しよう」だったのですが、では、どこまで日本語ができたら働けるのでしょうか。日本語能力試験(最高レベル)を取得したら仕事につけるのでしょうか。

　労働会館には、地域就労支援センターがあり、そこでは働きたい意欲はあるけれどひとり親家庭の親、障害、引きこもり、若年者、中高年齢者等、就労に何がしかの"阻害"を抱える人たちの課題や環境を整理し個別の状況に合わせた就労支援を行っていました。そして併設する無料職業紹介所は企業支援の取り組みで地域の企業との信頼関係をつくり、地域就労支援センターの相談者である求職者と企業のマッチング(求人紹介)を行っていました。そこで、地域就労支援センターで多言語スタッフを入れて外国人求職者の丁寧な職歴の聞き取りをしてもらい、その情報を携えて無料職業紹介所が企業へ外国人求職者を売り込みに行ってくれたのです。外国人求職者が自

ら求人企業に連絡をしたら名前を伝えた時点で二の足を踏まれることはよく聞く話ですが、無料職業紹介の信頼を担保に、試用期間を経て（つまり、試用期間という"自分を見てもらうチャンス"を手にし）就職に繋がったのです。

外国人への就労支援で支援者に求められること

　外国人の就労支援となると、日本語ができないから就労できないのはしょうがない……と支援者側はなりがちですが、労働会館との連携で、日本語能力の壁よりも《偏見》の壁を打破することが就労支援に求められることに気付かされたのでした。

　もちろん、外国人求職者も働く上で必要な日本語やビジネススキル（時間厳守など日本社会で働くための基本的なマナーやコミュニケーション等）を習得していくなどの「文化的調整」は求められますが、本人に求められる調整の部分と支援者が行わなければならない調整の部分を整理することで解決の糸口が見えてくるのです。本人の自己責任ではどうすることもできない社会的排除を起因とする課題を支援者がしっかりと見極め、そこの調整を担うことが《福祉的支援》であり、支援者の役割なのです。

　就労支援においては、労働会館が行ったように外国人を雇うことへ躊躇を示す企業に、実際に一人の人として外国人求職者と出会ってもらう機会を交渉するだけでなく、業務で求められる日本語の整理に加えて、日本語を"回避"する方法を企業に提案するなど、できる工夫＝福祉的支援は多様にあります。例えば、日報で文章で書かなければならない部分をチェックリストにして簡略化したり、業務をジョブとして切り出して役割分担することで、まずはジョブ単位で作業とそれに必要な日本語から習得していく（スモールステップ）等、それは、職場の労働環境の見直しと定着支援にもつながっていきます。

　日本に暮らす外国人が増加し、福祉のあらゆる場面で外国人や外国につながる人たちの対応が求められていますが、日本はまだまだ外国人となると躊躇してしまいがちです。しかし、外国人であることはその人の属性の一部分です。外国人の就労支援の提案はすでに障害者就労においてジョブコーチが行っている支援であり、福祉分野ではすでに多くのノウハウの蓄積があるのです。各分野の支援者が少し視野を広げ、文化や言語的部分は地域の国際交流協会や外国人支援団体等と連携することで、特別に考えなくても外国人への支援でできることが見えてくるのではないでしょうか。

就労支援の意味

　外国人は《越境する》ことで、家族、友人、ことば、住み慣れた土地、仕事、楽しみなど、様々な喪失を被り、それにより本来の自分らしさや能力を発揮できなくなってしまいます。国際結婚した外国人女性は、小さなことでも夫に頼っていた自分が、就労したことで自分で買い物にも行けるようになり、夫の自分を見るまなざしが変わ

ったと嬉しそうに話してくれました。働くことは単に収入を得るだけでなく、社会的な役割や居場所を得て、子育てや離婚など日常の様々な不安やストレスで失われた自尊感情や自信を取り戻すこと〜エンパワメント〜につながっていきます。特に外国人の場合は、働くことで家族以外の人と出会い情報を得たり、自分の暮らす社会の仕組みを知ることとなり、それは大きな精神的自立となるのです。

　偏見や社会的排除の解決には、社会的な活動への参加と社会からの承認が必要であることが言われていますが、その両方を体験できるのが就労ではないでしょうか。困難を抱える外国人に100の支援よりも、1つの就労機会を提供することで、様々な"苦労"を体験しながらも、誰かの役に立つことを実感し、本人主体の"自立"の道が開けていくことを外国人の就労支援で実感することができました。

　最後に、就労支援において気付かれにくい外国人の子ども・若者（第二世代）について付け加えておきます。学習につながる日本語がしっかり獲得できていないことは、先を見据えた人生や仕事の選択ができないことにつながっていきます。その上、親が外国人であることで多様な職業観や情報に触れる機会も乏しいという環境的な課題も重なり、その場しのぎ的な働き方の選択になってしまいます。どう生きていくかというライフプラン（生活支援）の一環としての就労支援が求められるのです。こう考えていくと、これは今の子ども、若者支援とも通じる課題ではないでしょうか。能力やスキルがないという《できない状況》ではなく、《できなくしている環境》を変える支援が求められていることを外国人の就労支援は改めて支援者に気付かせてくれるのではないでしょうか。

5章 国流の取り組みを捉えなおす
―― ソーシャルワークの視点から

門 美由紀
東洋大学

はじめに

本章は、これまでの各章で述べられてきたこと、筆者のこれまでの公益財団法人とよなか国流交流協会(以下、とよなか国流)へのヒアリング[*1]、とよなか国流が出した様々な報告書を基に、社会福祉、なかでもソーシャルワークの視点からその取り組みの意義を考えてみたい。

「ソーシャルワーク」とは何か

外国人支援領域では近年、「多文化ソーシャルワーク」という言葉を聞く機会が増えている。「ソーシャルワーク」とは、問題を抱える人と、その人を取り巻く環境、そしてその両者の接点(インターフェイス)に働きかけ、問題の解決を目指す相談援助技術である。社会学・医学・心理学など他分野の科学や経験を取り入れ応用しながら発展してきた。日本では北米や英国等からの新しい理論を取り入れつつ展開してきた。

ソーシャルワークには、ケースワーク(個別援助技術)だけでなく、グループワーク(集団援助技術)、コミュニティワーク(地域援助技術)、さらにはコミュニティソーシャルワーク[*2]などがあり、働きかける対象・範囲も個人レベ

---

*1 インタビューの一部は、日本学術振興会科学研究費補助金基盤研究C(一般)(研究代表者:門美由紀、課題番号:15K03964)によるものであり、ここに謝意を表する。

*2 地域を基盤に、生活課題を抱える個人や家族への個別支援と、人々の生活圏の環境整備や住民のネットワーク化などの支援を行うもの。

ルから地域、国レベルへと幅広く、生活課題解決のための直接的な援助だけでなく、ソーシャルアクションなどの間接的な援助も行うものであり、ミクロからメゾ、マクロ領域に至る広い視野が求められる。

　ソーシャルワーク専門職のグローバル定義[*1]では、「ソーシャルワークは、社会変革と社会開発、社会的結束、および人々のエンパワメントと解放を促進する、実践に基づいた専門職であり学問である。社会正義、人権、集団的責任、および多様性尊重の諸原理は、ソーシャルワークの中核をなす。ソーシャルワークの理論、社会科学、人文学および地域・民族固有の知を基盤として、ソーシャルワークは、生活課題に取り組みウェルビーイングを高めるよう、人々やさまざまな構造に働きかける。この定義は、各国および世界の各地域で展開してもよい」とされ、ソーシャルワークの中核をなす諸原理の一つに「多様性の尊重」が位置づけられている。また、日本のソーシャルワーカーの倫理綱領（2005年）には5つの価値と原則（人間の尊厳・社会正義・貢献・誠実・専門的力量）及び倫理基準（利用者に対する倫理責任、実践現場における倫理責任、社会に対する倫理責任、専門職としての倫理責任）を、そして公益社団法人日本社会福祉士会では倫理綱領に基づき行動規範[*2]についても定めている。こうした価値を基盤に、知識や技術を活用して行う相談援助実践がソーシャルワークと言える。

「多文化ソーシャルワーク」とその確立に向けた取り組み
――見えてきた課題

　次に「多文化ソーシャルワーク」であるが、石河（2012）は①多様な文化的背景を持つクライエントに対する、②クライエントとワーカーが異なる文化に属する援助関係において行われる、③クライエントが自分の文化と異なる環境

[*1]　2014年に国際ソーシャルワーカー連盟（IFSW）および国際ソーシャルワーク学校連盟（IASSW）のメルボルン総会にて採択された新定義。

[*2]　公益社団法人日本社会福祉士会では、ソーシャルワーカーの倫理綱領に基づき、社会福祉士が社会福祉実践において従うべき行動を、行動規範として示している。
　　公益社団法人日本社会福祉士会ウェブサイト https://www.jacsw.or.jp/01_csw/05_rinrikoryo/files/rinri_kodo.pdf （2018年8月9日確認）

に移住、生活することによって生じる心理的・社会的問題に対応するソーシャルワークと位置付け、多文化ソーシャルワーカーは「外国人の多様な文化的・社会的背景を踏まえて彼らの相談にあたり、問題解決に向けてソーシャルワークの専門性を活かして継続的な支援を行う外国人相談の担い手」であるとする。

先に挙げた日本の「ソーシャルワーカーの倫理綱領」では、ソーシャルワーカーの役割を「すべての人間を、出自、人種、性別、年齢、身体的精神的状況、宗教的文化的背景、社会的地位、経済状況等の違いにかかわらず、かけがえのない存在として尊重する」こと、人間の尊厳の尊重と「差別、貧困、抑圧、排除、暴力、環境破壊などの無い、自由、平等、共生に基づく社会正義の実現」に貢献することとしている。この一文を読む限り、ソーシャルワークにあえて「多文化」をつける必要はないともいえるが、現状では多文化の背景を持つクライエント[*1]と出会ったことのないソーシャルワーカーが多く、かつソーシャルワーカーの大半が「日本人」であること等によって、多文化の背景をもつ人々が日本で生活を営んでいることを実感する機会は多くはない。そのため、「多文化」をつけることによって広く認識してもらう必要がある。

多文化ソーシャルワークに関わる取り組みとしては、いくつかの県や国際交流協会等で講座等が行われており、例えば愛知県では多文化ソーシャルワーカーとしての雇用も見られる。

筆者が関わった神奈川県と埼玉県の取り組みからは、次のような課題が明らかになった（門、2016；門、2018）。神奈川県の多文化ソーシャルワーク講座では、多文化の背景をもつ受講者や協力者に対する講義やグループワークでの言語的配慮の不足、スクールソーシャルワーカーの受講者増加に見られる新たなニーズの顕在化とそれへの対応、多文化ソーシャルワーカーとしての雇用の場がないこと、社会福祉の現場等で多文化のケースを担当した際のスーパービジョン[*2]の実施へのニーズなどである。何より参加者の多くは、多文化のケース

---

*1　ソーシャルワークでは、福祉的な課題を抱え支援を必要とする相談者をクライエントと呼ぶ。

*2　スーパービジョンとは、相談援助を行う施設等で、熟練した機関内外の指導者（スーパーバイザー）が専門職としての知識や技術の不十分な者（スーパーバイジー）に対し、示唆や助言を行う教育的な過程を指す。

に対応する者同士の多職種・多機関によるネットワークを求めていた。また、公益財団法人埼玉県国際交流協会が県から受託運営する多言語相談センター埼玉への、公益社団法人埼玉県社会福祉士会からの月1回の社会福祉士派遣では、多言語相談員とソーシャルワークの専門職である社会福祉士が互いの専門性と経験蓄積を理解し、共に学び合い話し合うプロセスを通して協力関係を構築していくことの必要性・有用性が明らかになった。いずれの取り組みも、多文化領域の支援者、福祉領域の相談援助専門職、その他様々な専門職（弁護士、行政書士等）が、互いの専門領域を学びつつ望ましい支援・連携の形を構築していくプロセスであるといえる。

　外国人住民が地域に暮らすということは様々なライフステージを日本で経験するということであり、乳幼児期から高齢期までの「時間軸」と、成長につれて人間関係と活動範囲が変化していく「空間軸」との中で、自身では容易に解決できない生活支援ニーズを時に抱えることもある。そうした際に、外国人住民が日本社会や地域社会における様々な「壁」に向き合い、その課題を解決するための力を得ることができる、そうした「場」が地域に必要とされている。

外国人住民の抱える課題への国レベルでの認識

　日本に暮らす外国人住民を取り巻く状況と生活支援を展開するにあたっての課題は、福祉領域、多文化領域の双方において国レベルで認識されて久しい。

　厚生省社会・援護局（2000）は『「社会的な援護を要する人々に対する社会福祉のあり方に関する検討会」報告書』で、貧困や失業問題が外国人労働者や中国残留孤児などの社会的排除や文化的摩擦を伴う問題としても現れていると指摘し、新たな福祉課題の一つに位置付けている。そして、社会的なつながりを創出するための方法の一つとして「外国人に対するワンストップサービスのような総合サービス機能」設置をあげ、行政実施主体の取り組みにおいては「個性を尊重し、異なる文化を受容する地域社会づくりのために、外国人や孤立した人々をも視野に入れた情報提供や都市部における地域福祉・コミュニティワークの開発」が期待されること、さらには福祉人材の姿勢として「外国人等の地域での生活のために，異文化を受容する姿勢」が必要と指摘している。

　一方、総務省（2006）は『多文化共生の推進に関する研究会報告書』の「生

活支援において今後必要な取組－その他」に、専門性の高い相談体制の整備と人材育成にあたっては「『多文化ソーシャルワーカー』の育成に関心が集まっているが、より専門性の高い相談業務を行う能力を有する人材の育成が必要」であり、「相談員として、外国人住民を活用することも効果的である」と述べる。

だが現在でもなお、これらの報告書で指摘された課題点は国の政策レベルにおいて解決されたとはいえず、また、包括的な支援体制が各地域で整ったとも言い難い状況にある。

外国人住民を取り巻く6つの「壁」への認識

外国人住民に対する多文化に配慮した包括的な支援体制が必要とされるのは、外国人住民が抱える多様な生活課題とその原因において、かれらを取り巻く様々な「壁」が存在していることによる（田村、2000他）。筆者は外国人住民への生活支援にあたって配慮が必要な要素を「ことばの壁・制度利用の壁・心の壁・文化の壁・情報アクセスの壁・アイデンティティの壁」の6つに分けている（門、2016）。本章では個々の「壁」について詳述はしないが、こうした「壁」は、日本人や日本社会側はもとより、外国人住民やそのコミュニティ、外国人住民の間にもみられることがある。そして、複数の「壁」の存在により、生活課題の解決が困難になり課題が複合化することも多い（門、2016）。

「多文化ソーシャルワーク」の実践にあたっては、これまで述べてきたソーシャルワークの価値・知識・技術と多文化に関わる価値・知識・技術の双方に留意し、多様性に配慮したソーシャルワークを展開する必要がある。次に、以上を踏まえ、とよなか国流の取り組みの整理を試みたい。

国際交流協会の多文化共生事業ととよなか国流の事業体系の独自性

各地域での国際交流協会の設立経緯は榎井（序章）に詳しいが、1990年代の好景気に伴う労働力需要による来日や留学、国際結婚等の増加により在住外国人の数は増加し、それに伴い国際交流協会では地域に暮らす外国人住民の生活に関わる取り組み、すなわち多文化共生に関わる事業の比率が高まっていった。

自治体の国際化を支援する目的で設立された一般財団法人自治体国際化協会では、地方公共団体、地域国際化協会、NPO法人等が行う多文化共生施策に対して助成金を交付する「多文化共生のまちづくり促進事業」を実施しており、平成30年度は36団体（うち、自治体の外郭団体と考えられる国際交流協会等は17）に助成している。

　また総務省は、多文化共生事例集作成ワーキンググループによる『多文化共生事業事例集2017〜共に拓く地域の未来〜』を作成し、コミュニケーション支援（9事例）、生活支援（28事例）、多文化共生の地域づくり（9事例）、地域の活性化やグローバル化への貢献（6事例）、以上計52の取り組み事例を紹介している。そのうち国際交流協会等による事例は14にのぼり、住宅、子ども、介護、医療、防災など生活支援に関連する様々な取り組みがあがっている。

　では、各国際交流協会が様々な多文化共生の取り組みを行う中で、とよなか国流の独自性はどこにあるのだろうか。自治体の外郭団体としての国際交流協会の多くは、2000年前後には行政と市民の双方にまたがる組織として行政、市民の双方から様々な課題や要求を突き付けられがちな状況にあった。そうした中で、ミッション・ステートメントを作成し、自らの立ち位置と目指すべき目標を明確化する流れがみられた。

　とよなか国流は1998年に「協会活動の社会化」（序章）の重要性を認識し、地域社会の課題を「行政とも、市民とも」連携し市の政策に反映させることを目的とする主体的な組織として自らを位置づけなおしたうえで、「市民の主体的で広範な参加により、人権尊重を基調とした国際交流活動を地域からすすめ、世界とつながる多文化共生社会をつくる」を基本理念とする「とよなか国際交流協会活動方針」を体系図としてあらわした（序章　図序－3）。

　事業体系図の中心には"周縁化される外国人のための総合的な仕組みづくり"を据え、「安心・エンパワメントを目指す総合的外国人サポート事業」を位置付けている。そして、"ばづくり"としての「大人の居場所」では"自立・社会参加"と"市民活動の充実"をキーワードとし、"ひとづくり"としての「子どもの居場所」では"自己肯定感を育む"と"ピア・ロールモデルの育成"をキーワードとしている。さらに事業図の上下に"多様な人々が尊重される地域づくり"と"学校とつながってつくる豊かな未来"を位置づけ、キーワードとして"学

び合い"と"対話"も記載している。

　このことからも明らかなように、とよなか国流の組織名称は「国際交流協会」ではあるが、事業の主眼は「国際交流」にとどまるものではなく、外国人住民が安心に地域で生活を営めるよう様々に働きかけ、その際には常に外国人住民が支援される側に位置づけられるのではなく、様々な活動への参加を通して共に地域を創り、時には支援する主体ともなること、そのような営みを通して地域における多文化共生を目指す点に、大きな特徴がある。そして、先に挙げたソーシャルワークの価値とも重なる「多様性の尊重」をはじめとする様々な価値がそこには示されている。

　そこで次に、1章から3章で述べられてきた日本語交流活動、子ども・若者支援、多言語相談サービス事業について整理を行いつつ、具体的にソーシャルワークの視点から考察を行ってみたい。

役割・立場の二分化からの脱皮と生活圏での「場」の形成
──地域日本語交流活動から

　地域日本語交流活動事業からは特に、生活圏における、役割・立場の二分化を超えた「場」の形成に向けた模索の意義を見ることができる。

　日本に暮らす外国人住民への支援団体の中で、日本語ボランティア団体・教室は最も数が多いと推測される。これらの事業は地域に暮らす外国人住民のニーズを反映させる形で広がってきたが、文法や日本語能力検定対策などテーマを定めテキストに沿い講義形式で進めるクラス形式や、学習者のニーズに応じて比較的柔軟に対応するマンツーマン形式が多くみられる。定期的に顔を合わせる中で信頼関係が構築され、外国人住民が日本語ボランティアに相談ごとを打ち明けるようになるにつれ、相談への対応を検討する団体も増え、相談対応を①一律で行わない、②各個人に委ねる、③生活相談事業を展開し対応するといった方針に大きく分かれた。

　これら日本語教室や生活相談事業においては「教える側─教えられる側」「支援する側─支援される側」という役割の二分化とその固定化が起こりがちであり、かつその主体は多くは「日本人─外国人」であり、上下関係、マジョリティ─マイノリティ関係が重複・固定しがちであった。

だがとよなか国流では、1998年に実施した「日本語学習ニーズ調査」を通して、日本語教室で日本語を学んでもその日本語を地域で使う機会がないことに気づき、1999年より日本語を学ぶ場そのものを多様な外国人・日本人が参加する地域コミュニティと位置づけ、日本語教育の専門家の力を借り「とよなか版"地域日本語活動"」の場に作り替えた。その結果、「日本語活動で出会い、私的に関係を深めることや個人的な相談にものること」（序章）を奨励するようになった。アドバイザー、スーパーバイザーとして活動に関わった西口光一氏は、田中望（1995）の論考を踏まえ、この場を「在住外国人と市民ボランティアが交わり、作業や対話をし、相互に啓発しあう場」としてのコミュニケーションスペースと位置付け、ともに活動を考案・実施し、対話を深め信頼関係を構築し、日本語世界に誘うメンバーとしての役割を担うこと、場を一つのコミュニティとして形成し、多様な参加の促進と外部との交流を図る、コモンスペース（広場）を目指した（とよなかにほんごのあゆみ2004）。

　同様の視点は、子育て中のボランティアと外国人親子による「おやこでにほんご」事業にもみられる。同時に「おやこでにほんご」は、図書館という地域住民にとって距離的にも心理的にもアクセスしやすく、様々な情報を得ることができる公共の場を選択した点も特徴といえる。居場所、友人・仲間を作る場、地域の子育て情報等の獲得の場、日本語学習の場はすなわち、ボランティアも外国人親子も仲間（ピア）として位置づく場でもあり、そこでは、役割を超えた対等な関係が構築され、共にエンパワメントし、地域へとつながる参加の契機となる。図書館との協働事業を実現させたとよなか国流は、その後も様々な事業で教育委員会や市の労働部局、社会福祉協議会等との多職種・多機関連携を実現している。

　そして職員は、山本（3章3節）にあるように、日本事業を担う一人ひとりのボランティアの個別性を踏まえ、その自己決定を尊重しつつ、よりよい場づくりのための状況判断やニーズの可視化と優先順位の明確化を行っている。以上の日本語事業における、生活圏での人と人のつながりの構築とそれを通じた社会参加の実現を目指す場づくりは、まさに社会福祉の目指す地域におけるソーシャル・インクルージョン（社会的包摂）の試みであり、多文化共生領域において多職種・多機関連携の核を担う役割をとよなか国流が担ってきたといえる。

そこでは主に、「文化・こころ・ことば・情報アクセスの壁」に対する多様なアプローチが展開されている。

サードプレイスとしての機能と"ピア性"
—— 子どもサポート事業から

子どもサポート事業の取り組みからは特に、サードプレイスとしての機能と"ピア性"にその意義を見ることができる。

2006年度に開始した子どもサポート事業（サンプレイス、子ども母語）の特徴は、何よりも外国につながる子どもを権利主体として位置づけ、一方向の支援ではなく共に活動する場を形成している点にある（今井2章1節）。そこで重要なキーワードとなるのが「ロールモデル[*1]」と「ピア[*2]」である。「サンプレイス」と「子ども母語」の2事業をつなぐ役目を担うコーディネーターと子ども母語の担当のいずれもが、参加者と同じようなルーツ、経験のある若者として「ピア」であり、かつ「ロールモデル」としての機能を有する。

多くの経験を通してアイデンティティを形成し大人になっていく、ライフステージの中でもとりわけ心身の成長がみられる大切な時期の、多文化の背景をもつ子どもたちを対象とした事業である。多文化の背景をもつ子どもたちのロールモデルの不在にかかわる課題については、高校・大学への進学断念や高校中退等の問題への指摘（田中2017他）、18歳以降の成人期における進学・就労・家族形成等、中長期的な視点を持って将来を考えることが難しい点などがあげられるが、そうした際に「ロールモデル」「ピア」の存在は、子どもたちが自分の居場所を見つけ、つながりを作り、将来に希望を持つために非常に重要な意義を持つ。そして、そこに集う者同士もまた、「ピア」であり、相互に「ロールモデル」となりうる。

福祉領域においても様々な現場でピアサポート活動が行われている。ピアサポートとは「仲間による対人関係を利用した支援活動の総称」（大石他2007）

[*1] ロールモデルとは、自分にとり、具体的行動や考え方の模範・手本となる人物のことを指す。

[*2] ピアとは、同僚、同級生、仲間、友人、対等な者といった意味を持つ言葉で、同じような立場にある仲間、同じような背景を持つ仲間を指して使われる。

である。とよなか国流の事業では、ピアやボランティアによる1対1で向かい合うミクロな視点での活動にとどまらず、「支援で終わらない社会問題の発見や発信」（今井2章1節）といった、地域、社会、さらには制度へと目を向けてのメゾ、マクロの視点を持った活動も展開している。また、今井が指摘する「第三の居場所」とは、近年よく聞かれるようになったサードプレイス、具体的には「自宅（ファーストプレイス）や職場・学校（セカンドプレイス）とは異なる場所」と言える（小林・山田2014）。その特徴を小林・山田は、カフェやバーのように自宅ではないにも拘わらず、そこを利用する人々に家庭のような快適さといつもの仲間たちとの交流を提供する場所であるとし、その理由としてOldenburg（1989）を引いて「サードプレイスにおける会話が地域の理解や人間関係を醸成し、人間が本能的に求める人との繋がりや帰属意識を満たすことができる」からとする。まさに、山根（2章2節）が述べる子ども事業の「ぬるま湯」としての「本音をさらけだせ、受け止めてもらえる場」であることの意義といえる。サードプレイスとしての子ども事業において、参加者だけでなくコーディネーターや母語担当もまた、人との繋がりや帰属意識を満たし、当事者性と個別性が尊重されるエンパワメントに向けた場づくりを目指し、ピアグループとしての貴重な場を共に形成する主体となっている。そしてそこでは主に、「文化・こころ・ことば・情報アクセス・アイデンティティの壁」に対するアプローチがなされている。

　さらに、活動を深めるために大きな役割を果たしているのが活動後のミーティングであり、PDCAサイクル[*1]の実施と、職員によるアドバイスやスーパーバイズを通して子どもたちの潜在化したニーズが顕在化し、新たな取組課題が事業化されることもある。このように、常に当事者ニーズに対する応答を模索している点がとよなか国流の事業全般の特徴といえる。そして、ニーズに応答するための事業展開にあたっては、とよなか国流の公的機関・民間団体等との各種ネットワークも大きな役割を果たしており、とよなか国流は多文化の背景をもつ子どもたちへの支援の、多職種・多機関連携の核となっている。

＊1　PDCAサイクルとはPlan（計画）→ Do（実行）→ Check（評価）→ Act（改善）の4段階を繰り返し行うことで、業務プロセスを管理・改善する手法で、相談援助領域でも活用されている。

相談援助専門職が「居場所」にいること
―― 多言語相談サービス事業から

　次に、多言語相談サービス事業の取り組みからは、相談援助専門職が「居場所」にいることの意義を見ることができる。

　とよなか国流は1998年に「"通訳"ではなく"多言語スタッフ"」（序章）を相談事業に導入した。これは、当事者に対する「ことば・文化・こころ・制度利用・情報アクセス・アイデンティティの壁」すべてへの対応といえる。それにより、外国人住民固有のニーズへの理解が深まった。また、多言語スタッフに対し相談対応だけでなく「コミュニティづくりと運営を担ってもらうことを目的」（吉嶋1章1節）としている点は、ミクロ・メゾレベルでのソーシャルワーク的活動に共に携わっていこうとする意図がみられる。

　配置されている相談援助専門職（カウンセラー）は、支援臨床（吉嶋1章1節）の現場としてのとよなか国流において、支援のはざまにいる外国人住民と日々向かい合っている。相談者への対応だけでなく、多言語スタッフや協会スタッフに対するスーパーバイザー的役割を担い支援ケースの振り返りを行ったり、相談援助に関わる研修等を担当し、職員のスキルアップやメンタルヘルスに関与している。このことは、感情労働[*1]的側面を強く有する国際交流協会業務においては非常に有効であると考える。外国人支援の現場では、支援者やボランティアが外国人住民から相談を受けた際に、支援を手探りで行う過程で依存関係が強くなったり、負担が大きくなりバーンアウトする問題や、自身の支援の妥当性への不安を解消できない状況等が課題として見られるからである。

　また、相談援助専門職が多言語スタッフに対し、多文化の背景をもつ"相談担当者"としてのピア性を大切にし、担当者間での経験共有の機会を設けている点も、チームとしての連帯感、連携協力関係を作るのに有効であり、自分自身の考え方や行動の特性に改めて気づく（自己覚知[*2]）ことにもつながる。この

---

*1　感情労働とはアメリカの社会学者A.R.ホックシールドが提唱した働き方の概念で、肉体労働や頭脳労働に対し、自身の感情をコントロールし相手に合わせた言葉・態度による応対が求められる労働を指す。

*2　自己覚知とは、援助を受ける人に対する偏見や思い込みによる援助を避けるために、

ように相談援助専門職を配属し、クライエントだけでなく支援者にも目を向けフォローを行うことの意義は大きいと考える。

多文化ソーシャルワークの視点から述べるならば、現状ではソーシャルワークなどの相談援助技術を体系的に学んだ外国人住民はまだ数が少なく、他方、多文化について十分な知識や技術、経験を持つ日本人のソーシャルワーカーなどの相談援助専門職も少ない。こうした際に有効なのが、ペアやチームによる支援体制である。言語や文化、母国の制度、日本でのエスニックネットワーク等に詳しい多言語スタッフと、日本の文化、制度、社会資源等に詳しい日本人スタッフとがペアやチームとなってクライエントに共に接することで、クライエントとの信頼関係の構築から支援へとスムーズに進めていくことが可能になる。

さらに、吉嶋（1章1節）の実践からは、相談援助専門職として相談援助の一連の過程[*1]を意識していることがうかがえる。その際に、「具体的対応の前に、相談者の感情をしっかりと受け止め」（1章1節）、自己決定の尊重に基づき、自己実現のためのプロセスを共に考え、相談者が自身でニーズ解消に取り組もうと思えるような支援を心がけている点は、ソーシャルワークの価値や原則、またバイステックの7原則[*2]などにも重なる。また吉嶋（1章1節）は、在住外国人のニーズは生活のあらゆる場面に立ちはだかる壁によるものであり、それには物理的な側面と自身の・相手の中の心理的な側面があると指摘しているが、先に筆者が述べた6つの「壁」を、吉嶋の指摘する視点から位置づけなおすことによって、より具体的かつ適切なアプローチが可能になると考える。

さらには、事務局スタッフも個別相談を担当することによって、とよなか国

　　　相談援助にあたって自己を客観的に見つめなおし自己理解を深めることを指す。
＊1　相談援助の展開過程は大まかに、インテーク（受理面接）・アセスメント（事前評価）・プランニング（支援計画作成）・インターベンション（介入・支援実施）・モニタリング（経過観察）・エバリュエーション（評価）・ターミネーション（終結）の流れで展開する。
＊2　バイステックの7原則とは、アメリカのケースワーカー・社会福祉学者のフェリックス・P・バイステックが『ケースワークの原則』（1957年）で記したケースワークの原則「1. 個別化、2. 意図的な感情表出、3. 統制された情緒的関与、4. 受容、5. 非審判的態度、6. 自己決定、7. 秘密保持」である。

流全体が「支援臨床」の場になり、顕在化した生活支援ニーズを職員も共に認識することを通して、ニーズに即した当事者目線の事業化へと繋がる。そして、相談事業における短期的な支援にとどまらず、様々な事業を通して中長期的支援を行うことによって、エンパワメントを目指すことが可能となる。榎井（序章）は、多言語スタッフがいることでとよなか国流は外国人がいつでも来ることができる「居場所」となると指摘しているが、まさに「ハコ」が「場」としての意味を持ち、それが有効に活きるような事業展開が目指されている。

とよなか国流による臨床福祉的アプローチ
──「外国人版社協」として

　以上を振り返ると、とよなか国流の取り組みには大きく「臨床性・個別性・対等性・当事者性」という特徴がみられた。"周縁化される外国人のための総合的な仕組みづくり"としての「安心・エンパワメントを目指す総合的外国人サポート事業」を地域を基盤に展開しているが、これは臨床福祉的アプローチをとる地域福祉的な実践と位置づけることができる。臨床福祉アプローチとは、「生活のなかから生じるさまざまなニーズに基づく生活課題にたいして、関係諸主体が当事者の立場に立って理解し解決に取組むという臨床的な視点と、また当事者自身による生活課題の解決の取り組みへの関わり」とによる生活課題の解決へのアプローチの仕方である（門・三本松2006）。

　それはまた、外国人住民一人一人に向かい合い、対等な立場で共に、とよなか国流を基点に多文化共生社会に向けた生活支援システムを創り上げる試みでもある。従来の地域福祉を強化する視点として朝倉（2017）は「多文化共生地域福祉」の構築に向けて「民間性、多様性、流動性、グローバルなコミュニティ」そして「地域での就労」を挙げたが、こうした要素をとよなか国流の実践からは随所にうかがうことができる。

　とよなか国流は自らのことを「外国人版社協」としばしば表現している。社協、すなわち社会福祉協議会とは、「新・社会福祉協議会基本要項」（全国社会福祉協議会、1992年）によれば「住民主体の理念に基づき、地域の福祉課題の解決に取り組み、誰もが安心して暮らすことのできる地域福祉の実現」をめざす組織である。また社会福祉法では、その目的を「地域福祉の推進を図るこ

と」としている。たしかに、これまでの取り組みの変遷と各事業の特徴を見るならば、そうした表現も妥当であると感じる。

　とよなか国流のような事業展開の形は、各地の国際交流協会においてはまだあまり多くは見られない。吉嶋（1章1節）は行政施策において「ハコ」が優先されがちであることの課題を指摘しているが、一方で民間支援組織においては「ハコ」の確保は切実な要求でもある。とよなか国流では、そうした「ハコ」を有することを前提に、場の貸し出しといったセンター業務をただルーティン的に行うのではなく、地域に暮らす日本人住民、外国につながる住民が、様々な「二分法」を超えて、共に地域住民として多文化共生に向けた個人、集団、地域レベルで生じる生活課題を解決していくための様々な取り組みを行っている。そして、「ハコ」を「居場所」として活きたものにするために、課題解決に向けたミクロからメゾ、マクロにわたる様々なアプローチを各事業で展開し、事業横断的に人々が関係を織りなし新たな関係と活動を生み出している。

多文化コミュニティソーシャルワークとしての展開可能性

　とよなか国流の実践は、これまでも、これからもずっと、「とよなか」という地域を基盤に、多文化の背景をもつ人々があつまる「場」づくりを、外国人住民を含む地域住民と共に創り出していくだろう。その取り組みをここでは、「多文化コミュニティソーシャルワーク」の実践と位置付けてみたい。

　現在、社会福祉領域では「コミュニティソーシャルワーク（以下、CSW）」の必要性が掲げられ、様々な実践が試みられている。2000年に社会福祉法で地域福祉の推進が明記されて以降、CSWへの関心が高まり、各自治体で取り組みが行われている。大阪府もまた、CSWを「イギリスにおいて提案されたコミュニティに焦点をあてた社会福祉活動・業務の進め方で、地域において、支援を必要とする人々の生活圏や人間関係等環境面を重視した援助を行うとともに、地域を基盤とする支援活動を発見して支援を必要とする人に結びつけたり、新たなサービスを開発したり、公的制度との関係を調整したりすることをめざすもの[*1]」として、2004年度より、概ね中学校区単位で地域における見守

---

*1　大阪府ウェブサイト「コミュニティソーシャルワーカー（CSW）」より
　　http://www.pref.osaka.lg.jp/chiikifukushi/csw/　（2018年11月1日確認）

り・発見・相談・つなぎの機能を担うCSWの配置を行っている。豊中市では豊中市社会福祉協議会が「豊中市型コミュニティソーシャルワーカー」として先駆的な取組を行っている。

　このCSWの定義においてコミュニティは「生活圏としての地域」を主に指し「地域を基盤とする支援活動」を展開するものとしているが、「多文化コミュニティソーシャルワーク」において、コミュニティはより多元的・複層的になるだろう。具体的には生活圏としての地域という意味でのコミュニティ（＝地域性）に加え、同じ出身国や文化により構成されるエスニックコミュニティ、さらには（日本人も含む）多文化の背景をもつ者が集い構成する多文化コミュニティといった側面（＝共同性）である。ただし、それらは別個のものとして存在するわけではなく、地域としての「とよなか」を基盤にしつつ、エスニックコミュニティ、多文化コミュニティとしての側面が事業の目的や対象によって重なりをみせつつ、まさに「支援を必要とする人々の生活圏や人間関係等環境面を重視した援助を行うとともに、地域を基盤とする支援活動を発見して支援を必要とする人に結びつけたり、新たなサービスを開発したり、公的制度との関係を調整したりする[*1]」実践の場として展開していくことが期待される。

おわりに

　こういったとよなか国流の様々な取り組み実践は、地域における多文化共生の実現を目指す他の国際交流協会の一つのモデルとして参考になると考えられる。

　福祉領域においては厚生労働省が「地域共生社会」の実現を掲げているが、「地域における住民主体の課題解決力強化・相談支援体制の在り方に関する検討会（地域力強化検討会）」の最終とりまとめ（2017年）では、市町村における包括的な相談支援体制において「多様な、複合的な課題については、福祉関係だけではなく、医療、保健、雇用・就労、司法、産業、教育、家計、権利擁護、多文化共生など多岐にわたる分野で、市町村単位、ときには都道府県単位の専門機関も含めた多機関が協働する体制の中で、解決方法が考えられるべき」と

＊1　前掲

している。とよなか国流の取り組みは、地域における包括的な支援体制の構築と地域共生社会の実現に向けて、具体的な「多文化共生」の課題と解決を目指す多職種・多機関連携のありようを考える際にも参考になるだろう。

　最後に、筆者がとよなか国流の研修に講師として招かれソーシャルワークについて話をした際に印象に残ったことばに触れたい。研修の最後に、職員に事業を行っていく中で大切にしたい自身の価値は何か質問した際に、「愛」「笑い」という言葉が複数の職員からあげられた。支援者として一方的に相手を助ける関係ではなく、一人の人間として相手と出会い、対話を通して向かい合い、理解し、価値観を尊重し、信頼関係を構築しようとするその営みにおいて、相手に対する敬愛の念は欠かせない。とよなか国流の若い世代としての黒島（2章3節）や山根（2章2節）、山本房代（3章3節）にあるように、多文化の背景を持つ者、国流でのボランティア経験者等、ある種の当事者性を持つ職員が、とよなか国流で出会う人々との関係性や距離感、自身の実践への戸惑いや疑問、後悔も経験しながらスーパービジョン等を通してより深い自己覚知、国流の取り組みの意義への気づき、多文化の背景を持つ住民への理解を深めていくプロセスは、そうした人と人との対等性を基盤に支援を展開していくことを目指すとよなか国流だからこそといえる。その際には、山本愛（1章2節）のように、協会での事業・業務をきっかけに相談援助の専門性を深めたいと考えソーシャルワークを学び、価値を基盤とした相談援助実践の知識・技術を得ることも、共依存やバーンアウトを未然に防ぎ、支援を充実していくための一つの有効な方法といえる。黒島（2章3節）が述べる、「共感してしまう人から共感できる人、既存の常識や価値観だけにとらわれず自分に置き換えて相手の思いを想像し感じることができる人」を目指すにあたって、相談援助専門職としての専門性を獲得していく支援者が増えることを期待したい。

　とよなか国流という「場」において、様々な形の笑いがみられる場を共有し、ともに経験を重ね合う日々の中で、様々な年代、ジェンダー、来日経緯、文化的背景をもつ互いの個別性を理解し認め合う過程を経ながら、共に暮らす地域を創り上げていこうとするこの試みは、まさしく多文化共生の地域づくりであり、地域共生社会に向けた取り組みの一つである。そして、そのために必要なソーシャルワーク的実践が、とよなか国流では職員やボランティア、さらには

外国人住民も担い手となり様々に模索され実践されており、それは臨床福祉的アプローチに基づく多文化コミュニティソーシャルワークといえるのではないだろうか。

参考文献
朝倉美江（2017）『多文化共生地域福祉への展望』高菅出版
石河久美子（2012）『多文化ソーシャルワークの理論と実践―外国人支援者に求められるスキルと役割』明石書店
大石由起子・木戸久美子・林典子・稲永努（2007）「ピアサポート・ピアカウンセリングにおける文献展望」『山口県立大学社会福祉学部紀要』13、107-121頁
門美由紀（2018）「多文化共生を目指す多職種連携―福祉専門職による埼玉県での実践事例から」『保健の科学』第60巻第9号
門美由紀（2016）「エスニシティに配慮したソーシャルワーク実践：充実に向けての取り組みと課題」『ソーシャルワーク研究』42(2)、95-101頁、相川書房
門美由紀・三本松政之（2006）「外国籍住民の生活課題への臨床福祉的アプローチ―外国人労働者集住都市にみる複合的多問題をめぐって―」立教大学『立教大学コミュニティ福祉学部紀要』Vol.8、109頁〜112頁
公益財団法人とよなか国際交流協会（2018）『公益財団とよなか国際交流協会（2017）年度年次報告書（概要版）』
公益財団法人とよなか国際交流協会（2015）『おやこでにほんごのあゆみ（2002〜2014）』
公益財団法人とよなか国際交流協会（2013）『国際交流協会＆センター20周年記念誌 二十歳のあゆみの中で』
公益財団法人とよなか国際交流協会（2012）『周縁化される外国人のための総合的な仕組みづくり事業　外国人のための多言語相談サービス5年のまとめ（2006〜2010）』
厚生省社会・援護局（2000）『「社会的な援護を要する人々に対する社会福祉のあり方に関する検討会」報告書』
小林重人・山田広明（2014）「マイプレイス志向と交流志向が共存するサードプレイス形成モデルの研究：石川県能美市の非常設型『ひょっこりカフェ』を事例として」地域活性学会『地域活性研究』5、3-12頁
財団法人とよなか国際交流協会（2008）『地域における外国にルーツをもつ子どもの居場所づくり〜子どもサポート事業のあゆみ2006・2007〜』
財団法人とよなか国際交流協会とよなかにほんごさっし編集委員会（2004）『とよなかにほんごのあゆみ1999〜2003』
総務省（2006）『多文化共生の推進に関する研究会報告書』
田中稲子（2017）「外国籍等の子どもの貧困問題にみる多文化共生への課題」『学術の動向』22巻10号、34-38頁
田中望（1996）「地域社会における日本語教育」鎌田修・山田博之編『日本語教育・異文化コミュニケーション』凡人社

田村太郎(2000)『多民族共生社会ニッポンとボランティア活動』明石書店
IFSW2014(2015年日本語訳)『ソーシャルワーク専門職のグローバル定義』
　　INTERNATIONAL FEDERATION OF SOCIAL WORKERSウェブサイト
https://www.ifsw.org/wp-content/uploads/ifsw-cdn/assets/ifsw_64633-3.pdf（2018年8月
　6日確認）

とよなか国流と私

和田由起子
日本語ボランティア

　海外で生活をした経験から、日本で暮らす外国人のために何かできないかと考えて始まった日本語ボランティア活動も15年余りが経ちました。当初は外国人の"居場所づくり"のために日本語での交流活動とはどのようにしていけばいいのかをひたすら考え続けていましたが、2009年に協会が文化庁委嘱事業として始めた「多文化共生社会の基礎を作るための"むすびめ"を生み出すボランティア研修」に参加して、それまでとは違った視点を持つことになりました。協会内の各事業のメンバーの有志が集まり、地域の関係機関と連携しながら「生活者としての外国人の自立と社会参加」を進める取り組みでしたが、ちょうどその頃リーマンショックにより長年働いてきた職場を突如解雇された外国人も協会にやって来るようになり、当時の市の労働会館の方々とともに、名古屋・豊橋・浜松の外国人集住地域の活動を視察して、外国人の就労支援として何ができるのかを模索することになりました。

　これをきっかけに"日本語支援グループ・むすびめ"グループを立ち上げ、「しごとにつなげる日本語講座」を企画して、履歴書作成、面接、職場マナーを学ぶ機会を設け、介護の資格取得をサポートして就職につなげたりしました。また、技能実習生を受け入れた経験のある企業を訪問したり、職場で日本語学習のサポートをしたこともありますが、職場での受け入れがいかに難しく、いかに重要であるかを痛感させられました。その後も日本語能力試験などの資格取得支援を続けていたところ、EPA（経済連携協定）によって介護福祉士の国家資格取得をめざす外国人を受け入れた施設から協会が相談を受けたことから、サポートチーム（EPA Support Toyonaka: EPAST）を立ち上げて、介護の現場で施設の方と密に連携しながら学習支援を進めていくことになりました。

　これから日本で働く外国人がさらに増えていく中で、言葉や習慣の違う彼らがどんな課題に直面するのか、そのために何が必要なのかを知り、私たち自身も彼らとどのように共生していけばいいのかを考えながら、"居場所づくり"に努力する外国人の背中を少しでも押していけたらと思っています。

豊中市社会福祉協議会と
とよなか国際交流協会との連携に期待

勝部麗子
豊中市社会福祉協議会 CSW

断らない福祉の始まり

　私たち社会福祉協議会は、1995年阪神・淡路大震災をきっかけに小地域福祉ネットワークを推進し、地域の見守り活動を始めました。それまでは、イベント型だった福祉活動から、一人ひとり顔の見える見守りの関係を作っていくことへの挑戦でした。

　2018年6月に発生した大阪北部地震では、震災直後から地域の見守りを行うことができました。これらの見守りや発見力を高めたのが2002年から始まったコミュニティソーシャルワーカーの配置でした。この年、地域福祉計画が策定され、地域の課題を地域住民が福祉なんでも相談（見えない課題はローラー作戦などで掘り起こす）で発見し、行政、事業所、市民が一堂に会する地域福祉ネットワーク会議で共有し、解決できない課題は地域包括ケア推進総合会議という市の課長級の会議で仕組みづくりを提案していくという豊中の問題解決の仕組みができたのでした。

　これまで、生活を高齢、障害、児童、生活保護などの課題ごとに支えていたことから、制度の狭間を丸ごと引き受ける支援が始まったことで、私たち社会福祉協議会のコミュニティソーシャルワーカー（CSW）にも外国人の相談が次々つながるようになってきました。断らない福祉の始まりでした。

CSWの現場から見えてきた外国人支援

　ある日、夜中、大声で遊んでいる外国人の子どもたちがいるがという心配の声が「福祉なんでも相談窓口」に寄せられました。フィリピンの子どもたちでした。民生委員とCSWが二人で家庭訪問をしました。何語でしゃべれるのかと心配しました。訪問するとそこには、大阪弁を流暢に話すフィリピンの女性がいました。しかし、日本語は全く読めませんでした。学校と相談し、国際交流協会に依頼をし、学校のプリントを翻訳し、ファックスで送るという取り組みを始めました。そこから生まれたのが「八か国語の地域福祉ガイド」でした。

　豊中の5000人も住んでいる外国人の人たちへのアプローチの始まりでした。

　ちょうどその頃、阪神・淡路大震災から10年が経過し、震災を題材にした絵本を8か国語で翻訳するというプロジェクトを計画しました。自国で地震を経験したことがない人、避難所の意味が分からないなど外国人にとって災害はとても情報の面でも

経験の面でも様々な課題があることが分かってきました。そんなさなかに起こったのがスマトラ沖の地震でした。我々にとって通訳で知り合ったスタッフの国の災害は他人事でない思いとなりました。

生活困窮者自立支援法がスタート──つなぐ支援から丸ごとの支援へ
　平成27年から本格的に生活困窮者自立支援法が始まり、伴走型支援や、就労支援などこれまで以上に生活困窮そして社会的孤立の課題と出会うようになりました。中でも学校との連携で出会う外国にルーツのある子どもたちへの支援を通じて様々な課題と向き合うことが一層増えてきました。文化の違いで地域になじめず孤立している南米の親子、日本の学校文化になじめず不登校になったヨーロッパにルーツのある子どもと親支援。仕送りのため夜間働いている中国の親とその子ども支援、日本の身寄りを頼ってやってきた東南アジアの子どもへの支援など。従来の病院、制度紹介などへつなぐ支援から外国にルーツを持つ子どもたちの生活支援は、学校、地域、制度など丸ごとチームでの支えが必要になります。そこで、子どもたちの居場所を考え、社会福祉法人の力を得て、子ども食堂を作ることに。この場を連携の拠点として支えていくことを始めました。日本で生まれ、日本しか知らない彼らにどのように自尊感情を培っていくのかが問われます。

これからの課題──地域共生社会の実現にむけて
　本当に困っている人は、SOSを出せない。その中に外国にルーツのある人たちは多くいます。今は、人手不足から必要とされている外国人労働者も、AI（人工知能）の普及により、就労の場を失っていくことも考えられます。母国に戻れない、自尊感情が持てないこれらの人たちをどのように支えていくのかが問われます。
　今、私たち社会福祉協議会は、地域共生社会の実現に向けて、4つの視点で取り組んでいます。①すべての人に居場所と役割を、②支えられてた人が支え手に変わる、③一人も取りこぼさない、④排除から包摂へをめざす町づくりです。
　まさに外国にルーツのある人たちを一人も取りこぼさないために身近な相談窓口や情報提供の仕組みをどのように考えていくのか。すべての人に居場所と役割をのすべての人の中に外国人の人たちやルーツのある人たちが役割を発揮できたり、安心できる居場所があるのか。そのための多様な文化が交流できる場の創造。そして、偏見を超えるためには、知り合うこと。知ることによって優しさは生まれます。外国人としてでなく、固有のAさんとして地域の一員としてとらえる個からはじまる支援を行いながら地域づくりを行う地域福祉の推進を進めていくことが大切になっていきます。これが地域福祉計画の土台となります。そのためには、個の課題に一人一人に向き合うコミュニティソーシャルワーカーや地域住民と専門的な課題を支える国際交流セン

ターの連携は今以上に必要になります。待っているだけでは相談は入ってきません。SOSを出せない人と向き合うためのアウトリーチ型の国際交流協会の取り組みに大いに期待します。

第Ⅱ部

社会状況編

6章　市の施策

1　豊中市の多文化共生と外国人施策

田中逸郎
前豊中市副市長

はじめに

　1980年9月、豊中市教育委員会は「在日外国人教育基本方針」を策定した。大阪府内初となる同方針では、「すべての市民が、人権尊重の精神を堅持して、在日外国人わけても韓国・朝鮮人を正しく理解していくことをとおして、いっそう心豊かな生活が営まれるよう願うものである」と述べている。「すべての市民が」としているとおり、対象を学校教育に限定していない点、また「心豊かな生活が営まれるよう」とあるように、地域社会の在り様にまで視野を広げている点が着目される。社会に根強く存在する外国人差別を見据え、あらゆる機会をとおして学習の機会を広め啓発に努めるとしたこの方針は、改めて今日的にみると、豊中市の取組みのはじまり、あるいは、揺籃期・萌芽期での忘れてはならない象徴的な宣言と位置づけられる。

　当時の状況を振り返ると、「指紋押捺拒否」に象徴される在日外国人の人権問題が顕在化し、政府も地方自治体も対応を迫られていた頃である。1970年代頃から在日韓国人への就職差別を訴える裁判、公営住宅入居や児童手当支給などの国籍差別の撤廃運動が全国で展開されていた。1981年、国においては国民年金法や児童手当法の国籍条項を撤廃。同年、豊中市においては職員採用

の国籍条項をすべての職種で撤廃、翌年の市議会では「外国人登録法の改正を求める要望決議」が行われている。

　他市に先駆けて取り組まれたこれら豊中市の制度改革は、当事者である在日外国人の運動とそれに呼応・連動した各種の取組みに迫られ成されたものといえるだろうが、こうした流れを受け入れる自治体そして地域住民の存在を忘れてはならない。団体自治の一翼を担う市議会が要望決議を成立し得た背景には、それを受け止める住民自治の一定の理解があったからである。もちろん、当時の地域住民に（そして自治体に）今日的な「共生」の考え方が浸透し根付いていたとは思えないが、実はこの頃から、歴史的経緯のもとでの在日外国人の人権問題という範域にとどまらない流れが地域社会にも顕在化し始めていた。

　そう、いわゆるニューカマーの登場である。1980年以降、グローバル化の進展等により国境を越えた人の移動が活発化、政府による中国帰国者や留学生の受け入れもあり、外国人住民は増加していた。こうした流れのもと、豊中市は、1985年、婦人ボランティア講座「身近な国際交流〜留学生に対するボランティア」を開いている。「婦人ボランティア講座」という冠が何とも当時の時代を象徴しているが、この講座では外国人の増加や留学生の現状、日本社会における国際化の課題等について学習。講座終了後、受講生有志が「国際交流の会とよなか」を立ち上げている（現在もNPO法人として活躍を続けている）。草の根の、身近な国際交流が豊中市に誕生したのである。

　この頃まで、他の自治体と同様、豊中市においても総合的なまちづくりの課題として国際交流あるいは国際化施策を打ち立てるべきとする認識は確立しておらず、国際交流といえば、1963年に締結した米国サンマテオ市との姉妹都市交流を意味していた。ようやく1986年、「第2次豊中市総合計画」第1章において「平和で平等な社会づくり」を掲げ、そのなかで「在日韓国・朝鮮人の人権の尊重」を、第2章「新しい生活文化創造活動の展開」において「国際交流の推進、都市交流の推進・市民交流の促進」を謳っている。

　しかし、この総合計画において、外国人の人権問題と国際交流とが別の章立てとなっていることが象徴しているように、総合的なまちづくりの課題としての「内なる国際化」政策はまだ確立されてはいない。ようやくその入り口に立った、それがこの頃である。

国際交流委員会の提言(1989年〜1991年)

　1988年、豊中市は企画部内に「国際交流担当」職員を配置した。人事異動により、筆者が配属された。これまで、歴史的経過の中で差別的状況に置かれてきた在日外国人の人権問題、主に留学生を対象とする草の根の国際交流活動、姉妹都市という海の向こうとの交流といった違うルーツ・文脈の取組みを、改めて「国際」というテーマで再編成・総合化して自治体政策を検討しようということだった。自治体がすべきこと、それに必要な組織体制や予算等々、どれを取っても既存の枠組みや発想では対応しきれない課題だった。そもそも、求められている（今後必要と思われる）国際交流や国際政策は、これまで基礎自治体が取り組むべき業務（自治事務）の範疇には入っていなかったのだから。

　とはいえ、新しい政策課題への対応に関して、これまでも豊中市は「バスには一番には乗らないが、決して乗り遅れない」自治体（？）だったので、1989年、これからの政策を構想するため、学識経験者や当事者、市民等で構成する「国際交流委員会」が設置された。市長へ政策提言を行う諮問機関として、当委員会は自由闊達に意見交換を行った。この間、市は1990年には「国際化に関する市民意識調査」を実施するほか、行政組織を強化し、1991年には人権文化部・文化課・国際交流係を新設している。当委員会の設置をはじめとするこの間の一連の取組みが、その後の豊中市の外国人政策展開の基盤となったといえるだろう。

　1991年、当委員会は「豊中市がめざす国際交流」と題した提言をまとめた。目標に「人権を守り、平和で平等な社会の実現」を掲げ、人権尊重を基調とした市民主体の交流、国際交流協会の設立、国際交流センターの設置が謳われていた。それまでの自治体行政の枠組みや制度サービスを越える内容を含む提言がなされたのである。これを受けた当時の市幹部の決断も早く、種々の課題に対応するための新規政策具体化の優先順位が一挙に上がったことを鮮明に覚えている。

　いよいよ豊中市の取組みが正式に始まったのである。

国際化の進展と豊中市の取組み

　これまで豊中市の国際にかかる「前史」について述べてきたが、ここでは国際化の進展と豊中市の関係政策について年表（次ページ）にまとめてみた。関係する基本方針や主な施策、取組み体制等を掲載しており、その内容や特筆すべき施策展開については後述する。

　特筆すべき事項については太字で表示した。以下、順次概括的に紹介する。なお、これらのうち「とよなか国際交流協会・とよなか国際交流センター設置（1993年）」については、別章で詳しく記載されているのでそちらに譲る。また、年表の中にある「市民公益活動推進指針・条例（2003～2004年）」は、協会・センターの設置とあいまって、豊中市の多文化共生の地域づくりの契機ともなったので、その過程で取り組んだ「ボランティア交流事業（2001年～2003年）」について紹介する。

(1)国際化施策推進基本方針(2000年)

　この基本方針は、協会・センター設置後、行政・協会・市民等の主体が今後どのように施策展開していくのかについてまとめたものである。1998年に設置した「国際化施策推進懇話会」の提言をもとに、2000年に策定された。以下に、その概要を列記する。

①国際化施策推進懇話会・提言（1999年）：今後の国際化施策の在り方について
- 基本的考え方：外国人市民の人権尊重（地域社会の構成員）／多文化共生のまちづくり（多様な文化と価値観）／市民参加の促進（行政・協会・市民の協働）

②国際化施策推進基本方針（2000年）
- 基本理念：外国人も市民として誰もが住みよい世界に開かれた地域社会の創造
- 基本視点：人権、共生、参加
- 施策体系：人権擁護と国際理解の推進／学校教育の国際化／在住外

表 6-1

国の主な動き	市の基本方針・施策等	庁内体制等
国際人権規約批准（1979 年）	・米国サンマテオ市と姉妹都市提携（1963 年）	
難民条約批准（1981 年）	・在日外国人教育基本方針（1980 年） ・職員採用国籍条項全廃（1981 年） ・非核平和都市宣言（1983 年） ・人権擁護都市宣言（1984 年） ・第 2 次総合計画（1986 年） ・国際交流委員会提言（1989 〜 1991 年）	企画課に国際交流担当職員配置（1988 年） 企画課に国際交流係設置（1990 年）
出入国管理及び難民認定法改正（1990 年）	・多言語地図等発行（1990 年） ・日本語講座開始（1992 年） ・（財）とよなか国際交流協会・とよなか国際交流センター設置（1993 年）	人権文化部・文化課国際交流係／庁内関係課会議設置（1991 年）
人種差別撤廃条約批准（1995 年）	・在日外国人障害者福祉金支給開始（1993 年） ・在日外国人高齢者福祉金支給開始（1995 年） ・外国人向け市政案内ブック発行（1997 年） ・国際化施策推進懇話会設置（1998 年） ・渡日児童・生徒相談室開設（1998 年） ・外国人市民アンケート実施（1998 年）	
外国人登録法改正（2000 年）	・人権文化のまちづくり条例（1999 年） ・国際化施策推進基本方針策定（2000 年） ・外国人向け市政相談窓口開設（2000 年） ・多言語広報の配布（2000 年） ・第 3 次総合計画（2001 年） ・「外国人市民の市政参加」提言（2002 年） ・ボランティア交流事業（2001 年〜 2004 年） ・市民公益活動推進指針・条例（2003 〜 2004 年）	国際化施策本部会議設置（1999 年）
「地域における多文化共生プラン」策定（2006 年） 「多文化共生研究会」報告書（2007 年）（2012 年） 外国人登録法廃止（2012 年）	・外国人市民会議設置（2005 年） ・国際教育推進協議会設置（2006 年） ・ユネスコスクールに小学校加盟（2009 年〜） ・多文化共生アンケート実施（2012 年） ・多文化共生指針（2014 年）	国際交流センター移転（2010 年）

国人施策の充実／行政の国際化／国際交流と国際理解の推進／市民主体の活動の推進
・重点施策：外国人市民の市政参加の促進／外国人向け市政案内相談窓口の設置／多言語情報提供の拡充

(2) 第3次総合計画(2001年)

2001年に策定された当計画において、これまで別々の取組みだった外国人の人権問題、国際交流、共生のまちづくり（の目標）が総合化された。「多文化共生社会」という文言が、初めて市の総合計画に登場した。関係する項目は次のとおり。

① 基本構想「国際化・グローバル化の進展」：在住外国人の増加／国際結婚や帰国児童の増加／互いの人権や価値観の尊重／相互理解と交流／多文化が共生するまちを築く
② 前期基本計画「共に生きる開かれた社会づくり」：国際化施策の推進／多文化共生社会の実現／外国人支援施策の充実／国際交流・国際協力の推進／推進体制の確立

(3) ボランティア交流事業(2001年～2004年)

この事業は、それぞれテーマ別の現場を抱える中間支援組織と市が初めて協働で取り組んだものである。（財）とよなか国際交流協会、（財）とよなか男女共同参画推進財団、（社福）豊中市社会福祉協議会、そして、市民活動促進のための仕組みづくりに取り組んでいた豊中市市民活動課（現・コミュニティ政策課）の四者で企画した。正式な事業名は「活動と社会参加をつなぐ～ボランティアリーダー・トレーニングコース」、4年間にわたり実施した。

きっかけは国際交流協会からの呼びかけ、各セクターの担当者が呼応して実現した。一度お互いの領域を越えあってみようというユニークな試みだった。それぞれ取り組んでいるテーマや課題は違っていても、通底するジレンマや越えなければならない壁があったからだった。第1回目の事業内容は以下のとおり。

①事業コンセプト：4機関「(財)とよなか国際交流協会、(財)とよなか男女共同参画推進財団、(社福)豊中市社会福祉協議会、豊中市市民活動課」が互いの課題や地域課題を共有し連携を図る／市民ボランティアに広く地域や他分野の活動を知る機会を提供し、活動スキルを学び合い地域活動につなげていく／「生活者」視点で市民活動を推進する／行政組織・中間支援組織・市民活動の今後の役割・連携のあり方を探る

②事業内容
・対象：ボランティア活動者、NPOスタッフ、中間支援組織スタッフ、行政職員を公募
・8回講座：アイスブレーク／他分野の活動から学ぶ（国際、環境）／他分野の活動から学ぶ（福祉、男女共同参画）／フィールドトリップ（他分野の活動体験）／ワークショップ／他分野フィールドトリップ体験レポート／参加者討論会／まとめ（話し合い）

　目標は、様々な分野で活動する市民が分野を越えてつながること。そして、生活者としてのトータルな視点から課題を共有して活動を活性化させる。これらをとおして、テーマ型活動と地縁型のコミュニティ活動をつなげ、地域づくりへと歩みを進めるというものだった。背景には、中間支援組織による一定のテーマ・領域からのアプローチだけでは限界があること、NPOという新たな市民活動体をどう受け止め、これまでの活動とネットワークをつくるのかが課題として鮮明化してきたこともあった。事業コンセプトに記したとおり、市民活動にかかわる関係団体との協働と対話の中で、行政組織・中間支援組織・市民活動の今後のあり方や地域づくりのイメージをすり合わせる必要があったのである。まさに、共生の地域社会づくりへと歩みを進めるためのフィールドワークとなった。

　この体験を活かし、豊中市は「市民公益活動推進指針・条例（2003～2004年）」の内容を固めた。ここでいう「市民」とは（当然のことながら）外国人もふくめ、在住に限らず在勤・在学の人も含めること。「市民公益活動」は、これまでのボランティア活動や新たなNPO活動、そして地域コミュニティ活動

や生涯学習活動も一定の要件を満たせば該当すること。さらには、これら「市民公益活動」の支援に加え、「市民公益活動」側から行政と協働する事業を提案できる制度なども盛り込まれた。

　公共サービスを受益する権利者としての「市民」であると同時に、まちの在り様を決め公共を担う主体としての「市民」という位置づけが明確に謳われたのである。豊中市は、この指針・条例に続き、順次、「自治基本条例（2007年）」「地域自治推進条例（2012年）」を制定することとなる。

(4) 外国人市民会議（2005年〜）

　当会議の設置に向け、市は「外国人市民市政参加検討委員会」を設置し、2002年「外国人市民の市政参加について」という提言を受けた。これをもとに、翌年から設置のための準備会議を設け、2005年に設置した。概要は以下のとおり。

- 設置目的：誰もが住みよい多文化共生のまちづくりを進める
- 構成・要件：10人以内、2年任期。住民基本台帳に記載されている日本国籍ではない人／豊中市に1年以上住んでいる18歳以上の人
- これまでにまとめられた提言：外国人市民への情報提供／異文化理解の推進／医療と健康／学校教育の国際化／国際交流センターのあり方／豊中市の魅力と住みやすさ

(5) 多文化共生指針（2014年）

　別途、他の執筆者による論評があるので、ここでは指針の概略を紹介する。

- 基本理念：さまざまな文化的背景を持った人が、人権尊重を基調に、お互いを理解し合い、対等な関係を築こうとしながら、地域社会の構成員として共に暮らすまちの実現
- 基本目標
①人権尊重の文化が根づくまち：人権尊重・多文化共生の意識づくり／国際理解の充実と国際教育の推進／ルーツの尊重

②外国人市民が安心して暮らせるまち：情報発信・案内表示・相談支援体制の充実／日本語や社会制度などの学習支援／就学の保障と学習支援／生活支援体制の充実
③多文化共生をみんなで進めるまち：多文化共生を進める人材育成とネットワークづくり／市政や地域社会への参画促進
④国際感覚にあふれたまち：姉妹都市交流の推進／国際協力の推進／魅力あふれるとよなかの再発見

共生の地域社会づくりに向けて

　ここまで、豊中市の取組みを駆け足で俯瞰してみた。筆者は、一時期（おおむね協会・センター設立までの間）担当職員として関わったに過ぎないため、もれ落ちている事項や欠けている視点も多々あると思われる。この点はご容赦いただきたい。

　ここからは、共生の地域社会づくりを進めていくうえでの課題、これから自治体に求められる視点や政策のあり方についてふれる。これもまた、担当職員として関わり感じたことの範疇に留まっている。ご専門の執筆者の論考により補強いただきたい。

（1）共生のジレンマ

　これまで行政は、4大領域差別「同和問題・在日外国人問題・障害者問題・女性問題」という括りで、啓発をはじめとする様々な事業に取り組んできた。当事者による差別への異議申し立て。社会的に排除されてきた人々の生活実態。これらに呼応・連動した市民運動やボランティア活動。こうした「現場」と向き合い対応するなかで、行政もたくさんのことに気づき学び、取組みを進めてきた。

　こうした積み重ねの上に立ち、現在では、4大領域ごとの差別解消というテーマ別の政策にとどまらず、「互いを理解し合い、対等な関係を築こう」という人権政策へと歩みを進めてきた。これからは「地域社会の構成員として共に暮らすまちの実現」という共生政策へとさらに歩みを進めようとしている。

確かに取組みは深まり、政策は進化したともいえるだろうが、その一方で格差や排除がむしろ広がっている現実がある。ヘイトスピーチのようなむき出しの差別や排除もあれば、生活保護受給者へのバッシングのように、「外国人だからではなく、自立していないから、ルールを守らないから、自己責任を果たしていないから」共生できないという論理（徳目主義的発想）も見受けられる。

「共生」という概念は、今もなおこうしたジレンマ状況に置かれている。関係の非対称性を指摘し、異議申し立てをしたとたんに排除されるという構造が根強い日本において、そして自治体行政だけでは越えられない壁があるなかで、だからこそ常に「現場」に立ち戻り、思いを共有しながら、様々な社会の変動とそれが生み出す問題の解決に向けて、これからも行政はこうしたジレンマ状況を引き受け、より良い公共サービスを立案し提供していくことが求められている。

(2) コミュニティのジレンマ

「同化・消化による排除」とはある文化人類学者（市の国際交流委員会の座長を務めていただいた学識者）の言葉だが、同質性を求めがちなこれまでの地域コミュニティから脱却し、共生の開かれた地域コミュニティへと向かう道も険しい。「郷に入れば郷に従え」という論理は都市型自治体においても根強く、その結果、とりわけ新住民は自治会等の地縁型組織に参加しない傾向があり、結果的に地域コミュニティの互助・共助力を衰退させるというジレンマ状況を招いている。NPO等のテーマ型活動と自治会等の地縁型活動の連携・協働も思うようには進んでいかない現状がある。

かくして、外国人は（また、多くの社会的マイノリティは）排除されるか、あるいは逆に、支援する対象に押し込まれてしまう。望まれないゲスト、かわいそうなゲスト、あるいは好ましいゲスト、このいずれかとなり、共に生きる地域社会の構成員たりえないことが多い（外国人が多く集住する自治体では様相が違うのだろうが）。違いを認め合って共生するということは、文化も習慣も違う他者を受容することであり、自己変容を伴う。平等・公平を旨とする「人権」は、時としてこの時点で足踏みしてしまう。

とはいえ、豊中市においては新しい取組みが広がりつつある。テーマ型活動

も地縁型活動も生涯学習型活動も集まり、寄合の仕組みをつくり、協働で自分たちの地域づくりに取り組もうという動きである。このままでは地域がやせ細るという危機感を持った地域リーダーたちが呼びかけ、住民自治によるまちづくりを進めるもので、「地域自治推進条例（2012年）」がバックアップしている。「ボランティア交流事業（2001年〜2003年）」がめざした「生活者視点で市民活動を推進する」取り組みが具現化してきたのである。

　現在、市内の41小学校区のうち、7小学校区で寄合の協議会が立ち上がり活動している。考えてみれば、他者の他者性・異質性を認識するということは、自己は一人では成り立つものではなく、他者があっての自己なのだから当然のこと。地域コミュニティが成り立つそもそもの要件であり、「住民自治」の原点・出発点に他ならない。

(3) 公と私のジレンマ

　根強い「公私二元論」「公私役割分担論」は、戦前においては「滅私奉公」を、高度成長期には「滅公奉私」を生んだ。「私」を犠牲にするか、「公」を踏みにじるかの違いであり、日本社会に両者を引き受ける市民は存在しえないのか、と暗い気持ちになってしまう。公と私の双方が支え合う「公共」は成り立つのか、というジレンマに直面してしまう。

　市が協会を設立したのは、言うまでもなく、「公」である行政の制度サービスや支援だけでは、また、「私」である市民による自主活動だけでは「内なる国際化」に対応できないからである。当時、公と私をつなぐ中間支援組織の必要性は認知され設立できたが、しかし、その後の協会の歩みは決して順風満帆ではない。

　ひとつには、出資母体である行政の姿勢にある。協会の専門性や現場性に学ぼうともせず、行政の役割が何かを見失ってしまう職員もいた。職員の人事異動の度に、またゼロから説明せざるを得ない協会スタッフの姿も何度も見た。とりわけ「指定管理者制度」が導入されて以降、市行政と協会とは、外形上契約関係となり、連携・協働関係が薄まってきていることは否めない（職員の介入が減り、逆にやりやすくなったという声もないことはないのだが）。

　もうひとつは市民活動である。相変わらず、行政・中間支援組織・市民活動

間にはジレンマ状況がある。ジレンマには二通りあって、ひとつは「行政や中間支援組織はもっと市民活動を支援サポートすべき」という声。非営利で社会貢献活動をしているのだから当然という思いからか。もう一つは、逆に「われわれの活動に口出しするな」という声。市民活動は常に政府や市場に対抗する第三の領域でなければならない、対抗性のない市民活動は公権力に絡み取られ市民社会は実現しないとする思いからか。

どちらももっともな意見なのだが、これが唯我独尊になってしまうと、周りのパワーを減じてしまう。かくして、協会はもちろんのこと、他団体も含め、時として「当局の回し者扱い」をされ、なかなか信頼関係が構築できないことがある。もちろん、市民活動が「自主性」や「対抗性」を持つことは大切であり、しかしそのためには、他ならぬ市民活動自体が、「公」にも「私」にも開かれた活動をとおして、まさに共生への第一歩である「多様性」の確保に貢献しなければ成り立たない。時としてその可能性を摘み取っていないか、自らの活動を振り返ってみることが求められる。共生の地域づくりのためには、中間支援組織や市民が協働で拓く「公共領域」の確立が必要なのだから。

おわりに──ジレンマを越えるために

ここまで、豊中市の取組みの経過や課題について述べてきた。最後に、多文化共生の道筋づくりについて、次なる展望を拓くために、筆者なりの意見を述べる。

やはり、見えなくなっていること、いないことになっていること、そこから解きほぐしていかなければならないだろう。とりわけ、日本生まれの在日コリアン、ダブル、ニューカマー1世・2世の子どもたちは、地域社会の住民として暮らしているのに、いないことになっていることが多い。社会的に排除されないよう、本人たちがやむなく同化しているのか。周りはその存在を知っていても、どう応対したらいいのかがわからないのか。そもそもその気がないのか。様々なケースがあるだろうが、これらが相まって「いないこと」になっているとしたら、まずはコミュニケーションから始める必要がある。そして共に暮らす市民としての承認と価値の回復。そして、外国人支援や受け入れという段階から、共に協働で取り組む地域社会づくりの主体へと回路をつなげていく道筋

が考えられる。

　その過程において、「いないこと」になっている人たちの居場所として、協会・センターそして市民活動の役割は今後とも大きい。「ケア（人間として配慮し気づかう）」し「エンパワーメント（生きる力をつける）」し「サポート（支援）」するための居場所として。もちろん、行政の「サポート（支援）」も欠かせない。何よりも行政には、共生の地域社会づくりに取り組むために、公私の乖離を防ぎ「公共性」を閉ざさないようにすること（ぶれないこと）が求められる。

　多文化共生社会とは、多様性が保証され、多文化が共存的に発展する社会だろう。ユートピアを語っているのではない。私たち自身が他者とつながることを自らの自由として選び取る権利が行使できる世界、すなわち自己の人権が保障される世界を確立することであって、それに向かって絶えず歩み続けることができる地域社会をつくることだ。この時点において、グローバルとローカルは結ばれ、人はつながることができるはずだ。

2　多文化共生指針とは

山野上隆史
とよなか国際交流協会
事務局長

豊中市多文化共生指針

　前節の田中でも紹介されているように豊中市は2014年に多文化共生指針を策定した。豊中市が策定した方針としては最新のものであり、豊中市の多文化共生に関する施策はこれをベースにして展開される。以下がその目次である。

　　序章　指針について
 1. 策定の趣旨
 2. 国際化・多文化共生をめぐる主な国・府の動き
 3. 位置づけ

第1章　本市の現状と課題
　1．外国人の状況
　2．「多文化共生に関するアンケート調査」からみた市民の意識と実態
　3．国際化・多文化共生に向けた取り組み状況と今後の課題
第2章　基本的な考え方
　1．基本理念
　2．基本目標
第3章　今後の取り組み方向
　1．人権尊重の文化が根づくまち
　2．外国人市民が安心して暮らせるまち
　3．多文化共生をみんなで進めるまち
　4．国際感覚にあふれたまち
第4章　指針の推進に向けて
　1．市の推進体制
　2．とよなか国際交流センター
　3．市民や市民団体、事業者、関係機関等との連携
　4．国、大阪府、他市町村との連携

　多文化共生指針の内容について、「第2章　基本的な考え方」では基本理念を以下のようにしている。

> 　多文化共生のまちづくりは、外国人が住みよいまちをつくるということにとどまらず、地域社会が豊かになり、復元力・耐久力（レジリエンス）の高い社会になることであり、その結果、国籍やルーツに関係なくすべての人にとって住みよいまちになるという視点が大切です。そのためには、豊中市民すべてが協働して多文化共生のまちづくりを行っていくことが必要になります。
> 　そこで、本指針の基本理念は、「さまざまな文化的背景を持った人が、人権尊重を基調に、お互いを理解し合い、対等な関係を築こうとしながら、地域社会の構成員として共に暮らすまちの実現」とします。

この基本理念に基づき、4つの基本目標「人権尊重の文化が根づくまち」「外国人市民が安心して暮らせるまち」「多文化共生をみんなで進めるまち」「国際感覚にあふれたまち」を設定している。市や国際交流センターだけでなく、市民や事業者の広範な参加を求めるものになっている。

　前節で示された「共生のジレンマ、コミュニティのジレンマ、公と私のジレンマ」は多文化共生指針に限った話ではないが、今の多文化共生施策のあり方とその課題、それを乗り越えるために非常に示唆に富んだ提案となっている。

そもそも多文化共生指針とは

　総務省は2006年に「地域における多文化共生推進プランについて」を策定し、地方公共団体において取り組むべき多文化共生施策の方向性を示した。

　その中に、各地方公共団体に対するメッセージとして「多文化共生の推進に係る指針・計画を策定し、地域における多文化共生の推進を計画的かつ総合的に実施するようお願いします」とある。多くの地方公共団体において、多文化共生指針の策定はこれが根拠となっている。

　指針等の具体的な内容について、多文化共生推進プランでは「地域の特性、住民の理解、外国人住民の実情・ニーズ等を踏まえ、地域に必要な多文化共生施策の基本的な考え方を明確に示すこと」としている。地域によって外国人の状況は異なることを踏まえた上で、地域に合わせた施策を打ち出すことが求められると言える。

　なお、総務省によると総合計画や国際化施策の一部としてではなく、単独で多文化共生に関する指針・計画を策定しているのは市レベルで見た場合、全国の約8％である（2018年度）。豊中市では多文化共生についてより積極的な姿勢を持って取り組んでいると言えるだろう。

多文化共生推進指針と福祉の重なり

　総務省の多文化共生推進プランでは、具体的な施策の柱として、「コミュニケーション支援」「生活支援」「多文化共生の地域づくり」の3つを柱として掲げ、「生活支援」の中の一領域として「医療・保健・福祉」を取り上げている。

ここで言う「福祉」は主に高齢者や障害者への対応のことであり、狭義の福祉と言えるだろう。

一方、狭義の「福祉」ではなく本書の大きなテーマの1つとなっている「福祉の視点」から、多文化共生指針を捉えなおすと、その可能性は大きく広がる。地域で暮らす外国人を生活者としてとらえ、福祉の視点から見つめ直すことが、外国人との関わり方や事業、さらには地域づくりまでを視野に入れて実践を体系的に整理し、課題や可能性を描き出すことにつながる。次節の武田の原稿はまさにその方向性を指し示すものであると言える。

今後も「外国人労働者の受入れ」という形で、生活者である外国人が地域に増えていくことを考えると、「多文化共生」×「福祉」の視点を広げていくことがますます重要になるだろう。

3 福祉の視点からみる豊中市多文化共生指針

武田丈
関西学院大学

1970年代以降の交通や情報の技術革新は金、物、情報はもちろん、人の国境を超えての流動を加速させており、いまや多文化共生は豊中市はもとより、日本全体、さらには世界全体が抱える喫緊の課題となっている。国境を越えた人の移動による地域社会の多様化は、地域の活性化やレジリエンス（復元力・耐久力）の向上といった好影響がある一方で、新たな社会的・福祉的な課題を地域に生み出す可能性も持ちあわせている。本節では、福祉の中での多文化共生の取り組みを概観したうえで、多文化共生の実現を目指して設置された豊中市多文化共生指針を、この福祉の視点からみていく。

福祉と多文化共生

社会福祉の実践は、一般的にソーシャルワークとよばれ、福祉サービスを提供する専門職がソーシャルワーカーである。このソーシャルワーカーの世界規模の大会（国際ソーシャルワーカー連盟と国際ソーシャルワーク学校連盟の総会）

は、2014年に以下のソーシャルワーク専門職のグローバル定義を発表している。

> ソーシャルワークは、社会変革と社会開発、社会的結束、および人々のエンパワメントと解放を促進する、実践に基づいた専門職であり学問である。社会正義、人権、集団的責任、および多様性尊重の諸原理は、ソーシャルワークの中核をなす。ソーシャルワークの理論、社会科学、人文学、および地域・民族固有の知を基盤として、ソーシャルワークは、生活課題に取り組みウェルビーイングを高めるよう、人々やさまざまな構造に働きかける。

　上記の定義が、2001年に発表された旧定義（ソーシャルワークの定義）と異なる点の一つは、社会正義や人権と並ぶ基本的原理として「多様性尊重」が本文に記されたことである。多様性尊重の明記の背景には、人の国境を越えた移動に伴う課題、つまり多文化共生が世界各地で非常に重要な課題と認識されてきたことがある。

　一方、移民によってつくられ、早くから必然的に多文化共生に迫られてきた米国のソーシャルワークでは、1980年代より民族的少数者に対応したソーシャルワークの概念が生み出されるようになった。こうした概念では、文化的な差異に注意を払い、利用者の文化の規範や期待に合致する形にソーシャルワークの実践を対応させる必要性を強調している。1980年代後半に入ると、単に各文化に配慮するだけの実践ではなく、その実践の「効果」を強調する文化的コンピテンス（cultural competence＝文化を理解する能力、あるいは異なった文化背景を持った人と効果的にかかわる能力）という概念が生み出され、1990年後半に多文化ソーシャルワークの実践枠組みとして広く受け入れられるようになっていった。2015年には全米ソーシャルワーカー協会が、すべてのソーシャルワーカーが身につけるべき文化的コンピテンスの10の原則（表6－2参照）と、それぞれの原則の指標を発表している。

日本の多文化ソーシャルワーク

　残念ながら日本のソーシャルワーカー養成、つまり社会福祉士養成のカリキ

表6-2 全米ソーシャルワーカー協会の文化的コンピテンスの10原則

1. 価値と原則	倫理綱領の価値観、倫理、および基準に合致した実践
2. 自己覚知	自分と他者の文化的アイデンティティを尊重し、ホスト社会の文化を強制しないような配慮
3. 異文化間の知識	文化的に多様な集団の歴史・伝統・価値観などを身につける必要性
4. 異文化間スキル	文化の重要性を理解し、多様な文化を尊重した実践や政策の確立
5. 多文化サービス	多文化のコミュニティに対応したサービス提供および対応
6. エンパワメントとアドボカシー	抑圧の対象となっている人たちのエンパワメントとアドボカシー(権利擁護)活動の促進
7. 組織内の多様性尊重	プログラムや組織内の多様性の確保
8. 専門教育	専門職教育における文化的コンピテンスの強調
9. 言語とコミュニケーション	すべての文化的背景の人に対する効果的なコミュニケーションの提供
10. 文化的コンピテンスを促すリーダーシップ	所属組織内外で文化的コンピテンスを普及し、多様性を尊重する組織や地域社会の確立に尽力

ュラムの中には、こうした文化的コンピテンス、あるいは多文化ソーシャルワークの実践に関する知識や技術はまだ含まれてはない。しかし、1990年以降のニューカマーの増加に伴い、少しずつではあるが、日本の福祉の領域でも多文化ソーシャルワークの必要性の認識が高まってきている。2006年に総務省が発表した『多文化共生の推進に関する研究会報告書』には、多文化ソーシャルワーカーとして「より専門性の高い相談業務を行う能力を有する人材の育成が必要」という見解が示されている。こうした必要性の高まりから、神奈川県、群馬県、浜松市といった外国人集住地域の自治体や、社会福祉士会が多文化ソーシャルワーカーの養成講座を開催するようになってきている。

　ソーシャルワークの実践は、ミクロ(個人や家族を対象)、メゾ(コミュニティを対象)、マクロ(社会を対象)の3つレベルに分けられることが多いが、ここでは日本における多文化ソーシャルワークをこの3つのレベルに分けてみて

表6-3　日本における多文化ソーシャルワークの枠組み

ミクロ・レベル （個人や家族）	メゾ・レベル （コミュニティ）	マクロ・レベル （社会）
①生活全般の相談 ②情報共有やアクセス ③物質的・情緒的サポート ④代弁者 ⑤社会資源の仲介者 ⑥社会的・文化的背景の尊重 ⑦日本への適応のアセスメント ⑧適切な言語での対応 ⑨適切な通訳の活用	①コミュニティ開発・組織化 ②日本社会とのつながりの構築 ③社会的資源の増大 ④ネットワーキング	①政策提言 ②多言語・多文化サービスシステムの充実 ③日本語教育プログラムの拡充 ④多文化ソーシャルワーカーの養成と活用 ⑤保健・医療・福祉専門職に対する研修 ⑥一般市民への啓発 ⑦外国人市民に対する異文化理解講座 ⑧支援や政策につながる実態調査

いく（表6-3参照）。

　ミクロ・レベルの多文化ソーシャルワークとは、外国にルーツを持つ人たち本人、家族、小グループへの直接的なサービスの提供である。その中には、生活全般についての相談、情報提供やアクセス、物質的・情緒的サポートなどが含まれる。また、こうした人たちの個別のニーズを代弁したり、必要なサービスや資源に結び付けていく、代弁者や仲介者としての機能も必要となってくるであろう。これらのプロセスで、外国にルーツを持つ人たちに向き合う際には、その人たちの社会的・文化的背景を尊重するとともに、ソーシャルワーカーが自身の文化的アイデンティティをしっかりと自覚する必要がある。また、ソーシャルワーカーや支援者は、無意識に日本の価値観や習慣を押し付けてしまったり、また日本人と外国人の間、あるいはソーシャルワーカーと利用者の間にある力関係を意識せずに支援することがないように、文化的謙虚さ（cultural humility）の態度を身につけることが重要だと多文化ソーシャルワークでは言われている。さらに、外国にルーツを持つ人たちの日本社会への適応の度合いを適切にアセスメントするとともに、適切な言語対応を行ったり、必要に応じて適切な通訳者を利用して支援にあたることが大切だとされている。

これに対して、メゾ・レベルの多文化ソーシャルワークには、外国にルーツを持つ人たちのコミュニティ開発・組織化、そのコミュニティと日本社会とのつながりの構築、そのコミュニティの社会的資源の増大やネットワークの拡大が含まれる。コミュニティ開発・組織化とは、同じ国、民族、宗教といった同一のアイデンティティを持つ人たちがお互いにつながる機会を提供し、一つのコミュニティとして体制づくりをしていくことである。こうしたコミュニティは、共通のアイデンティティ、言語、価値観、体験を共有するとともに、お互いに財政的な支援を行ったり、医療・出産、子育て、教育、住居、雇用、公的サービスに関する情報交換の場となったり、インフォーマルなサポートを提供し合う機能を持つことが多い。しかし、こうしたコミュニティは有している社会的資源が限られているにも拘わらず、コミュニケーションや文化的な壁のせいでコミュニティ外とのつながりが希薄となり、コミュニティ内の助け合いだけに終始してしまう可能性もある。したがって、ソーシャルワーカーはコミュニティがより多くの社会的資源にアクセスできるようにアウトリーチを行い、コミュニティと日本社会の間のつながりを構築し、公的機関や支援機関、自治会、さらには他の民族コミュニティなどとも関係を築いてネットワークを拡大できるように支援することが求められる。

　最後にマクロ・レベルの多文化ソーシャルワークには、外国にルーツを持つ人たちのニーズや多文化共生のための政策を提言し、多言語・多文化サービスシステムや日本語教育プログラムの充実化を目指すことが含まれる。こうしたことを実現していくために、多文化ソーシャルワーカーの養成と活用や、保健・医療・福祉専門職に対した文化的コンピテンスや多文化ソーシャルワークなどの研修の提供も必要となる。また、地域や社会の多文化共生を促進するためには、一般市民への啓発とともに、外国人市民に対する異文化理解講座なども必要だと考えられている。さらに、支援や政策につながる実態調査を行うことも、このレベルに含まれる。

多文化ソーシャルワークの枠組みからみた豊中市多文化共生指針

　6章1節で紹介されているように、2014年2月に豊中市は、これまでの国際化基本方針を引き継ぎながら、新たな課題やニーズに対応し、多文化共生のま

表6-4　豊中市多文化共生指針の今後の取り組み方向

基本目標1：人権尊重の文化が根づくまち
（1）人権尊重・多文化共生の意識づくり
（2）国際理解の充実と国際教育の推進
（3）ルーツの尊重
基本目標2：外国人市民が安心して暮らせるまち
（1）情報発信・案内表示・相談支援体制の充実
（2）日本語や社会制度などの学習支援
（3）就学の保障と学習支援
（4）生活支援体制の充実
基本目標3：多文化共生をみんなで進めるまち
（1）多文化共生を進める人材育成とネットワークづくり
（2）市政や地域社会への参画推進
基本目標4：国際感覚にあふれたまち
（1）姉妹都市交流の推進
（2）国際協力の推進
（3）魅力あふれるとよなかの再発見

ちづくりを推進するために「豊中市多文化共生指針」を発表した。この指針の目的は、「さまざまな文化的背景を持った人が、人権尊重を基調に、お互いを理解し合い、対応な関係を気づこうとしながら、地域社会の構成員として共に暮らすまちの実現」だとされている。4つの基本目標と今後の取り組み方向の具体的な指針（表6-4参照）が示されており、外国人が住みよいまちをつくるということだけでなく、豊中市民すべてが協働して、地域社会がより豊かで、復元力・耐久力（レジリエンス）の高くなることを目指すものである。ここでは、前項で紹介した日本の多文化ソーシャルワークの枠組みから、この豊中市多文化共生指針を見ていく。

(1) ミクロ・レベル

　直接的なサービスの提供であるミクロ・レベルで見てみると、基本目標2「外国人市民が安心して暮らせるまち」の「(1) 情報発信・案内表示・相談支援体制の充実」は、多文化ソーシャルワーにおける生活全般についての相談、情報提供やアクセス、物質的・情緒的サポートに対応したものだと言える。豊

中市では、市や国際交流センターのホームページの多言語化や理解しやすい表現の使用、多言語版『生活ガイドブック』の発行、公共施設における多言語資料の充実、さらには外国人市民のための窓口対応用のゆびさし会話ボードの作成を行っている。また、国際交流センターを中心に多言語での相談窓口や相談体制の充実を目指している。

　また、同じく基本目標2の「(3) 就学の保障と学習支援」や「(4) 生活支援体制の充実」も、広い意味ではミクロ・レベルの多文化ソーシャルワークの枠組みと合致しているとみることができる。特に、「(4) 生活支援体制の充実」の中では「サービスの提供にあたっては生活習慣、価値観などの違いへの配慮に努めます」と掲げられており、本節の最初で紹介した文化的コンピテンスに基づく実践だと理解できる。

(2) メゾ・レベル

　コミュニティ開発・組織化ということに関しては、基本目標1「人権尊重の文化が根づくまち」の「(3) ルーツの尊重」の中で、外国にルーツを持つ人たちがそのアイデンティティを確立できるように、それぞれの言語や文化を学ぶ自主学習グループなどの育成、活動支援につとめることが明記されている。また、基本目標3「多文化共生をみんなで進めるまち」の「(1) 多文化共生を進める人材育成とネットワークづくり」には、外国にルーツをもつ人たちの自助グループと、多文化共生の活動をしているさまざまなグループ間のネットワーク構築、国際交流センターを通じての日本人と外国人の交流促進、地域社会における外国人キーパーソン育成にも掲げられており、外国人のコミュニティの社会的資源やネットワーク拡大という、メゾ・レベルの多文化ソーシャルワークの実践が豊中市多文化共生指針に含まれていることがわかる。

(3) マクロ・レベル

　政策提言に関しては、基本目標3「多文化共生をみんなで進めるまち」の「(2) 市政や地域社会への参画促進」の中に「外国人市民会議」の設置や審議会への外国人参加促進が謳われており、外国人の声の市政への反映を目指すことが明記されている。多言語・多文化サービスシステムの充実に関しては、先

述のミクロ・レベルの部分でも述べたように指針の中にさまざまなものが提案されている。一方、日本語の教育プログラムの拡充については基本目標2の「(2) 日本語や社会制度などの学習支援」でニーズに応じた日本語学習支援の実施が掲げられており、一般市民への啓発や外国人市民に対する異文化理解講座に関しては基本目標1「人権尊重の文化が根づくまち」の「(1) 人権尊重・多文化共生の意識づく」で人権意識を育むための啓発と教育が、「(2) 国際理解の充実と国際教育の推進」で国際感覚と多文化共生意識を育む講座やセミナーの開催が含まれている。

「支援や政策につながる実態調査」に関しては、指針の中に明記されているわけではないが、豊中市は指針のベースとなった日本国籍および外国籍の市民を対象として『多文化共生に関するアンケート調査』を2012年に実施したのに加え、2015年度には『豊中市多文化共生指針に基づく背策の実施状況報告書』を発表して本庁の外国人市政案内・相談件数、国際交流センターの総合相談窓口件数の増加を確認している。

これからの豊中市多文化共生指針に期待すること

ここまで、豊中市が2015年に発表した多文化共生指針の今後の方向性を、多文化ソーシャルワークの枠組みから議論してきたが、おおむねこの方向性と枠組みは合致したものといえるであろう。もちろん、これはあくまで「方向性」であり、現状として豊中市がすべてを実施できるわけではないので、今後もこの方向性に書かれている事柄を実現していく努力とともに、その達成度合いを定期的に検証していくことが、多文化共生のまちづくりには不可欠であろう。

このことに加えて、多文化ソーシャルワークの視点から、今後の豊中市多文化共生指針に期待を込めて2つのことを提案したい。1つ目はマクロ・レベルの多文化ソーシャルワークに含まれる「多文化ソーシャルワーカーの養成と活用」と「保健・医療・福祉専門職に対する研修」である。指針の中では、すでに国際交流センターでの多言語での生活相談員や行政の窓口の職員に対して生活習慣、価値観などの違いへの配慮することを求めているが、より効果的に多文化ソーシャルワークを実践するためには、こうした相談員に対して基本的な

ソーシャルワークの研修を実施したり、文化的コンピテンスの研修を実施していくことが求められるであろう。また、これらのすでに外国人に対する相談支援を担当している人たちだけでなく、全国的にも有名な市内のコミュニティ・ソーシャルワーカーやスクール・ソーシャルワーカーに対しても文化的コンピテンスに関する研修を実施することも重要である。さらに、これらの福祉の専門職が、国際交流センターや行政の相談窓口と連携して多文化ソーシャルワークの実践を行っていく枠組みを指針の中で提示していくことが期待される。特に、メゾ・レベルの多文化ソーシャルワークでは、コミュニティの開発や組織化、さらにはアウトリーチによるコミュニティのネットワークや社会的資源の拡大が大切である。これらは、まさにコミュニティ・ソーシャルワーカーに求められる役割であろう。縦割りではなく、国際交流センターのスタッフや行政の窓口の職員が、コミュニティ・ソーシャルワーカーやスクール・ソーシャルワーカーと連携して、ミクロ、メゾ、マクロのそれぞれのレベルでの多文化ソーシャルワークの実践を行うことを望む。

　今後の豊中市多文化共生指針に期待することの2つ目は、「多文化」の定義である。欧米の多文化ソーシャルワークの中で核となる概念である文化的コンピテンスは、もともと多文化主義や人種差別への対抗ということから発展してきたのだが、近年ではこの多文化主義という視点が、性別、性的指向、性自認、社会階級、障害などにも適用されるように拡大してきている。したがって、多文化共生や多文化ソーシャルワークも外国にルーツを持つ人たちだけを対象とするのではなく、本節の冒頭で紹介したソーシャルワーク専門職のグローバル定義にある「多様性の尊重」に重きを置くように変わってきている。外国にルーツを持つ人たちの中には、障害がある人や性的マイノリティの人たちも存在するわけで、多文化共生社会を実現するための課題は国際協力や異文化理解だけではなく、多様性の尊重や人権といった視点が不可欠である。幸い豊中市は、1999年に「人権文化のまちづくりをすすめる条例」を公布し、人権政策課が中心に「人権文化のまちづくりをすすめる協議会」を開催し、豊中市の多様性の尊重や人権の課題に積極的に取り組んでいる。豊中市がグローバルスタンダードで多文化共生を目指すのであれば、是非指針の中の多文化共生を国籍や民族だけからより広い解釈に拡げ、多様性の尊重のための指針にシフトする

とともに、市内の国際交流センター、人権文化のまちづくりをすすめる協議会、男女共同参画推進センター、人権教育推進委員協議会、人権文化まちづくり協会、障害者自立センターなどが縦割りではなく連携して、多文化共生あるいは多様性の尊重に取り組むことを指針に明記していくことを期待したい。

　豊中市の国際交流センターやコミュニティ・ソーシャルワーカーは、国内でも非常に先駆的で、モデルとして取り上げられることが多い。先駆的な取り組みをしてきた豊中市だからこそ、次世代の指針を多文化共生から多様性尊重の指針へとシフトし、日本の自治体のロールモデルとなり、日本社会の多文化共生と多様性尊重の実現をけん引していくことを望む。

とよなか国流と私

呉賢志
豊中市立小学校教員

　高校生の時に、国流が主催する地域の子どもたちのための取り組み「平和と共存のための〜おまつり地球一周クラブ」で、「韓国・朝鮮の楽器をたたいてみよう！」というテーマで数回講師役として参加させてもらいました。自分が小学生の時に参加していた民族教育の場で習ったチャングの叩き方を教えたのですが、子どもたちが一生懸命に練習してくれてとてもうれしかったです。子どもたちとも仲良くなり、その後も「おまつり地球一周クラブ」にボランティアとして参加することになりました。とりくみに関わる中で楽しい時間をともに過ごす喜びも感じましたが、小学生の子どもたちは普段はなかなか口にすることのない学校生活や家庭での不安や悩みを出してくれることがありました。利害関係にとらわれずに、自分の想いを語ることができる場としての居場所の大切さも感じるようになりました。また、自分も高校生なりのモヤモヤした気持ちや進路の悩みなどを、職員さんや先輩のボランティアの方に聞いてもらうことがたくさんありました。この時の経験がきっかけで、教職をめざしていくことになりました。

　2012年に大学を卒業して、豊中で小学校教員として働き出してからは、国流とも連携してとりくみをつくっていくことが多くありました。昨年度、5年生で多文化共生の学習をすすめるなかで、学年の子どもたちと国流に行ってお話を聞かせてもらう機会がありました。地域の外国の方に向けて国流が行っている事業や、大切にしている考え方について職員さんからお話を聞かせていただきました。学校にもどって学習の振り返りをすると、「外国の人のためだけでなく、どんな人でも誰もが居心地よく過ごせることを大切にしている場所」という意見が多くの子どもから出てきました。自分らしくいられる、ありのままの自分でいられる居場所の大切さを子どもたちがわかってくれたことがとてもうれしかったです。

　私のとりくみは、まだまだ実践としては不十分なものばかりですが、国流に関わってこられたことを生かして、子どもたちが子ども同士の関係性の中で、自分の想いを語ることができる居場所をつくっていけるような授業を作っていきたいと思っています。

持続可能な地域づくりに向けて
―― ESDとよなかとSDGs

COLUMN

岩﨑裕保
開発教育協会

　2002年の夏にヨハネスブルグでのサミットにNGOとして参加して、高揚感を覚えたことは否定できませんが、一方でどういうことが具体的に展開できるだろうか、大きな期待はできるのだろうかといった気持ちもありました。特に現地で日本政府関係者と接触してみると、自国がやっていることを肯定的にアピールしたり、他国の先進的な取り組みを批判的に見ていたり、国際会議を開催するために政府主導の下でいかにNGOを使うかといった思惑が垣間見えたりしました。

　ヨハネスブルグでの議論を受けて、「ESD(持続可能な開発のための教育)の10年」が国連で採択され、2005年3月には国連によるESDのキックオフ・スピーチがあるというところまで来たころ、豊中では一足早く2月26日に「ESDとよなかキックオフ・ミーティング」が行われました――「フライング」という声も届いたようでしたが、それは決して悪い意味ではなかったと思います。

　2004年4月に僕が「市民参加に実績のあるアジェンダ21がある豊中でやったらどうだろうか」と声をかけたことが豊中のESD誕生の契機となった、と『豊中のESD10年のまとめ』(環境政策室、2015年)の中で榎井さんは言っています。その直後から、豊中は動き始めていました。その夏に「写真ワークショップ」という小学生向きのタウン・ウオッチを庄内地区で実施し、それは他の地区にも広がっていきました――自分たちの足もとから認識を始めよう、それも「こんなまちにしよう」という思いを込めて。このプログラムをサポートしたいくつかの団体が、後に「ESDとよなか」の事務局を担うことになります。また「ESDの10年」に関するワークショップも同じころに行われ、「アジェンダ21」「相談・多言語スタッフ」「多文化・子育てボランティア」「にほんごアドバイザー」といった市民団体だけではなく、豊中市の行政職員20名以上の参加があったことは心地よい驚きでした。

　地域から始める、市民団体が協力しあう、そして市民団体と行政が協働していこうという意思を示すということがよく見えました。ヨハネスブルグで感じた一抹の不安のようなものは豊中では融解して、「こういうふうにできるんだ」「これこそがESDなのだ」と教えられ嬉しさを覚えました。

　この前史を受けて「キックオフ・ミーティング」となったのでした。その後は、ピラミッド型でない運営を実践する「ESDとよなか」の基本姿勢や「庁内連絡会議」

を作りだしてしまうしなやかな積極性など、感心することばかりでした。"Ｅええこと　Ｓしなやかに　Ｄだめもとで""Ｅいいこと　Ｓスマイルで　Ｄどんどん"といったキャッチコピーが生まれたのも、ESDを身近なものとしていこうという表れでした。

　2011年8月の「千里文化センターフォーラム"災害を通して考える私たちのESD"」で、環境教育の前身である公害教育、そしてその当時人びとが作り出した社会状況──政府が決めた基準より厳しい条例を課して公害に取り組んだ革新自治体──についてお話をしました。「ESDとよなか」は、ESDの「こたえは、わたしたちが考えていかないといけません」という姿勢で、「将来の世代」「地域づくり」「多様な人々」「参加」「自己実現」などのキーワードを掲げていますから、かつての住民や市民の動きとつなぎたかったのです。

　人権、平和、環境、そして開発は根っこでつながっているという議論は半世紀近く前からあって、MDGs（ミレニアム開発目標）の後継であるSDGs（持続可能な開発目標）の「アジェンダ」前文には「貧困を撲滅することが最大の（地球規模の）課題であり、持続可能な開発のための不可欠な必要条件である」と書いてあります。別の言葉で言えば「人権の保障」「多文化共生」です。「誰も取り残さない」社会を作ることを目指すSDGsのアジェンダのタイトルは「我々の世界を変革する」です。

　英国のあるNGOはNSEWの頭文字をコンパス上に書いて「東西南北」として、N＝natural（自然・環境）、S＝social（社会）、E＝economic（経済）のバランスが大切だということを示しています。そしてWはWho decides?（意思決定）だと説明しています。「だれが決めるのか」「誰が決定の影響を受けるのか」といったことを無視してコトが進められてはイケナイ、「参加」こそがカギだということです。豊中の実践はそれを教えてくれています。豊中のESDはSDGsに照らしても色あせることはありません。「フライング」前から、豊中は先頭を走ってきました。

7章 国の施策と各地の対応

日本の外国人政策と「外国人」イメージ
——実態と意識のギャップを生んでいるもの

野崎志帆
甲南女子大学

はじめに

「外国人」という言葉に、どのようなイメージを想起するだろうか。「日本とは異なる文化を身につけた人」「日本語以外の母語を話し、カタコトの日本語を話す人」「母国が日本ではなく、いずれ帰国する人」などだろうか。「日本国籍を持たない人」が最初に挙がるかもしれない。しかし日常的には、その人の肌、目や髪の毛の色など身体的特徴を見て、「外国人／日本人だ」と判断することがある。その人に、国籍を聞いたりパスポートを確認したりしているわけでもないのに、である。そう考えると、「外国人」と判断する基準は常に国籍という法的地位に基づいているわけでもないようだ。しかし、上記のような日本社会のあちこちに溢れている「やや定型化された外国人イメージ」は、現在日本に定住する250万人の外国人、そして日本国籍であっても「外国につながる人びと」の多様な実態とは必ずしも一致しない。それはなぜなのだろうか。

1. 日本社会の「外国人」「外国につながる人びと」

ここでは「外国人」を、ひとまず「日本国籍を持たない人びと」を指して話を進めることにしたい。法務省入国管理局によると、一時滞在の訪日観光客な

どは除き、何らかの在留資格を得て中長期に渡り日本に滞在している外国人および特別永住者の数を合わせた「在留外国人数」は、256万1,848人（平成29年末現在）となった。前年に比べ17万9,026人（7.5％）増加し、ここ数年間は過去最高を更新し続けている（図7－1）。減少を続ける日本の総人口1億2,670万人（平成29年10月1日現在の人口推計による）に占める在留外国人数の割合は初めて2％台に達した。

　これらの人びととの半数近くは、中国や韓国など東アジア出身者であり、また半数以上は「特別永住者」「永住者」「日本人の配偶者等」「永住者の配偶者等」「定住者」といった比較的安定した在留資格をもち、自分の出身国やルーツの国に帰国する可能性が低く、今後も日本に定住する可能性の高い人びとである。

　この中にはすでに日本に数世代に渡って暮らし、ルーツの国を単純に「出身国」と捉えるのが難しい世代となっている人びともいる。例えば、朝鮮半島や台湾などの旧植民地出身者およびその子孫がそうである。これらの人びとは、植民地時代にもっていた日本国籍を1952年のサンフランシスコ講和条約発効によって一方的に剥奪され、「外国人」となった人びとである。これら特殊な歴史的経緯を伴う特別永住者の資格をもつ人びとは、在留外国人のうち12.2％を占めており（32万人）、国籍こそ「日本」ではないものの、そのほとんどが日本の教育を受け、言語的、文化的、身体的特徴からも一見「日本人」と区別がつかない。

　労働を担う外国人も急増している。厚生労働省によると平成30年10月末現在の外国人労働者数は146万463人で、前年から18万1,793人（14.2％）増加し、こちらも過去最高を更新している。このうち33.9％は就労に制限のない比較的安定した在留資格をもつ外国人、21.1％は技能実習生、20.4％は外国人留学生である。多くは「サイドドア」からの労働者であり、日本社会の少子高齢化と労働力不足の中、単純労働の多くは彼らに担われている可能性は高い。

　また厚生労働省によると、父母の一方が外国籍の子どもは平成29年には18,134人生まれている。日本の出生数のうち、52人に1人がそのような「ハーフ／ダブル」の子どもであり、その多くは日本国籍をもつと考えられる。また、帰化手続きによって日本国籍を取得した「元外国人」もここ5年間は毎年1,000

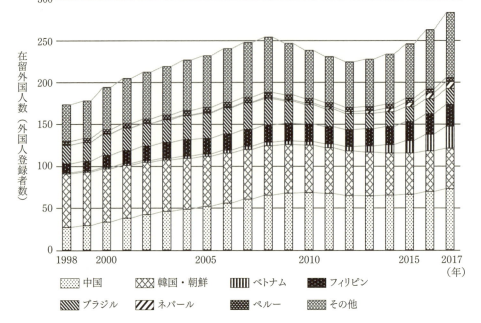

注）＊数値は各年度末の公表数（12月末現在）である。
　　＊2017年度「ペルー」の最新公表データは6月末現在である。
　　＊2011年までは外国人登録者数、2012年以降は在留外国人数である。
　　＊2015年度末統計の公表から、「韓国」と「朝鮮」の数値が分けられるようになったため、2015年、2016年、2017年の「韓国・朝鮮」は「韓国」と「朝鮮」の合計数である。
　　＊2011年以前の「中国」には「台湾」を含む。2012年7月の新制度導入の際に、国籍欄への「台湾」表記が認められた。

出典：財団法人　入管協会『在留外国人統計』（各年版）及び法務省資料をもとに著者作成

図7-1　国籍別在留外国人数（外国人登録者数）の推移

人程度いる。「日本人」もまた、「日本人の両親の下に生まれ、日本で生まれ育ち、日本語を話し、日本文化を身につけ、日本国籍を持つ人」という従来の定型のみでは語れなくなっている。

　外国人の人口割合は、欧米諸国に比べればまだまだ低いとはいえ、日本社会も今や多様な言語、文化、国籍をもった人々、すなわち「外国人」「外国につながる人びと」によっても構成されていることがわかる。そして、彼らもまた日本人と同様に、確実に人口減少するこの社会で、生産者および消費者として日本の経済を担い、税金を納めて行政サービスを支え、それを享受し、場合によっては家族を形成して、地域の生活者として暮らす人びとなのである。つまり彼らの多くは、実態としてはすでに「日本社会の構成員」となっているのである。

日本の外国人政策の歴史

　ところで、これまでの日本の定住外国人（ここでは前述の「在留外国人」を指すことにする）に対する政策や制度は、彼らを実際に「日本社会の構成員」として扱ってきただろうか。

　外国人政策には、「新しくやってくる人の流れにどのように対応するか」という移動の局面に関する政策と、「すでに受け入れた人にどのように対応するのか」という居住の局面に関する政策がある。これまでの日本の外国人政策では、出入国管理政策など前者の政策が中心であり、外国人をあくまでも「管理」の対象とみなし、後者の社会統合政策に関しては極めて手薄であることがしばしば指摘されてきた。

1）旧植民地出身者の残留と難民の受け入れ

　1945年時点で日本に約200万人いた旧植民地の朝鮮半島出身者の多くは戦後帰国し、約60万人が日本に残った。これが後に「在日コリアン」と呼ばれる人びとであるが、彼らが戦後日本の外国人政策の出発点であり主な対象者であった。植民地時代には日本国籍をもち「日本臣民」として戦争に駆り出された朝鮮半島出身者の戦傷病者・戦没者遺族は、前述のサンフランシスコ講和条約で一方的に「外国人」にされた後、「日本国籍をもたない」ことを理由に日

本の戦後補償から除外された。故・大島渚監督が1963年に制作したドキュメンタリー映画「忘れられた皇軍」で登場する人びとである。

また、在日コリアンを中心とする定住外国人は、「日本国籍をもたなくても」納税義務は課されてきた一方で、国民年金や国民健康保険への加入、児童扶養手当の支給、公営住宅への入居については「日本国籍をもたないために」長年除外されてきた。これらが定住外国人にも認められるようになるのは、国際社会からの'外圧'によって始まる1979年のインドシナ難民の受け入れを契機にして、「内外人平等」を謳う国際人権規約（1979年9月発効）および難民条約の批准（1982年1月発効）を待たなくてはならなかった。国際人権基準を受容することによって、ようやく定住外国人に対する社会保障の差別は是正されるようになったのである。これらは、日本の社会統合政策の弱さを示す一例であろう。

2) 労働者としての外国人の受け入れ

さらに1980年代のバブル景気においては、日本人が就きたがらない工場、建設現場、飲食店などの職種の労働力不足を受けて、海外からやってくる合法的な就労資格を持たない外国人労働者（不法就労者）が急増した。彼らに代わる労働力として日本政府が1990年に入国管理法を改正してまで受け入れたのが、日本人との「血の繋がり」を根拠としたブラジル、ペルーなどからの日系人労働者であった。

当初は出稼ぎ目的で来日する彼らであったが、滞在が長期化するにしたがい帯同あるいは呼び寄せられる家族も増えてきた。その中には就学年齢の子どもも少なくなかったことから、日本の学校において「日本語指導が必要な外国人の子どもの教育」の課題が急浮上する。各自治体では対応が求められていったが、現時点で外国籍の子どもは日本の就学義務の対象とされていないこともあり、日本政府としての対応は今も低調である。ここに、「居住の局面」の政策を十分に整えないまま、日本の労働力不足を補うために「移動の局面」の政策のみでの対応を先行させてしまった問題が見えてくる。ピーク時の2007年末にはブラジル人だけで31万人にも登ったが、2008年のリーマンショック以後はいわゆる「派遣切り」に遭い、政府からの一時金による帰国奨励を促されて

平成29年末現在は18万人まで減少している。

　2000年代になると人口減少時代への対応として外国人の受け入れが議論されるようになるが、現在においてもそれは「人口減少下における持続的成長のための外国人材の活用」である。入国に関しては厳格な管理体制を取りながら、「高度な人材」以外は原則として移民を受け入れない方針が長らく続けられてきた。日系人労働者の受け入れの際に直面した「居住の局面」における課題を政府が'教訓'にしたのかは定かではないが、今度は滞在期間に上限を設け単身者を主とする「還流型」労働者の受け入れの推進が拡大されていく。「国際貢献」の名の下に導入された研修生・技能実習生制度を通じた「サイドドア」からの外国人労働者がそれである。

　さらに政府は解消されない深刻な人手不足を受けて、このような外国人労働者受け入れを単純労働の分野にまで拡げる方向に大きく舵を切ろうとしている。しかしこのような「外国人活用は移民政策ではない」として、あくまでも「移民」を認めない姿勢のまま現在に至っているのである。

日本の多文化共生政策の今

　実態として定住外国人が増加する中、「すでに受け入れた人にどのように対応するのか」という「居住の局面」における外国人政策は今どうなっているのだろうか。日本ではこのような外国人の権利保障や社会参加に関する社会統合政策を、「多文化共生政策」と呼ぶことが多い。

　ここでは、主に欧州諸国の移民に関する社会統合政策を指標化し、国際比較を行っている「移民統合政策指数（Migrant Integration Policy Index: MIPEX）」から、日本の状況を大まかに見ておくことにしたい（表7－1）。最新の2015年に出された調査結果は、日本を含む38カ国が参加した2014年調査の結果である。そこでは、参加国における「労働市場へのアクセス」「家族呼び寄せ」「教育」「政治参加」「永住許可」「国籍取得」「差別禁止」「保健・医療」という8つの社会統合政策の評価が行われている。

　日本と主な国のみ取り出し、分野別評価を示したものが表7－1である。日本は、総合評価では参加38カ国中27位である。「労働市場」「家族呼び寄せ」「保健・医療」「永住許可」の分野においては参加国の中で平均的なレベルであ

表7-1 移民統合政策指数2015における分野別評価

	総合順位（38カ国中）	総合点（%）	労働市場	家族呼び寄せ	教育	政治参加	永住許可	国籍取得	差別禁止	保健・医療
スウェーデン	1	78	98	78	77	71	79	73	85	62
カナダ	6	68	81	79	65	48	62	67	92	49
オーストラリア	8	66	64	50	47	38	57	26	57	63
アメリカ	9	63	67	66	60	36	54	61	90	69
ドイツ	10	61	86	57	47	63	60	72	58	43
イギリス	15	57	56	33	57	51	51	60	85	64
フランス	17	54	54	51	36	53	48	61	77	50
韓国	18	53	71	63	57	54	54	36	52	36
日本	27	44	65	61	21	31	59	37	22	51

出典：MIPEX 2015

るが、「国籍取得」と「政治参加」の政策においてかなり評価が低く、社会統合政策の中でも重要な「教育」（29位）と「差別禁止」（37位）の政策では、極めて低い評価となっている。

　経済のグローバル化や日本社会の少子高齢化の背景もあり、2000年代に入って以降は国レベルの多文化共生政策に向けた議論や提言も徐々になされるようにもなっている。しかしこのMIPEX 2015の結果を見てもわかるように、定住外国人を日本社会に統合していく実際の政策や制度においては現時点でも課題が多く、厳密な意味では、日本には外国人の社会統合政策は確立されていないのが現状である。

外国人政策が生み出す「外国人＝よその人」イメージ

　日本のこれまでの外国人政策を見てみると、多様な歴史的背景をもつ定住外国人を、基本的には移動の局面における政策のみで対応し、制度上はあくまでも「外国人」とすることで、理念上も「外部」におこうとし続けてきたように

見える。日本政府が一貫して、「移民」という表現を使わず「外国人」という表現を使い続けていることからもその姿勢がわかる。その結果、「居住の局面」の社会統合政策はなかなか整備されず、そのような日本の外国人政策のありようそのものが、国内において実際には「生活者として暮らす定住外国人」の存在を見えにくくしてきたのではないだろうか。またそのことが、たとえ隣に暮らす人であっても「外国人」であれば「よその人である」という認識を維持してきてしまったように思われる。また前述の通り、実際には「日本人」も「外国人」も多様化し、それぞれの境界線は揺らいでいる。しかしそのような現実に直面した時に、この社会に暮らす人びとが「この人ナニ人？」と戸惑うのは、冒頭に述べた「外国人イメージ」に基づく「日本人か外国人か」という二分法しかもたないためである。

　いうまでもなく、社会は構成員によってつくられる。しかし日本の場合、実態として外国人がこの社会の構成員であったとしても制度がそれに追いついておらず、またそのような制度のありようが人びとの意識に深く浸透し、「外国人」イメージに一定の影響を与えているように見える。冒頭で述べたような「外国人」という言葉の響きがもつ一般的イメージが、「よその国の人＝いずれ母国に帰国する人」といったものとして、それほど変化することなく今も日本社会に広く浸透しているように見えるのは、このような政策、制度のありようの影響が大きいのではないだろうか。

　またその結果、本来は「社会の構成員」であれば当たり前に保障されるはずの権利が、定住外国人に対してはあたかも「恩恵」であるかのように捉えられ、日本の社会統合にとって重要な意味をもつはずの人種・民族差別を禁止する法律の成立さえままならない状況を作り出している。そして、一部の人々とはいえ「〜人は外国人なのに『特権』を有し、自分たち（日本人）の方が差別されている」といった曲解に満ちた言説の下、排外主義やヘイトスピーチという現象が生み出されている。しかもそれは、新しくやってくる外国人ではなく、戦後何世代にも渡って日本で暮らしてきた在日コリアンに向けられているのである。このことは、これまでの日本の外国人政策の失敗を端的に表している。

日本の外国人政策の課題

　以上見てきたように、日本の喫緊の課題が社会統合政策（多文化共生政策）にあることは明らかである。インドシナ難民の受け入れを契機に定住外国人に対して社会保障の門戸が開かれ、「法の下の平等」（形式的平等）が一定程度実現したとはいえ、それは彼らを日本社会の構成員として統合していくためのようやく「入り口」に立ったに過ぎない。定住外国人に対し「日本人に対するのと同じ対応をすること」だけでは、必ずしも「平等」には繋がらないからである。

1）社会的排除／社会的包摂という視点から

　ヨーロッパでは1980年代以降、ポスト工業社会や、グローバリゼーションを背景に新しい社会経済体制に移る過程において、長期失業と不安定雇用が拡大し、保険体制からもこぼれ落ちる若者、女性、移民の増加という「新しい貧困」問題に直面してきた。そしてこの問題を「社会的排除（social exclusion）」と呼び、これを阻止、克服する政策としての「社会的包摂（social inclusion）」に取り組んできた。日本においても2000年代頃から新たな形の不平等・格差、共に支え合う機能の脆弱化が生じていることが指摘され、福祉政策の議論の中でこれらの語が用いられるようになった。

　ヨーロッパにおける社会的排除概念を最も特徴づけるのは、それが市民社会における個人の権利という視点から「権利や制度を人びとが享受できなくなる状況」を指している点である。またエスニック・マイノリティが社会的排除のリスクをより抱える傾向にあることが認識されているため、社会的排除の要因を探る際には「エスニック・マイノリティであること」が分析の変数として用いられる。しかし日本では今の所、国籍や人種的・民族的ルーツという側面への考慮は政策レベルでは皆無に等しく、研究レベルにおいても極めて限定的である。

　社会的包摂／社会的排除は、シティズンシップや社会統合とも関連の深い概念である。しかし日本では、そもそも定住外国人を「移民」と認めず、シティズンシップ自体を狭くとらえる傾向がある。さらに外国人や外国につながる人

びとが日本社会でおかれている特殊な状況や、日本人との間にある明らかな差異が考慮されない場合、そこでの社会的包摂政策はむしろ彼らにとって排除的なものとなってしまう可能性もある。

2)「よその人」から「地域社会の構成員」へ

　日本で包摂的な地域社会を構想していく上では、シティズンシップを市民社会における個人の権利や人権の視点で見直し、外国人や外国につながる人びとを、多様な境遇におかれた日本人と同じ権利をもつ対等な構成員と見なすことが必要となる。一方で、これまでは「同質性」を前提に「同じ扱い」をすれば平等であるとの考えが主流であったが、社会的包摂や実質的平等をめざす上では、「差異」を前提にした「異なる扱い」（合理的配慮）の視点も必要となろう。そのことは、日本人の間にもあったはずの「考慮されるべき差異」を見直し、日本に暮らす全ての人の人権について考えることにも当然繋がっている。またそのような施策は、その正当性への理解を社会全体に広めていく動きとセットでなくてはならない。

　2006年に総務省は「地域における多文化共生推進プラン」の中で、「国籍や民族などの異なる人々が、互いの文化的差異を認め合い、対等な関係を築こうとしながら、地域社会の構成員として共に生きていくような、多文化共生の地域づくりを推し進める必要性が増している」とした。また、政府の公式文書などに「外国人との共生」「生活者としての外国人」「外国人が暮らしやすい地域社会」という表現が用いられるようにもなった。このような変化の背景には、国レベルにおける社会統合政策がほとんど無策であった中で、これらの課題と直接向き合ってきた地方レベルの自治体と非営利の市民セクターによる一定のイニシアチブと影響力があったと言われている。今後もしばらくは、これらのセクターが地域社会におけるこのチャレンジングな課題と向き合い中心的な役割を果たすことになるだろう。

　これから日本社会は、定住外国人を「よその人」イメージから「地域社会の構成員」イメージへと変化させることができるだろうか。そのことは、近年「競争」と「自己責任」を是とする社会の風潮が増す中で、一層重要性を増している。

参考文献

移民政策学会設立10周年記念論集刊行委員会編（2018）『移民政策のフロンティア～日本の歩みと課題を問い直す』明石書店

厚生労働省（2018）「平成29年人口動態調査（確定数）上巻、出生、4-32表　父母の国籍別にみた年次別出生数及び百分率」〔https://www.e-stat.go.jp/stat-search/files?page=1&layout=datalist&toukei=00450011&tstat=000001028897&cycle=7&year=20170&month=0&tclass1=000001053058&tclass2=000001053061&tclass3=000001053064&result_back=1&second2=1〕（2019年2月22日アクセス）

厚生労働省（2019）「『外国人雇用状況』の届出状況まとめ（平成30年10月末現在）」〔https://www.mhlw.go.jp/stf/newpage_03337.html〕（2019年2月22日アクセス）

Migrant Integration Policy Index 2015（MIPEX 2015）〔http://www.mipex.eu/〕（2018年6月23日アクセス）

法務省「在留外国人統計（旧登録外国人統計）統計表」〔http://www.moj.go.jp/housei/toukei/toukei_ichiran_touroku.html〕（2018年6月23日アクセス）

財団法人 入管協会編（各年版）『在留外国人統計』

2　〈多文化共生〉のまちづくりと自治体政策

渡戸一郎
明星大学名誉教授

はじめに――〈まちづくり〉から〈多文化共生〉へ

　1970年代半ば頃から現れた住民・事業者・研究者等による地域社会の「内発的発展」をめざす活動／運動の中から、〈まちづくり〉という言葉が用いられるようになる。そこには高度経済成長期のドラスティックな都市開発・地域開発に対抗する〈住民運動〉の経験の、反省的な捉え直しがあった。こうした経緯から生まれた〈まちづくり〉の概念は、それゆえ、ハードウェア中心の物的な〈街づくり〉ではなく、むしろ、ソフトウェア中心の、異質な主体間の"協働"による地域社会づくりを重視する考え方だった[*1]。"異主体"と言っても

[*1]　例えば『ジュリスト総合特集』No.9（1977、有斐閣）では、全国の多様な地域づくりの取組みを紹介する特集「全国まちづくり集覧」が組まれた。同特集には豊中庄内地区の「過密住宅地区でのまちづくり」も報告されている。また、豊中市では1980年

当時は、生活者住民（消費者）と事業者住民（商業・工業・農業などの生産者）、障碍者と健常者、女性と男性、子どもと大人などの、二項対立を超える複合的な関係をいかに築いていくかが中心で、在住外国人との協働関係づくりはまだほとんど視野に入っていなかった。在住外国人との協働関係を包含した地域社会の全体像の再構築が課題になるのは、80年代末からのニューカマー外国人の急増期を経た90年代半ば頃になってからだった。そして、この段階で提起され始めたのが〈多文化共生〉である[*1]。

本節では、この間の〈多文化共生〉政策がいかなる文脈で展開されてきたかを振り返り、今後の課題を考えたい。

あらためて〈多文化共生〉の意味を考える

理念としての〈多文化共生〉は当初、80年代の民族差別反対の社会運動のなかから提起され（花崎、1993）、阪神・淡路大震災後の外国人支援活動で用いられ（外国人地震情報センター編、1996）、さらに90年代後半、在日コリアン集住地域を抱える川崎市などの一部自治体の政策概念になった。そして2000年代に至り、外国人集住都市会議の参加自治体の政策理念に「多文化共生」が採用される（浜松市や豊田市など）。こうした自治体レベルの政策動向を踏まえて2006年に打ち出された総務省「地域における多文化共生推進プラン」で、この言葉が国（中央政府）の公定政策用語になったのは周知のとおりだ。

「多文化共生とは、国籍や民族などが異なる人々が、互いの文化的な違いを認め合い、対等な関係を築こうとしながら、地域社会の構成員として共に生きていくこと」だと、同プランで定義された。総務省の同プランをまとめた研究

9月、「在日外国人教育方針——主として在日する韓国・朝鮮人児童生徒の教育」を策定し、在日の子どもを対象とした「ハギハッキョ」がスタートしており、注目される。

[*1] 筆者は1990年代初めから大都市東京のインナーシティに位置づけられる新宿区大久保地区で市民団体「共住懇」の活動に関わってきたが、そこでは「多文化」を多民族・多国籍という側面だけでなく、ジェンダーや世代、職業、階層の違い、身体的な障碍なども含めて広義に捉え、「さまざまな意味で多様な人々が、互いの違いを認め、尊重しあい、共に豊かに生きていくことができるような、開かれた地域社会づくり」が目指された（原、2010：52）。言い換えれば、多様な次元の「差異の承認」にもとづく下からの社会づくりに力点があったと言える。

会でこの定義を生み出した山脇啓造は、当時、次のような判断があったという（山脇、2005）。すなわち、外国人の定住化が進むにつれて、日本国籍を取得する者（民族的マイノリティ）が増え、「日本人」と「外国人」という二分法的な枠組みが現実的でなくなっている。したがって、従来の「国際交流」「地域国際化」ではなく、「多文化共生」というキーワードを用いることにより、「外国人を住民と認める視点」に基づいて、総合的な生活支援を行い、「同じ地域の構成員」として社会参加を促す仕組みづくりが求められる……。

　一方、近藤敦（近藤編、2011：8-9）によれば、「多文化共生」の考え方には、移民・難民など社会的マイノリティとの共存を志向する、オーストラリアやカナダ等の「多文化主義」政策の影響が一定程度、認められると言う。とくに総務省の「多文化共生」理念には、スウェーデンの多文化主義的な統合政策の3つの目標と共通する要素があると指摘される。そこでは母語・母文化の保持、対等な機会・権利・義務の保障、そして政治参加（地方参政権を含む）が重要な政策課題となる。しかし実は、それらが欠如しているのが日本の現状であり、「国際人権規約」「人種差別撤廃条約」等にもとづく外国人住民の人権保障ということになると、自治体だけでは十全の対応は困難だ。そこで、自治体政策を支える国の政策理念の確立・強化や法制度上の改善が課題となるとされた。

　また、丹野清人（2006）が、「多文化共生社会」論には次のような留保条件が必要だとしていたこともあらためて想起される。第一に、この議論が「共生」の名のもとにマイノリティ側に"共生"の"強制"を強いる論理を孕んでいること（例えば、日本で行われる多文化教育が外国人子弟に日本語での授業に加えて母語での授業を指すものであっても、決して日本人の側がマイノリティの言語や文化を学ぶものになっていない）、第二に、この議論が日本社会に積極的に参加しようとする者を射程に収める結果、エスニック・コミュニティのなかでのみ生きていこうとする者を排除する可能性があることだ。

　このように「多文化共生」は、どちらかと言えばホスト社会の視点に立って社会統合を目指しつつ、地域・自治体レベルの新たなローカル・シティズンシップの確立を志向する政策概念だと言えよう（渡戸、2009）。「多文化共生」には、①マイノリティ住民の人権擁護、②国籍による差別的取り扱いの撤廃、③文化的多様性の承認が含まれるが、そこには同時に「日本人／外国人」の二項

対立が前提として深く埋め込まれていることも指摘されてきた（柏崎、2010）。近年に至り、こうしたホスト社会の視点には徐々に変化が見られるとは言え、基本的な課題は残されたままであるように思われる。

"多様性"を活かす「多文化共生2.0」へ移行？

さてこの間、総務省や外国人集住都市会議などの「多文化共生」政策づくりで主導的な役割を果たして来た山脇は、2015年以降、「多文化共生」はバージョンアップした「多文化共生2.0」に書き換えられつつあると述べている（山脇、2017）。例えば、「浜松市多文化共生都市ビジョン」（2012年策定）では"ダイバーシティ（多様性）"を活かす都市社会政策の視点が導入され、外国人集住都市会議の規約も2015年に「外国人住民のもつ多様性を都市の活力として共生を確立する」に改められた。

山脇が言う「多文化共生2.0」は、実は2008年から欧州評議会が取り組む「インターカルチュラル・シティーズ」（ICC）の加盟都市（127都市）が研究・検証してまとめた「インターカルチュラル統合モデル」の考え方を導入したものだ（グイディコヴァ、2012）。このモデルでは、「多様性を脅威ではなく、むしろ好機と捉え、都市の活力や革新、創造、成長の源泉とする」ところに特徴がある。すなわち、第1に、「インターカルチュラル統合モデル」の基盤は「多様性のアドバンテージ」を認識すること。第2に、国際移民の流入による利益を活かすには、「多様で調和のとれた職場環境整備」「地域の多様性を反映した自治体・地域組織」「人種が隔離されない混在した地域空間」「柔軟で異文化に理解のある行政サービス提供」といった条件を整備しなければならない。そして第3に、移民を要援護者として位置づけず、地域のメンバー全員がそれぞれの役割を担っていることを認め、そのスキルを高め、活用できる地域づくりを目指す（誰もが社会に貢献できる、開かれた社会・企業風土が求められる）、といった視点が強調されている。

このように、ICCは都市自治体の外国人移民政策をメゾレベルで方向づける[1]と同時に、加盟都市の取組み事例を相互に参照し学習しあう政策ネット

---

[1] 浜松市主催・国際交流基金共催シンポジウム「インターカルチュラルシティ（ICC）と多様性を生かしたまちづくり」（2017年10月5日）で、欧州評議会ICCプログラム・

ワークだと言えるが、果たしてこうしたローカルレベルの政策だけで、マイノリティの人々を周辺化せずに「包摂 (inclusion)」していくことが可能か、あらためて問う必要があると思われる。「包摂」とは、もともと北欧の障害児教育の実践から生み出された思想に淵源があると見られる。P. ミットラー（2000＝2002）によれば、従来の「統合 (integration)」が「（障碍をもつ）子どもたちを通常学校に入れる準備をすること」を意味していたのに対して、「包摂」は「すべての子どもが、学校が提供するあらゆる範囲の教育的社会的機会に参加できることを保障するという目標の下に、学校を全体として改革し作り直す過程」に関係している。それは「カリキュラム、アセスメント、教育学、子どものグループづくりという点での学校の急進的な改革」であり、「性、国籍、民族、母語、社会的背景、学業成績、障碍からくる差異を歓迎し、祝福するという価値観」、すなわち「多様性を育て祝福する哲学」に基づいていると言う。一方、「インターカルチュラル統合モデル」は「多様性のアドバンテージ」を認識することに基盤を置くというが、"誰にとってのアドバンテージか"という基本的な問題を含めて、そこからはどちらかと言えば新自由主義的な統合政策が透けて見えるように思われる。

日本の外国人・移民政策の展開過程と「多文化共生」の課題[*1]

ところで、80年代以降の日本の外国人・移民政策はおおむね次のような段階を経てきた。

〈1982年体制〉　難民認定法を導入した出入国管理及び難民認定法を制定。バブル期の人手不足で「バックドア」からの非正規移民労働者の導入を黙認。

〈1990年体制〉　改正出入国管理及び難民認定法の施行（知識労働者などの導入のための在留資格の整備と非正規滞在者の排除へ）。「サイドドア」からの日系

ユニット長I.ダレッサンドロ氏は、「identityの多元主義を踏まえ、〈平等—相互作用—多様性〉の環で統合政策のあり方を追求」すると述べた。また、このプログラム策定に関わった都市政策専門家F. ウッド氏は、ICCが創造都市政策に基づくものであり、diversity advantageとともにinteractionを強調し、「寛容では十分ではない。より積極的に関わり合うようにすることが重要だ」と述べていた（浜松市企画調整部国際課、2018）。

*1　以下の一部は渡戸（2018b）による。

人・研修生・技能実習生の導入。世界金融危機を機に帰国支援策の実施と同時に、定住外国人施策の体系化を模索。

〈2012年体制〉「新しい在留管理制度」（管理の一元化による外国人管理の強化、非正規滞在者の排除による不可視化）と当時に、住民基本台帳に外国人住民を統合。「高度人材」獲得のためのポイント制度を展開。少子高齢化・人口減少に対応して技能実習制度や「国家戦略特区」などで外国人労働者の受入を緩和・拡大。しかし他方で、日本政府は「移民政策」は採らないとの政府見解を再三強調。そして、財界主導の単純労働者受け入れ解禁。

「多文化共生」はこの〈1990年体制〉から〈2012年体制〉に向かう途上で提起され、その後在住外国人の変化に対応しつつ一定の展開を遂げた政策だ。そこで視野を広げて、この約30年の欧米の移民国家の政策動向を振り返ると、第一に、多文化主義（multiculturalism）が普及・定着した1970〜80年代を経て、90年代以降になると、移民第二世代の社会不適応問題を焦点に多文化主義に対するバックラッシュが広がった。しかし日本ではちょうどこの時期に「多文化共生」が提起され、2000年代に政策化されていくことになる。第二に、80年代後期以降、新自由主義（Neo-Liberalism）政策下で労働市場の規制緩和（Welfare→Workfare）が進められ、非正規労働者が増えて格差社会化が進展した。第三に、2000年代以降、移民の選別政策が本格化し、高度人材の積極的誘致の推進と同時に、社会統合が困難な移民・難民を排除する傾向が高まっている（小井土編、2017）。第四に、こうした状況下で、定住外国人・移民の社会統合、社会的結束（Community Cohesion）が強調され、ホスト国の言語や社会的知識の習得の義務づけが広がっている。しかし日本では「移民政策は採らない」との方針の下、移民基本法とそれにもとづく国の専担組織がない状態が続く。そして第五に、そうした国の不作為を補完する政策理念として地域における「多文化共生」が提示されて10年以上が経つが、繰り返し指摘するとおり、国と自治体との明確な役割分担や、差別の撤廃、母語の保持、政治参加（地方参政権）などが欠落したままである。

日本では今後、人口減少が進み、外国人移民労働者の受け入れはますます不可避の課題となるが、アジア諸国でも生産年齢人口が減少していくことが予想される中、日本は果たして魅力的な就労先・定住先になるか否かが問われてい

表7-2　ヨーロッパ移民都市における移民政策の類型

政策類型 Policy Type	政策なし Non-Policy	ゲストワーカー政策 Guestworkers Policy	同化政策 Assimilationist Policy	多元主義政策 Pluralist Policy	異文化間交流政策 Intercultural Policy
ホスト－外国人関係に関する、地方自治体の態度／仮定	一時的現象としての移民	一時的ゲストワーカーとしての移民	定住者としての移民：そのよそ者性は消失するだろう（同化）	定住者としての移民：そのよそ者性は維持されるべきだ	定住者としての移民：そのよそ者性は強調され過ぎてはならない

出典：M.Alexander（2004）

　る。国立社会保障・人口問題研究所の是川夕（2018）の推計では、外国籍人口と帰化人口及びこれら二つに由来する人口（国際結婚カップルの子など）からなる「外国に由来する人口」は、約25年後の2040年に総人口の6.5％に相当する726万人に達すると見込まれている（だがこれでは同期間の人口減少1,617万人を補うことは不可能だ）。外国人・移民が人口5％を超えたあたりから西欧社会では多文化主義が本格的に議論されるようになった経緯を踏まえると、この水準を満たさない現在の日本社会では、移民政策の構築に向けた本格的な議論を行う条件が依然として整っていないとも言えるかもしれない。

　一方、ヨーロッパ移民都市の調査を通じてM.アレクサンダーは、「政策なし」「ゲストワーカー政策」「同化政策」「多元主義政策」「異文化間交流政策」という移民政策の5つの類型を抽出した（M.Alexander 2004；渡戸 2006、表7－2）。このうち、「多元主義政策」は「多文化主義政策」に、「異文化間交流政策」は欧州評議会が2008年に始めた「インターカルチュラル・シティ」プログラムに対応する[*1]。この類型における〈ホスト－外国人関係に関する自治体の態度〉は、前者では「定住者としての移民：そのよそ者性は維持されるべき

[*1] なお、カナダにおけるインターカルチュラリズムは「間文化主義」と訳されている。G.ブシャール（2012＝2017）を参照されたい。

だ」、後者では「定住者としての移民：そのよそ者性は強調され過ぎてはならない」である。

　前述のように、近年、外国人住民の存在を肯定的に捉え、その力を生かした取り組みに注目が集まっており、山脇はこれを「多文化共生2.0」（バージョンアップした多文化共生）と呼んだ。しかし多文化主義に基づくマイノリティ政策が国と自治体を貫く制度・政策として十分確立されないまま自治体の「多文化共生」政策が展開されてきたこの間の経緯を素通りして、「多文化共生」政策にこのプログラムを上書きしていくのは問題があるのではないか。そこでは、ホスト社会にとって歓迎・評価されない外国人・移民はまるで存在しないかのように不可視化される可能性がある。

　振り返れば、1980年代末以降、旧自治省の地域国際化政策を契機に、全国の府県・政令市・地方中核都市などの自治体は国際交流協会を次々に創設していった。そうしたなかで、とよなか国際交流協会は1993年、市の人権文化部が所管し、初代所長に民間人を迎えるという異色のスタートを切る。1995年には在日外国人の子どもの日本語教室「子どもメイト」を開始する（後年それは子どもサポート事業および若者支援事業になる）。そして「市民の主体的で広範な参加により、人権尊重を基調とした国際交流活動を地域からすすめ、世界とつながる多文化共生社会をつくる」という基本理念の下、2000年前後には外国人の子どもの強制収容問題に協会として取り組み、全国的な運動を喚起したことも記憶に新しい。

　しかし1990年代後半以降、財政危機下で進められた地方行革の影響は各地の国際交流協会にも及ぶ。象徴的だったのは、地球市民かながわプラザの事業を受託してきたかながわ国際交流財団が、コスト面を重視する県の選定基準により指定管理者選定で落選するという、2011年の出来事だ。そして同様の危機は、2000年代半ば豊中市でも生じていた。しかし協会は市と協議の結果、外国人の「非対称性」を意識し、積極的に「差別を是正」していくというミッションを明確にし、同協会が指定管理者となった（榎井、2011）。その後も指定管理者としての地位を確保しているとは言え、協会を取り巻く環境は厳しさを増している。しかしこうした文脈でこそ、協会の事業体系における「周辺化される外国人のための総合的なしくみづくり」（2013年度）はしっかりと受け

継がれるべきだろう。

　産業経済のグローバル化、格差社会化、少子高齢化などの進行は外国人か否かにかかわらず、地域社会に複合的な問題をもたらしている。こうしたなかで、国際交流協会にとってもっとも重要なのは、設立のミッションを常に問い直し再構築していく創造性であろう。そして組織のミッションを実現するため、中間支援組織（インターメディアリー）として地域の各主体に働きかけ、ネットワーク化していくことが求められる。その際、「市民協働」（市民セクター内の協働）を土台にしながら、「公民協働」にどれだけ市民性（当事者性）を活かせるか、すなわち「市民的公共性」を自治体政策にいかに反映させることができるかが重要なポイントになる。豊中では2011年に「市民活動共同デスク[*1]」が立ち上げられ、とよなか国際交流協会も当初から参画しているが、こうした試みがさらに発展することが強く期待されよう。

文献

Alexander, M. (2004) "Comparing Local Policies toward Migrants: An Analytical Framework, a Typology and Preliminary Survey Results", in Penninx, R., Kapaal, K., Martiniello, M., Vertovec, S. (eds.), *Citizenship in European Cities*, England. Ashgate.

榎井縁（2009）「地域における「国際交流協会」の役割」『国際文化研修』62、全国市町村国際文化研修所

榎井縁（2011）「地域国際交流協会と「多文化共生」の行方——地方財政再建の中で」『移民政策研究』3、現代人文社

榎井縁（2013）「コクリュウハタチに寄せて」『ハタチのあゆみの中で』（とよなか国際交流協会＆センター20周年記念誌）

外国人地震情報センター編（1996）『阪神大震災と外国人——「多文化共生社会」の現状と可能性』明石書店

柏崎千佳子（2010）「日本のトランスナショナリズムの位相——〈多文化共生〉言説再考」渡戸一郎・井沢泰樹編『多民族化社会・日本——〈多文化共生〉の社会的リアリティを問い直す』明石書店

小井土彰宏編（2017）『移民受入の国際社会学——選別メカニズムの比較分析』名古屋大学出版会

[*1] 共同デスクには、2018年度の時点でとよなか国際交流協会、豊中市社会福祉協議会、とよなか男女共同参画推進財団、とよなか市民環境会議アジェンダ21、豊中市スポーツ振興事業団、とよなか市民公益活動協議体らっぷが参加している。

駒井洋・渡戸一郎編（1997）『自治体の外国人政策』明石書店
グイディコヴァ,E.（2012）「インターカルチュラル・シティ──社会統合を推進するために多様性をマネージする」『自治体国際化フォーラム』11月号
是川夕（2018）「日本における国際人口移動転換とその中長期的展望──日本特殊論を超えて」『移民政策研究』10、明石書店
近藤敦編（2011）『多文化共生政策へのアプローチ』明石書店
丹野清人（2006）「なぜ社会統合への意思が必要か」『月刊NIRA政策研究』18（5）、総合研究開発機構
丹野清人（2018）『「外国人の人権」の社会学──外国人へのまなざしと偽装査証、少年非行、LGBT、そしてヘイト』吉田書店
とよなか国際交流協会（2013）『とよなか国際交流協会＆センター20周年記念誌　ハタチのあゆみの中で』
花崎皋平（1993）『アイデンティティと共生の哲学』筑摩書房
浜松市企画調整部国際課（2018）「インターカルチュラル・シティと多様性を生かしたまちづくり2017浜松──世界の多文化共生都市との連携促進」『自治体国際化フォーラム』323、自治体国際化協会
ブシャール、G.（丹羽卓監訳）（2012＝2017）『間文化主義──多文化共生の新しい可能性』彩流社
原知章（2010）「「多文化共生」をめぐる議論で、「文化」をどのように語るのか？」岩淵功一編『多文化社会の〈文化〉を問う──共生／コミュニティ／メディア』青弓社
ミットラー、P.（山口薫訳）（2000＝2002）『インクルージョン教育への道』東京大学出版会
毛受敏浩・鈴木江理子編（2007）『「多文化パワー」社会──多文化共生を超えて』明石書店
山脇啓造（2005）「2005年は多文化共生元年？」『自治体国際化フォーラム』187
山脇啓造（2011）「日本における外国人政策の歴史的展開」近藤敦編、前掲書
山脇啓造（2017）「多文化共生2.0の時代」（多文化共生ポータルサイトで連載）、自治体国際化協会
渡戸一郎（2006）「多文化都市のポテンシャルと諸課題」端信行・中牧弘允・NIRA編『都市空間を創造する──越境時代の文化都市論』日本経済評論社
渡戸一郎（2009）「多文化共生推進プラン」川村千鶴子・近藤敦・中本博晧編著『移民政策へのアプローチ』明石書店
渡戸一郎（2011）「多文化社会におけるシティズンシップとコミュニティ」北脇保之編『「開かれた日本」の構想──移民受け入れと社会統合』ココ出版
渡戸一郎編集代表、塩原良和・長谷部美佳・明石純一・宣元錫編（2017a）『変容する国際移住のリアリティ──「編入モード」の社会学』ハーベスト社
渡戸一郎（2017b）「自治体の外国人政策と言語問題」宮崎里司・杉野俊子編『グローバル化と言語政策』明石書店
渡戸一郎（2018a）「自治体と外国人住民」移民政策学会設立10周年記念論集刊行委員会編

『移民政策のフロンティア――日本の歩みと課題を問い直す』明石書店
渡戸一郎（2018b）「多文化共生と日本社会の課題」吉成勝男・水上徹男編『移民政策と多文化コミュニティへの道のり』現代人文社

3　多文化共生地域福祉とジェンダー

朝倉美江
金城学院大学

はじめに

　夜間中学を卒業し、「NPO法人うり・そだん」のデイサービスを利用している在日朝鮮人1世で95歳のAさんは「私の生まれは韓国の忠清北道です。子どもの頃から勉強したいて思っていたけど、植民地時代でもあったし、女は勉強しなくていいって時代だったから、学校には行かれへんかった。19歳の時に一人で日本に嫁にきて、言葉も何もわかれへんまま、主人と主人の両親と、それに主人の姉弟が8人おって、その家族を守りながら、必死で子ども6人を育てたわ」と語っている。Aさんの言葉は「多文化共生」という言葉とは程遠いものである。
　その上でAさんは「子どもや主人の手も離れたから勉強したいと思って、60歳を過ぎて夜間中学に通い始めてん。文字を習うことで、それまでの景色が大きく変わったで。文字がわからん時には、看板やら案内やら見えるものがみんな、色も味もない、わけのわからんもんばっかりやったし、一人でどこにも行かれへんかった。でも文字を習うことで景色に色がついて、風に香りが漂って、町が鮮やかになっていって、こんな喜び、それまで感じたことなかったわ」という。この言葉は、心にまっすぐ届く。そして言語や文化が生きていく上で、いかに大きなものなのかを教えてくれる。
　多文化とは何を意味するのだろうか。多文化は現実的に経験されているものだとして、宮島喬はその二つの意味を整理している。一つは、エスニックやナショナルと表現されるような多様性であり、違いの指標として言語、宗教、集

合的記憶などであり、もう一つは社会的につくられ、一部制度化された差異で、ジェンダー、大人－子どもというものであるとしている。また、一番ヶ瀬康子は文化について民衆の心からの支持なくしては拡がらないとし、いかなる時代においても文化を生み出した人々はその社会で差別され、逆境のなかから人生の苦悩を感じ、新たにその社会の価値観をこえて真・善・美・聖の普遍性を求め模索を続けた人々であったという。本節では、多文化共生地域福祉とは何かについて、ジェンダーに焦点をあてて紹介したい。その際、外国人労働者の実態と課題を明らかにし、それらの中でもジェンダーに関わる課題として介護問題に焦点をあて、介護等の課題を解決するための多文化共生地域福祉の枠組みを提示したい。

外国人労働者の増加とトランスナショナルな移住の実態

　人はなぜ移住するのだろうか。移住は世界中どこでも行われる生活行動であり、私たちのなかで、一時的、あるいは永久的に移住する人はいつの時代、どの国にも存在してきた。しかしグローバル化が進展するなかで、その選択をする人々が増加しつつある。移住が増加する背景には、移住という選択をする要因が大きくなってきたことが考えられるが、その要因にはマクロな構造のなかでの世界の経済・政治状況、ミクロな構造のなかでの移民自身の友人・家族との社会的ネットワーク、さらにメゾ構造として、移民をつのる組織、斡旋業者の存在等がある。

　外国人とは当該国の国籍をもたない人を表す言葉であるが、国際的には「通常の居住地以外の国に移動し、少なくとも12ヶ月間当該国に居住する人のこと」（国連人口統計局）を移民と称している。日本ではこの定義に該当する移民は近年増加傾向にあり、なかでも外国人労働者数は、ここ数年過去最多を記録している。日本は移民の受け入れを是認していないが、外国人労働者の滞在の長期化に伴い、事実上移民を受け入れているに等しい状況にある。

　現在、日本で生活している外国人労働者の在留資格は、身分に基づく在留資格である定住者もしくは国際貢献という名目によって認められている外国人技能実習制度による技能実習や留学生が多く、非正規滞在の外国人労働者も一定数存在している。ブラジル国籍の人が多い定住者は、1989年の出入国管理及

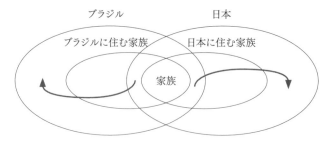

移動は流動的で、家族のライフサイクルの中で変化する

図7-2 トランスナショナルな移住家族の概念図

び難民認定法改正（入管法）によって日系人（3世まで）のみに就労制限のない在留資格として認められたものである。その背景には①人口減少等による労働力不足、②グローバル化、③明治期からの日本の移住推進政策、④ブラジルのハイパーインフレーション等があった。なかでも日本の製造業における単純労働力不足は深刻であった。しかし、政府は、単純労働者としての外国人は受け入れない、という方針を掲げていた。その矛盾のなかで、血統に基づく受け入れという特殊な位置づけによって、彼らは工場労働者としてブラジルから日本の工場にピンポイントで移住することとなった。彼らは移民＝生活者としてではなく労働者として位置づけられたことにより、彼らが抱えさせられた生活・労働問題は「外国人労働者問題」として顕在化したのである。

　定住者は、日系人のみに該当する在留資格であり、日系人とは日本にルーツをもつ外国人である。1980年代後半から急増した日系ブラジル人たちはデカセギ労働者として位置づけられてきたが、結果として長期滞在となり、実質的な移民となっている。彼らの多くは派遣社員という非正規雇用労働者であり、地域の人間関係、社会関係、さらには医療、福祉、住宅、教育など社会保障・社会サービスからも排除された存在である。

　日系ブラジル人のデカセギについて理解するためには、その家族たちがトランスナショナル（図7-2）であることを認識する必要があり、それはつまり、その家族の成り立ちの時期（来日前か来日後か）、家族が立てた目的及び計画、

既存社会ネットワークへの家族の適応、日本の家族とブラジルの家族との関係などを理解することが必要である。そして、「外国人労働者問題」は、雇用など社会経済状況の影響を受けた「不安定定住」によるものである。「不安定定住」とは、不安定就労（非正規雇用）であることによって居住も不安定であり、そのことがコミュニティでの人間関係も不安定化させている。さらに移民は、国境を超えて移動することから二国間の家族のあり方や地域の生活文化を含むアイデンティティに関わる生活・人生のあり方を問うような、より深刻な不安定さを抱えている。具体的には有期雇用で、低所得であり、社会保障制度（医療・雇用・年金・介護など）からも排除され、相談や情報提供も不十分であり、コミュニティの社会参加、政治参加からも排除された存在となっている。

移住の女性化と外国人介護労働者の受け入れ

　人口減少社会においては、労働力不足とともに医療・介護難民の増大、家族機能の縮小等に伴い人々の生活を支える家事・介護などの担い手不足が深刻な課題になりつつある。その際に移民は、労働者としてだけではなく、ともに生活を支え合う存在として位置づけられる。現実には農村部の過疎地などでは、「嫁不足」を補うために多くの「アジア人花嫁」が移住するという地域もあり、国際結婚による家族も増加している。そして、ここで期待される「花嫁」の役割は、子どもを生み、育て、家事を担い、親その後は夫の介護を担うという都合のいい家事・育児・介護労働者である。トランスナショナルな移住によって世界的な規模での生産が展開されるなかで、必然的に再生産も世界規模の文脈のなかで展開されている。なかでもアジア地域では、移住の決断はたいてい個人によってではなく、家族のために若い女性が送り出される場合が多いことも指摘されてきた。世界中で子育てや介護を担う女性が求められ、移住の「女性化」が進展している。

　日本の外国人介護労働者の受け入れは、経済連携協定（EPA）の枠内での特定活動という在留資格によって始まった。つまり介護は、医師・薬剤師などの専門職種としては位置づけられていなかった。そのようななか、介護人材不足を背景に政府の「日本再興戦略（改訂2014）」では、外国人労働者が介護現場でも働けることを提言した。2015年には国家戦略特区に「外国人家事介護支

援人材」を受け入れる改正特区法が成立し、特区に限って入管法の規制緩和を行い、家事労働者の受け入れを解禁した。2016年には入管法が改正され、新たに「介護」が創設された。ただし、この資格では、留学生として日本の大学等を卒業し、国指定の養成施設で2年以上学び、介護福祉士の国家資格を取得したものとされている。このような専門性と日本語能力を兼ね備えた外国人介護士だけで現在も深刻化している介護労働力不足は解決できるとは考えられない。

　そのような状況のもと、外国人技能実習生制度に介護を含めた。この制度は、建設、製造、農漁業など74職種が対象となっているが、初めて対人サービスである介護が対象となった。この外国人技能実習生制度は現代の奴隷制度とも称されるくらい人権侵害が深刻な状況を招いているものである。賃金の未払い、長時間労働、セクハラなどあまりに劣悪な環境のなか、「失踪」が相次いでいることが報告されている。ある労働組合への相談では「農業では、農薬を使い、深夜12時まで働かせ、暴力・暴言も多く、うつ病になった実習生をシェルターで保護している」、「工場で実習生の目の前で、フォークリフトで重い製品を落とし、怖がらせ、萎縮させる」という事例など深刻な人権侵害もある。さらに未だ最低賃金が支払われず「1年目は時給300円、2年目は400円、3年目は500円など低賃金で、働けないなら帰れ」という使い捨ての労働者となっている実態もある。

　しかし、外国人技能実習制度を廃止しないままに2018年12月8日入管法が改正された。この改正では、一定の知識や経験が必要で家族を帯同できない「特定技能1号」（通算5年まで）と、より熟練した技能が必要で、家族の帯同を認める「特定技能2号」（在留期間更新可）という新たな在留資格が設けられた。政府は、介護や建設など14業種で「外国人労働者」を今後5年間で「最大34万5,150人」受け入れることを見込んでいる。なかでも介護業種の受け入れが最も多く見込まれている。

　「日本は性懲りもなく使い捨て自由な『人材』を発展途上国から漁り続けたいのだろうか。介護労働に従事する、とりわけ移住女性に対する止むことのない搾取をくい止めなければならない」という声があるように、そもそも介護労働力不足の根本的な原因は、その待遇の劣悪さにある。今までの外国人技能実

習生の雇用環境の劣悪さの改善はいうまでもないが、現在の介護労働の環境改善を抜本的に図ることが緊急の課題である。介護労働環境と介護の専門性が担保されない現状のなかでは、外国人介護労働者の受け入れによって、介護の専門性や待遇の低下を招く可能性が大きい。

移民の生活問題と地域福祉

　人口減少社会となり、国際結婚の増加とともに高齢化が進展するなかで移住介護労働者への需要が増加しつつある。それらを背景として移民が増加し、彼女らの抱える問題が増加傾向にある。とはいえ、移民の問題は顕在化しがたく、ほとんどが派遣業者の通訳、日本語ボランティアの他、自助組織やNPOでの対応であり、それも手探りの状態である。そのような状態のなか、移民の抱える問題は深刻化しつつある。

　人身取引や家庭内暴力（DV）の被害者を保護する全国の婦人相談所では、2010年から2014年に少なくとも46カ国1910人（年平均約380人）の外国人女性を一時保護したという。日本人を含む保護者は、年4300～4600人で推移していることから、外国人の割合が高いことが明らかである。なかでもフィリピン、中国、ブラジル国籍の人の割合が高い。さらに外国人の保護の長期化が課題となっており、その理由として「住まいや仕事など生活基盤の受け皿確保が難しい」「日本語が十分話せず自立が困難」などがある。さらに「それらの支援を適切にできるスタッフがいない」ことが重大な課題となっている。婦人相談所に行き着くまでには、数カ月かかり、警察への相談でようやく保護されるという場合が多い。私が外国人集住都市で調査していた際も民間のシェルターもなく、言語に対応できる保護施設がないことが課題となっていた。DVなど深刻な問題こそ早期対応と予防的な対応が何より重要である。地域の中には、多様な国籍、言語、文化をもつ移民が生活しており、彼らは脆弱な人間関係、社会関係のなかにいることを十分理解し、積極的にアプローチしていくことが重要である。地域福祉の援助の現場では、未だ主体となる住民に移民が位置づけられておらず、彼らを把握する方法もほとんど明らかにされていない。

　地域福祉の源流は、イギリスで19世紀初頭から始まった共同体的な仕組みを基盤とした地域の貧困世帯への友愛訪問活動であり、その先駆は1820年代

にグラスゴーのセント・ジョン教区で行われた友愛訪問である。その後1884年には世界で最初のセツルメントであるトインビーホールが創設された。日本でも1890年代にセツルメント運動が始まり、1910年には賀川豊彦が神戸に救霊団を設立し、無賃宿泊所や食事提供、子どもの預かりなどを行ってきた。そのような歴史のもと地域福祉は、2000年の社会福祉法成立によって明確に規定された。社会福祉法第1条では、地域における社会福祉を地域福祉とすると位置づけられ、第4条では、地域福祉の推進が位置づけられ、制度的な地域福祉は2000年からその歴史が始まる。

　つまり地域福祉とは、地域で発生する貧困などの生活問題の解決を目指した人々の自発的な活動・行動であり、それらの歴史を踏まえて制度化が推進された。その地域福祉の多様な領域のなかでも介護は、もっともジェンダー不平等なものと位置づけられる。メリー・デイリーは「ケアという観点から考えることは、福祉国家と家族との関係を分析する道を開く一方で、福祉国家とコミュニティあるいはボランティアセクターとの関係を分析する道を開いた」と指摘している。つまり介護に焦点をあてることによって福祉国家においては女性が家庭で介護を担っており、さらにその介護は地域での無償活動としても位置づけられていることを明らかにできるということである。そして福祉国家とジェンダーとの関係について8カ国の比較研究の結果からすべての国において、圧倒的多数のケアは私的なものであり（ケア受給者自身の家庭において非専門的なベースで与えられるという意味で）、無報酬であることを明らかにしている。そして各国にわたって普遍的な特性の1つは、ケア部門の女性化であるという。

多文化生活支援システムと多文化共生地域福祉

　超高齢社会のなかでは、ケアは全ての人に共通の課題となり、現在、全世代全対象型の地域包括ケアシステムが推進されている。しかし、日本の介護システムは、ジェンダー不平等であるとともに日本国籍をもち、日本語を話せる人を対象としたものである。オールドカマーである在日朝鮮人のための特別養護老人ホームやデイサービスセンターを在日朝鮮人の人々が創ってきたように、ニューカマーであるブラジル人、中国人、フィリピン人など異なる国籍、言語、文化をもつ人たちのための多文化ケアシステムの整備が必要である。

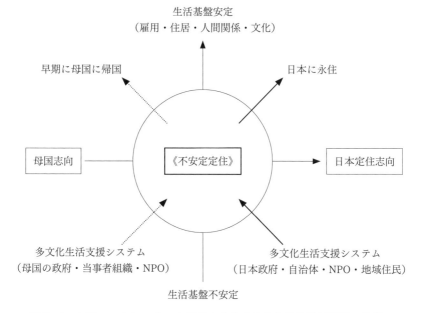

図7-3 トランスナショナルな移住を支える多文化共生地域福祉の枠組み

　在日朝鮮人の介護支援の現場では、「言葉が通じないことで、認知症にされた事例があった」、「日本の施設にいる外国人が心地よく過ごせるためには多文化のスキルをもった人材が必要である」、さらに介護保険サービスの一つ「小規模多機能ケアは、外国人にはつくれない」などと言われている。これらの事実は、移民はマイノリティであることから、日常生活圏には同じ文化をもつ人たちが少ない、もしくはいないことによって、より問題が深刻になることを示している。言葉の問題、文化の問題であると同時に「日本人と同じものを使えるから差別をしていない」という姿勢は、介護保険は住民であれば、移民であっても当然利用できるとはいえ、日本人と同じ介護サービスが地域にあったとしても、そのサービスが言葉や文化を尊重しないものであれば、彼女たちには利用できない、利用したとしても使い心地がよくないものなのである。
　介護は、生活のなかに含まれており、当然のことながら、その生活の基盤となるコミュニティのなかに介護は必要不可欠なものである。その介護が、多文

化を尊重したものとなるためにも地域包括ケアシステムのなかに異文化を支えるという視点と方法、さらに多文化介護を担える多文化介護士などの専門性をもった人材が必要不可欠である。以上のように移民の定住化、高齢化がすすむなか、移民の人権を尊重し、その生活を支えるためには、コミュニティを基盤とした乳幼児期、学童期、青年期、壮年期、老年期というライフサイクルに対応した体系的な「多文化生活支援システム」を早急に構築することが求められる。

トランスナショナルな移住は、送出国の家族と移住先の家族、さらに移住先の家族の子どもという国境をまたぎ、そして世代を超えた2国間もしくは複数国間の家族のあり方とコミュニティ形成が課題となり、教育、就労、結婚、子育て、老後というライフサイクルのなかで、国境を越えた制度やインフォーマルな社会関係などが必要不可欠となる。

「多文化生活支援システム」（図7-3）とは、「流動性」が高い移民の生活を支えるために国境を越えたコミュニティを位置づけた生活支援のシステムである。図に示したように日本で生活している移民は、ホスト国である日本に永住するのか、もしくは母国に帰国するのかは、マクロ、メゾ、ミクロという多様な要因に左右されるのが現実である。したがって、そのように翻弄され、流動的な移民の生活を支えていく「多文化生活支援システム」の構築が必要不可欠である。

外国人労働者を単純労働力として位置付けること自体が人権侵害である、ということを深く理解しなければならない。そして日本での滞在が不安定ななかで長期化するというプロセスのなかでは、人権を尊重するとともに人間関係を強化することを意識したサービス提供と「多文化を尊重した」柔軟な支援が必要である。なかでも「不安定定住」の外国人労働者を早期に移民として位置付けることは日本政府の最優先課題である。

そのうえで、地域の移民問題に気づき、その移民が抱える問題の解決を多文化共生コミュニティの創造を目指して展開していく多文化共生地域福祉が求められる。移民を地域住民として承認し、その問題を個別の問題として捉えるのではなく、その地域が移民問題を解決できるように多文化を配慮したサービス提供・社会資源の創造、さらに移民を主体者として位置づけ彼らと共に多文化

共生コミュニティを創造する地域支援である。

おわりに

　私たちは、労働の場でも生活の場でも国籍や言語、文化が異なる移民とともに生きる時代を生きている。グローバル化のもとでは私たち自身、もしくは家族も国境を超える可能性があり、私たちの生活の場では多様な人々が生活するコミュニティが現実のものとなっている。

　多様性とは、国籍、言語、文化の違いなどとともに子どもであったり、高齢になったり、障がいや病をもつこと、女性、男性、LGBT、生活困難な状態にあること、失業や過酷な労働環境にあることなどである。私たちが長い人生を送るなかでは多様な属性による課題を抱える可能性がある。どのような課題であっても受けとめられる多文化共生のコミュニティを創造していく努力を継続し続けることが今の時代を生きるすべての人の課題ではないか。

参考文献
朝倉美江（2017）『多文化共生地域福祉への展望　多文化共生コミュニティと日系ブラジル人』高菅出版
一番ヶ瀬康子（1997）「福祉文化とは何か」一番ヶ瀬康子他編『福祉文化論』有斐閣
丹野清人（2007）『越境する雇用システムと外国人労働者』東京大学出版会
宮島喬（2014）『多文化であることとは　新しい市民社会の条件』岩波書店
MaryDaly and Katherine Rake（2003）Gender And the Welfare State（杉本貴代栄監訳『ジェンダーと福祉国家　欧米におけるケア・労働・福祉』ミネルヴァ書房、2009年）
安田浩一（2010）『ルポ　差別と貧困の外国人労働者』光文社新書

とよなか国流と私

姜秀京
小学校外国語体験活動事業
コーディネーター

　三年前のある夏の日曜日でした。スーパーで買い物をしている時、何かを探している外国人の若い夫婦をみかけました。かなり困っている様子でした。たまたま、私はオーストラリアに留学していたことがあり、英語が少し話せたので、事情を聞いて助けました。
　その日をきっかけに、その夫婦と友達になりました。インドから来日した二人は近所に住んでいたので、よく会っていました。奥さんによれば、ご主人は日々研究室でずっと仕事をしていて、ランチの時だけ家に帰って、奥さん手料理のインドカレーを食べた後、また仕事に戻ることの繰り返しだったそうです。来日してからそんなに経ってないし、日本語も習っていないので、日本人の友達はほとんどおらず、どこにも行けない状態だと心境を話していました。話の中で、小学校で英語を教えているとの話を聞きました。それがまさに今私がコーディネーターとして関わっている、とよなか国際交流協会だったのです。
　彼女はとよなか国際交流協会の「小学校外国語体験活動」のボランティアとして学校で自分の国の紹介と英語を教えていました。日本語が得意ではなくても自分が日本で何かできる、人と会える、話せる時間を作れる、と彼女は笑顔で話をしてくれました。そんな彼女を見ていると私までも嬉しくなりました。その後、彼女がインドに帰ったあと、他のインドの友だちがボランティアをやってみたいと言うので、協会に連れていきました。興味があった私も一緒に登録し、ボランティアとして活動を始めました。そして現在は事業を運営するコーディネーターとしてもかかわっています。
　私は日本人と結婚して小学生の娘が二人います。彼女に出会えた時はすでに日本語は話せたけれども、日本人や社会に溶け込む場所や機会があまりなかったので、日本人とふれあい、さらに小学校で子どもに韓国について教えることは、私にとってとてもわくわくする時間でもありました。
　日本語が話せる私でさえ、寂しい思いをしながら過ごしていました。ですので、異国で言葉の壁があり、居場所もない他の外国人にとっては、人とふれあい、自分が必要とされるところがあるということは、この国にいる間の大きな精神的な支えになるに間違いありません。このように世界の人々が繋がり、心を寄せあえる大事な居場所が近くにあるのを知り、関わることで、きっと心が豊かになるのではないでしょうか。

在日フィリピン人女性の高齢化と
その複合的課題

高畑幸
静岡県立大学

在留資格と国籍を求めて

　私が研究の道を志したきっかけが、1992年、豊中市に住むFさんとの出会いです。1988年に来日し超過滞在となった彼女は1991年9月に婚外子のD君を出産しました。当時の国籍法では、出生前に胎児認知されれば婚外子が日本国籍を取得できました。日本人父はそれを試みましたが広島市の某区役所が受け付けず、Fさんは産後に「父による口頭の胎児認知届は有効」として日本国籍確認訴訟を提起します。大学院生だった私は支援者として弁護側の通訳を担当していました。「息子を日本人として育て、大学を卒業させる」とFさんは主張し、1996年11月、広島地裁は和解協議でD君に日本国籍を、Fさんに在留資格（定住）を認めました。

　その後、2005年に東京地裁で日比婚外子が日本国籍を求める集団訴訟が提起され、2008年に最高裁で勝訴。2009年には「生後認知でも日本国籍を与える」という改正国籍法が施行されました。これにより2009年から2016年に3900人の婚外子が日本国籍となりました。Fさんらが切り開いた道は多くの「日本人」を育て、外国人母子世帯の定住を可能にしました。成長したD君は大学を卒業し、社会人となりました。

日本語能力と「手に職」がないままに

　在留資格と経済的安定は別物です。1993年から2016年に約15万件の日比国際結婚が発生し、約10万人のフィリピン系日本人が誕生しました。2017年末現在、日本では26万553人のフィリピン人が暮らしていますが、その7割が女性で、Fさんと同世代の50歳前後に集中しています。日本語の識字力に不安を抱え「手に職」がない人も多くいます。

　発展途上のフィリピンでは大家族の「長女」として弟妹を養う立場にあり、来日後はダンサーや歌手として働き、結婚後は子育てをしながらパートで働いて送金し、孫が生まれても働き続け…という「女のド根性」の物語を生き抜いてきた女性たちです。「手に職」がなければ離婚や死別後に困窮するのも当然で、総務省の調査（2014年）によると、フィリピン国籍の母子世帯で生活保護受給が増加しています。若いうちは長時間労働で収入アップが可能でしたが、高齢化とともに無理がきかなくなっていま

す。

新たな「貧困予備軍」の来日

　「豊かな国の男性と貧しい国の女性」の象徴と言われた日比国際結婚は、2006年を境に減少しました。2005年に興行労働者の受け入れが急減し「出会いの場」がなくなったことに加え、「定住資格を得る手段」として日本人と結婚する必要がなくなったのだと私は考えています。とはいえ、かつて日本人男性と結婚し永住資格を得た女性が離婚後に本国から再婚相手や家族・親族を呼び寄せたり、日系人（戦前の日本人移民の子孫）が親族単位で来日するなど、在日フィリピン人数は増えています。
　彼（女）らが働くのは、大都市ならばサービス業、工業都市ならば食品加工や電子部品などの工場、過疎地や地方都市ならば介護施設などです。世帯内はフィリピン人のみで日本語母語話者が皆無、外国人支援団体や福祉サービスと接点が全くないという世帯もあります。彼（女）らはブラジル日系人たちと同様の非正規労働者として働いており、新たな貧困予備軍になりえます。特定の産業分野では常に非正規雇用かつ長時間労働の外国人が必要で、その構造的な問題が次々と「予備軍」を呼び寄せているのです。

マイノリティ単身女性高齢者の支援へ

　第一世代の女性たちの高齢化が始まり、新たな定住型労働者が来日しているのが在日フィリピン人の現在です。振り返ると、なぜ、多くの「フィリピン人女性」たちが若くして日本で興行労働につき、その後も婚外子を育てたり、母子世帯の主として常にお金の心配をして歳をとらねばならなかったのかと疑問に思うのです。根本的な問題はマイノリティ女性という複合的な周縁性です。それが作り出した苦しみを、経済的な問題は長時間労働で、法的な問題は裁判等の手段で、彼女らは戦い抜きました。その姿を間近で見て、私自身、何度も勇気づけられてきました。
　老後は帰国する人もいれば、子や孫がいる日本で過ごす人も多いでしょう。独居となる人もいるはずです。ニューカマー外国人の「老い」は、社会的孤立や無年金・無保険、介護通訳、多文化介護といった、外国人支援の新たな課題を私たちに突き付けます。今後は、第二世代の子どもたち、外国人支援と福祉の専門家、語学人材らが連携して、彼女らが安心して歳をとれる社会を作ることが課題です。私もそこに協働する一人でありつづけたいと思います。

8章 とよなか国流の基本理念を考える

窪誠
大阪産業大学

はじめに

　とよなか国際交流協会の基本理念は、「市民の主体的で広範な参加により、人権尊重を基調とした国際交流活動を地域からすすめ、世界とつながる多文化共生社会をつくる」です。そう、私たちは「人権尊重を基調」とした「社会をつく」っているのです。人権にもとづく社会建設です。そのことの意味を、あらためて考えてみたいと思います。考えの出発点は、私たちだれもが望んでいるはずの幸せです。その次に、幸せのための社会をどう建設すればよいのかを考えましょう。そして、それを現実の歴史に照らし合わせましょう。まず、西欧を中心とした世界の歴史を見ていきましょう。つぎに、それを日本の歴史に照らし合わせましょう。この比較をとおして、私たちの前に今どのような問題が立ちはだかっているのかを明らかにしましょう。最後に、そうした問題を乗り越えるために私たちとよなか国際交流協会は何をしてきたのか、これから何を目指すのかを考えましょう。

ふたつの幸せ──「結ぶ幸せ」と「切る幸せ」

　だれもが幸せを望んでいるはずなのに、世の中が幸せにならないのはなぜなのでしょう。それは、幸せという言葉自体が、相反するふたつの意味をもっているからです。私はそれを、「結ぶ幸せ」、「切る幸せ」と呼んでいます。「結ぶ幸せ」とは、「あなたが幸せだから、私も幸せ」と感じる幸せ。あかちゃんや子どもの笑顔を見れば、自分もうれしくなります。人に「ありがとう」と言っ

てもらえば、自分もうれしくなります。幸せがこれだけならば、世界中は本当に皆幸せになることでしょう。ところが現実には、これとは正反対の幸せもあります。それが、「切る幸せ」です。それは、「あなたが不幸だから、私が幸せ」と感じる幸せです。例えば、競争が激しくなれば、競争相手がケガや病気などで脱落すれば、自分が安心してしまうような幸せです。他の人を支配したり、差別したり、いじめたりして、自分だけが喜ぶような幸せです。支配拡大のために敵を殺して喜ぶ戦争は、最大の「切る幸せ」でしょう。ではこのふたつの幸せが社会建設にどのように関わるのかを次に考えてみましょう。

ふたつの社会建設――「結ぶ社会建設」と「切る社会建設」

　社会という言葉は、もともと、英語のsociety、フランス語のsociétéの翻訳語でした。これは、どちらもsociareというラテン語から派生した言葉で、それは人と人を「結びつける」という意味です。すると、社会という言葉自体が、その中に「結ぶ幸せ」の可能性を秘めていることがわかります。では、「結ぶ幸せ」を実現するための「結ぶ社会建設」は、どのようにすべきなのでしょうか。まず、誰もがわかることとして、二人以上の人間の間に、気持ちや考えの、ことばによるやり取りがなくてはなりません。ことばのやり取りは、まず初めに、気持ちや考えを発する行為があって、その次に、それを受け取る行為から成り立ちます。前者を自己表現、後者を他者理解といいましょう。つまり、自己表現によって、自分の気持ちや考えをなるべく正確に相手に伝えることが大切になります。そして、他者理解によって、相手の気持ちや考えを、たとえ共感できなくても、なるべく深いレベルで理解しようと努力することが大切になります。つまり、「結ぶ社会建設」のためには、ゆたかな自己表現と深い他者理解が大切であることがわかります。

　それでは、「切る幸せ」による「切る社会建設」とは、どういうものでしょうか。それは、自己表現と他者理解を否定して、誰かの考えを一方的に他の人々に押しつけ、他の人々はその誰かの考えを忖度し、従わねばならない社会建設、つまり、「支配による社会建設」です。たとえば、「人間は社会的動物である」という表現があります。「人間は一人では生きていけない。だから、みんなで協力して社会を建設して生きていく」という意味だと、多くの人が思っ

ています。これは、「結ぶ幸せ」から見た意味ですね。ところが現実は正反対でした。この言葉は元来、紀元前4世紀、古代ギリシアの大哲学者であるアリストテレスが、『政治学』という彼の著書の中で用いた言葉です。その意味は、「社会は、支配する側と支配される側が結びついてできているので、すべての人間は、支配する側か支配される側かどちらかだ」ということです。同じ「結ぶ」でも、自己表現と他者理解にもとづく「結び」もあれば、支配と従属にもとづく「結び」もあるわけです。実際、アリストテレスが生きた古代ギリシア世界は、奴隷制という支配者と被支配者がはっきりと分かれていた社会でした。アリストテレスの『政治学』は、東洋における孔子の『論語』に匹敵するもので、現在に至るまで欧米における政治的エリートの教科書です。つまり、政治的エリートは、社会を支配・被支配という「切る幸せ」の意味で理解しているのに対し、庶民は、助け合いという「結ぶ幸せ」の意味で理解しているのです。「幸せ」や「社会的動物」のように、言葉にはふたつの相反する意味があるので注意しましょう。

ヨーロッパにおける人権と社会建設の歴史
──支配者の「～していい」からすべての人間の「～していい」へ

　では、「結ぶ社会建設」と「切る社会建設」が人権とどのようにつながってくるのでしょうか。ご存じのように、人権保障制度は、ヨーロッパで発展し、第二次世界大戦後は、国際連合を中心として、国際的な制度となりました。もう少し歴史をさかのぼると、人権は中世ヨーロッパにおけるまちづくりから生まれたことがわかります。つまり、人権保障制度はヨーロッパのまちづくりという社会建設の中から生まれたのです。それを具体的に見てゆきましょう。
　ヨーロッパでは、5世紀にゲルマン民族の侵入などが原因で、西ローマ帝国が崩壊し、混乱に陥っていきます。その混乱も、11世紀ごろようやく収まりはじめ、農具や農業技術の発展により農業生産が高まります。12世紀ごろには、余った農産物を取引する商業が発展します。当時の人々は、貴族、キリスト教の坊さん、平民という三つの身分に分かれていました。日本では貴族と武士は別々の身分でしたが、ヨーロッパでは、貴族は戦う人、すなわち、武士でした。坊さんは祈る人、平民は働く人だったのです。貴族とそのリーダーである王様

は働かず戦をするのが仕事でしたから、平民はたまったものではありません。これが、平民によるまちづくりという、社会建設のきっかけになりました。平民の人々は、周りに要塞を築いて戦います。この要塞をドイツ語でburgブルグ、仏語でbourgブール、英語でburghバラまたはバーグといいます。今でもハンバーグで有名なドイツのハンブルグやフランスのストラスブールや英国のエジンバラなど、要塞がつくまちの名前がたくさん残っています。この要塞こそが現在に続くまちです。

憲章で約束された「権利と自由」が、まちをつくった

　そして、まちの人たちは、「まちのことは自分たちで決めていい」とか、「まちの人間を勝手に殺すなと要求していい」とか、「勝手に税の取り立てをするなと要求していい」とかいった、さまざまな「〜していい」と思う自己主張を、支配者である貴族や王様を相手に闘って、羊の皮や紙に書いた約束の形で認めさせていきます。この約束のことをラテン語でcartaカルタと呼びます。遊びのカルタやカード、病院のカルテと同じ語源です。羊皮や紙に書いてあるものという意味です。日本語では、「憲章」と訳されています。支配者と戦っているのはまちだけではありません。貴族も上位の支配者である国王と戦っています。こうして、カルタは、まちの人々と支配者の間だけではなく、貴族と王様の間など、あちこちでカルタが交わされるようになりました。有名なのは、13世紀にイギリスの貴族と王様の間で交わされた約束であるマグナ・カルタ（大憲章）です。

　被支配者が支配者に対してカルタで認めさせた「〜していい」こそが、ラテン語の「jus et libertasユス・エト・リベルタス　権利と自由」なのです。リベルタスは、英語のlibertyのもとで、自由という意味です。つまり、自分たちのことは自分たちで決めて、自分たちで行うということです。jusはここでは権利と訳されていますが、これは現在でも英語のjustice正義、jurist法律家という言葉に見られるように、「〜していい」という自己主張＝権利＝法＝正義というひとかたまりの概念なのです。自分たちの自由を守るために、自分たちの「〜していい」と考える自己主張を支配者に守らせるための権利であると同時に、それが自分達のまちの内部での規律＝法となり、それを実行することが

正義だからです。実際、まちのカルタはまちの法律となっていきます。マグナ・カルタは現在でも英国憲法の一部です。

　こうして、ヨーロッパでは、まちが「権利と自由」によって生まれたのです。一見すると、「結ぶ社会建設」のように見えますが、残念ながら、それはコインの表にすぎません。裏の現実には、「切る社会建設」がありました。平民の中でも、支配者である大金持ちは、文字通りブルジョア（まちのひと）と呼ばれていました。彼らは、他の人たちを安く働かせて支配していたのです。もちろん、働く人たちも団結して組合をつくって、自分たちの「〜していい」を主張していきます。このように、ヨーロッパの中世は、人々が利益を同じくする者同士まとまって団体をつくり、自分たちの自己主張を上位の支配者に認めさせていったのです。

憲法で約束された「権利と自由」が、人権をつくった

　16世紀に入って、西ヨーロッパ諸国が植民地支配による利益を拡大するようになると、ブルジョアも単なるまちの金持ちではなく、海外にも活動領域を広げて、経済的にも政治的にもますます強くなっていきます。17，18世紀になると、大金持ちたちは、国の政治を動かすほど大きな力を持つようになり、社会建設の考え方そのものの変更を迫ります。すでに述べたように、従来は身分社会でした。つまり、世の中は身分によって成り立っており、その頂点に、神様から支配権を委ねられた国王が君臨すると考えられていました。それを「王権神授説」といいます。この中で、大金持ちたちはいくら偉くなったとはいえ、所詮、身分的には平民ですので、上の身分にはかないません。そこで、身分制を否定するための、新たな「権利と自由」にもとづく新たな社会建設論を主張します。それは、「権利と自由」をふたつの方向に発展させたものに他なりませんでした。ひとつは、まちの社会建設から国家社会建設への発展です。もうひとつは、身分の「権利と自由」から個人の「権利と自由」への発展です。これが、人権に他なりません。つまり、人は生まれながらにして自由であり平等である。自分たちの主張する「〜していい＝権利」すなわち人権を守るために、個人がお互いに約束して国という社会を建設したと主張したのです。これを「社会契約説」と言います。この主張を実現したのが、17，18世紀のイギ

リス名誉革命、アメリカ独立革命、フランス革命などの、いわゆる、市民革命でした。この「市民」は、上に見たブルジョアという大金持ちのことです。ですので、市民革命は、ブルジョア革命とも呼ばれます。この「市民」は、豊中市民や大阪市民といった、市内に住んでいる人という意味ではありませんので、注意が必要です。

　こうして、かつては、まちの「権利と自由」がカルタに明記されたのと同じく、今度は、個人の「権利と自由」すなわち人権が、イギリスにおける権利章典、アメリカにおける独立宣言、フランスにおける人権宣言といった国家社会の基本ルールに明記されたのです。事実、「権利と自由」という表現は、上記イギリスの権利章典に見られます。現在でも、ドイツ国歌の冒頭は、「統一と権利と自由のために」で始まります。さらに、後述するヨーロッパ人権条約の正式名称を日本語にすると、「人権及び基本的自由を守るためのヨーロッパ条約」と言います。このように、まちも国もヨーロッパも、あらゆる社会が「権利と自由」を守るためにあると考えられているのです。

救済なくして権利なし

　人権保護の最も大きな意義は、人権侵害の被害者が国家によって救済されねばならないということです。これを、「救済なくして権利なし」といいます。救済とは、第一に、現在および将来の人権侵害行為をやめさせることであり、第二に、過去の人権侵害被害を賠償させることです。しかし、ここで重大な困難が生じます。誰が侵害の有無を判断し、誰が救済を命じることができるのでしょうか。国家が最高権力を握っているのに、誰がその責任を判断できるのでしょうか。それは、国家機関でありながら、政府からは独立して判断する裁判所です。これを裁判所の独立と言います。そして、裁判所の裁判官は、政府の意向ではなく、人権宣言や憲法といった法に従います。これを裁判官の独立といいます。こうして、人権保護を含む国家の活動は、法によって規制されねばならないことになるのです。これを、法の支配と言います。

市民革命の限界

　社会契約論は、一見すると「結ぶ社会建設」のように見えますが、現実には、

市民革命が大金持ちによる革命であったことから生まれる限界がありました。選挙権は彼らにしかないので、重要な政治的決定はすべて彼らが行っていました。彼らは、自分たちが経営する企業で、人々を長時間、低賃金で働かせることによって、ますます大金持ちになります。一方、働く人は、他に収入がなければ、劣悪な労働条件でも、生きていくために、そこで働くしかありません。これを「労働を売ることによって生きる」と言います。労働が商品になってしまったのです。商品なので、大金持ちは、なるべく安いものを買いたいし、悪くなれば買い替えればいいわけです。以前は、働く人々もギルドという組合を組織して自分たちの「〜していい＝権利」と利益を守っていました。しかし、市民革命後それは禁止されます。なぜなら、それらは企業活動の自由の邪魔になるからです。つまり、自由とは言っても、それは、大金持ちの自由であって、働く人々の自由ではなかったのです。先に、「言葉には矛盾するふたつの意味があるので注意しましょう」と述べましたが、「自由」についても、それが当てはまることがわかります。こうした企業活動の自由を主張する考え方を自由主義といいます。もちろん、これによって、一部の人々はますます金持ちになり、おおぜいの働く人々は、連帯する自由も認められず、お互いに厳しい競争にさらされて、ますます貧しくなります。それでも、それは自己責任であり、生存競争という自然の法則であると説明されたのです。結局、「社会契約論」から生まれたはずの社会は、一部の大金持ちが多数の働く人々をばらばらにして、商品として支配する企業社会にすぎませんでした。

　しかし、「生まれながらに自由平等な個人が、その権利を守るために約束して社会建設した」という社会契約論が認められれば、今度は働く人々である被支配者が「私たちも私たちの権利によって新しい社会建設を主張していいはずだ」と考えるのは当然です。こうして、働く人々は、自分達にとっての「〜していい＝権利」を主張して、大金持ちやその背後の国家と戦いました。そして、カルタの時と同じく、法律としてその権利を企業と国家に認めさせたのです。その権利とは、まず、国の運営に自分たちの声を反映させるための普通選挙権、次に、企業に対してひとりで権利主張しても解雇されてしまうだけなので、労働組合を作るための団結権、労働組合が使用者側と交渉するための団体交渉権、最終的手段として働く人々がいっせいに仕事を停止するストライキ権という、

いわゆる労働三権です。これらは、企業の運営に自分たちの声を反映させるための権利です。さらに、その延長として、働けない人々に対する生活保障の権利、すべての人々が無償で教育を受ける権利などでした。こうした権利を社会権といいます。競争でばらばらな商品にされるおそれのある働く人々を再び人間として結び合わせるために、国家が介入して助けましょうという考えです。社会権にもとづく社会が社会国家です。それに対して、金持ちが主張した権利は、自分たちの自由な経済活動を守るために、国家は介入するなという自由権でした。それによって建設される国家を自由国家といいます。気をつけなくてはならないことは、自由権がもともとは金持ちの自由だからといって、働く人々にとって不要ということにはならないことです。多くの自由権は、表現の自由や婚姻の自由のように、すべての人々にとって大切です。ただ、社会権がなくては、お金がなくて働いて稼ぐほかに生きるすべがない人々にとっては、自由権も絵に描いた餅にしかならないということです。すべての人が自由権を享受するためには、社会権が必要なのです。

「大金持ちの自由の国際化」と「働く人の権利の国際化」

　19世紀になると、ヨーロッパ各国で、大金持ちと働く人の対立が激化してゆきます。働く人の運動は、国境を越えて国際的な労働運動となっていきます。「万国の労働者よ、団結せよ」というスローガンが叫ばれました。一方、大金持ちは、国内の労使対立から人々の目をそらすために、植民地獲得競争と、それに伴って戦争にいたる危険のある、国家間対立を一層激化させます。つまり、「国の安全が脅かされているときに、国内が対立している場合ではない。皆が一致団結しなければならない」と叫んで、「自分の国が世界で一番素晴らしい」というナショナリズムを煽ります。「一致団結」と言っているのですから、一見、「結ぶ幸せ」のように見えます。ところが、これは戦争のための団結です。働く人は税金を払います。大金持ちはそれを代金として受け取る代わりに、大量の武器を作って売ります。働く人は兵士として、命を払ってその武器を使います。働く人が金と命を払い、大金持ちが二重に儲ける究極の「切る幸せ」、究極の「切る社会建設」に他なりません。こうして、二度にわたる世界戦争が起きました。一方、ソ連をはじめとした東ヨーロッパや中国では、働く人が直

接国家権力を握る共産主義革命も起こりました。こうして生まれたのは、大金持ちが支配する自由主義国家グループと、働く人が支配する共産主義国家グループとの間の、いわゆる東西冷戦と呼ばれる対立でした。

人権の国際化──「すべての人の人権」へ

それでも、戦勝国である連合国は、連合国組織 Organization of the United Nations（日本語では国際連合、国連）という世界平和のための国際機関を設立しました。その基本的ルールを国連憲章と言います。この「憲章（英Charter）」という言葉が、上に見たカルタに由来することは言うまでもありません。国連の目的のひとつが人権保護です。1948年の世界人権宣言第1条は、「すべての人間は、生まれながらにして自由であり、かつ、尊厳と権利とについて平等である」と宣言しました。1966年には自由権に関する条約と社会権に関する条約のふたつができました。でも、その当時ですら、世界の実質的な支配者は、「国籍者、白人、成年、男性、健常者」でした。ですので、このふたつの条約以降にできた人権条約の多くは、彼らによって差別されてきた人々の人権を守るための差別撤廃条約なのです。人種差別撤廃条約1965年、女性差別撤廃条約1979年、子どもの権利条約1989年、移住労働者権利条約1990年（日本未加入）、障害者権利条約2006年などです。なるほど、人種差別撤廃条約は、ふたつの条約よりも前にできたように見えますが、実は、ふたつの条約案の方が先にできていたのでした。こうして、人権の国際化は、ヨーロッパの支配者のための人権から、世界中のすべての人のための人権に拡大したのでした。

人権救済制度の発展

条約による国際的人権ルール作りの傍らでは、それを個人が実際に利用して救済されるための制度が整えられていきます。従来、人権侵害の訴えは、国内裁判所に持ち込まれました。そのために裁判所の独立と裁判官の独立が大切であることは、上に述べたとおりです。国際社会は、これを国際的方向と国内的方向という、ふたつの方向に発展させました。

国際的方向とは、人権侵害の被害者が、国内裁判所の最終判決に満足できない場合、国際機関に人権救済を訴えることができるようにすることです。上に

挙げた、自由権規約、社会権規約、人種差別撤廃条約、女性差別撤廃条約、子どもの権利条約、障害者権利条約は、そのための「個人通報制度」とよばれる制度を備えています。しかし、日本はこの制度に入っていません。また、先にふれた「ヨーロッパ人権条約」以外にも、「米州人権条約」、「人及び人民の権利に関するアフリカ憲章」などが、個人の訴えを認める人権裁判所を備えています。

　国内的方向とは、人権侵害の被害者が、国内裁判所に訴える前に、より安くより早い人権救済を求めることができるようにするための国内人権機関を設置することです。なぜなら、裁判所による救済は、莫大な費用と長い時間がかかるからです。1993年12月に国連総会が、「国内人権機関の地位に関する原則（パリ原則）」によって、その設置を勧告しました。今や、日本を除いて、多くの国に国内人権機関が設置されています。お隣の韓国にも国家人権委員会という国内人権機関があります。こうして、人権は多様な人々が共存できる社会の建設に向かっているのです。

冷戦終結後の新自由主義再盛――再び人間が商品へ

　共産主義革命は、働く人のための働く人による国家社会建設のはずでした。ところが、実際は、共産党が一党独裁によりすべてを判断し命令するので、人々の「〜していい」が認められませんでした。結局、「支配のための社会建設」に陥ってしまったのです。そのため、1990年代に、ソ連をはじめとした東ヨーロッパの共産主義諸国は崩壊しました。中国は改革開放政策の名の下で、表向きは共産主義の看板を維持しながら、実際は、アメリカ以上の資本主義国になりました。それでも、世界の人々は、東西冷戦が終わったので、21世紀に明るい平和な世界が到来することを夢見たのです。ところがそうはなりませんでした。働く人の力が弱まったということは、上に見たかつての大金持ちの自由主義が一層強化されて復活するということです。それを新自由主義といいます。その政策とは、企業の自由を最大化し、人間の自由を最小化することです。こうして、教育、医療、福祉といった社会の基礎的部分が次々と民営化され、企業の自由な活動にゆだねられました。さらに、人材派遣業も規制が緩和され、非正規労働者が増加しました。人間がますます商品化されているのです。

ですから、今日の世界は、人権保護の発展と新自由主義の進展が拮抗している状態なのです。

日本における人権と社会建設の歴史——「考えずに従え」の発展

　被支配者が「〜していい」という自己主張を、支配者に認めさせてきたのが、ヨーロッパの歴史であり、国際連合が設立されて以来今日至るまでの、世界の歴史でした。では、日本はどうでしょう？

　「民」という字はそもそも、目を針で突いて目を見えなくされた奴隷をかたどったものです。孔子『論語』の「民は由（よ）らしむべし、知らしむべからず」も、「民はお上の政治に従わせておくべきで、その内容を知らせる必要はない」と一般的には理解されています。また、「見ざる、言わざる、聞かざる」も、「民は政治にかかわることなく、お上に命じることに、何も考えずに従え」と理解されています。ということは、まちづくりや人権の出発点である「〜していい＝権利」を主張すること自体が、日本ではそもそも伝統的に否定されていることになります。実際、jusは、英語のright、フランス語のdroitですが、これが日本に入ってきたときには、「権利」と訳され、人々が容易に使えるような言葉にはなっていません。ところが、英語のrightもフランス語のdroitも難しい言葉ではなく、子どもが親に「〜していい」と尋ねるときに言うような日常語なのです。

　明治政府は、当時の西欧先進諸国からさまざまな制度を採り入れましたが、社会建設原理については、「社会契約論」を拒否しました。逆に、西欧先進諸国による日本の植民地化を防ぐという名目で、天皇を頂点とした強力な君主国家を建設しました。それでは、「王権神授説」を取り入れたのでしょうか。いいえ、それよりはるかに強固な「支配による社会建設」原理を確立しました。「王権神授説」は、文字通り、王の権威は神から授かったという意味ですから、王は神ではありません。ところが、明治政府の社会建設原理では、「日本は、神＝天皇が直接建設した神国だ」というのです。「民は天皇の赤子として、天皇のために戦い死ぬことが義務である」と学校でも教えられました。こうして、明治維新以降、日本は神＝天皇を総大将とする宗教軍事国家となったのです。

　「〜していい＝権利」という意思表示は、単なる「わがまま」として非難さ

れることになります。当然、同じ意思表示から生まれるまちも存在しません。都道府県や市町村も中央政府の命令を実施する末端にすぎません。実際、戦前には地方自治が存在せず、中央の内務官僚、および、中央から任命される地方官が、「牧民官」として、人々を支配していたのです。「牧民」とは、中国春秋時代の管中（かんちゅう）が著したとされる『管子』の「牧民編」に由来する言葉で、羊を養うように民を支配することを意味しています。人々は支配の対象でしかありえず、人々が自ら地域社会を建設することは許されなかったのです。そのため、明治維新による急激な西欧化にもかかわらず、まちや人が支配者に対抗する権利として存在するという認識を得ることはなかったのです。逆に、第二次世界大戦末期には、天皇を守るためにすべての人々が戦って死ぬという「一億総玉砕」が叫ばれたのです。

第二次世界大戦後　人権は国家裁量へ

　では、第二次世界大戦後、天皇主権の大日本帝国憲法から、国民主権の日本国憲法にかわったことにより、人々の「〜していい＝権利」が認められるようになったのでしょうか。確かに、日本国憲法第13条は、「すべて国民は，個人として尊重される。生命，自由及び幸福追求に対する国民の権利については，公共の福祉に反しない限り，立法その他の国政の上で，最大の尊重を必要とする」と明記しています。しかし、国も裁判所も「いかなる人権も絶対的ではありえず、公共の福祉による制限を受ける」と説明します。これ自体、自由権規約違反であることが、国連人権機関から幾度も指摘されています。なぜなら、規約第4条は、いかなる場合にも制限できない絶対的人権を認めているからです。では、「公共の福祉」とは何でしょう。日本政府は国連人権機関において、国益、国家の要請であることを認めています。結局、日本では、人権とは、国家が判断する、国家の「していい」に過ぎないのです。ですから、人権救済も、先に見た世界的な発展とはほど遠いものです。法務省人権擁護局が提供する人権救済は、どれも国が行う施策でありながら、加害者に対する強制力もないため、被害者は泣き寝入りするしかありません。

　国民ですらこの程度ですから、外国人の人権はほとんど無きに等しいものです。最高裁判所は、「外国人に対する憲法の基本的人権の保障は、（中略－引用

者）外国人在留制度のわく内で与えられているにすぎない」と述べます。つまり、外国人在留制度という国家裁量の枠内でしか、人権は認められないというのです。外国人の出入国、帰化に関する処分には、行政手続法も行政不服審査法も適用されません。国連人権機関は、退去強制手続中の外国人に対する虐待を拷問禁止規定違反として非難し、外国人技能実習制度を奴隷禁止規定違反であると指摘しています。

第二次世界大戦後　地方自治は中央集権へ

　日本国憲法は、戦前にはなかった地方自治も明記しています。たとえば、戦前戦中、中央集権的教育行政によって軍国主義教育が推し進められたことを反省して、戦後、教育委員会という、教育行政に責任を負う自治組織が都道府県および市町村に設置されました。住民の選挙によって選ばれた教育委員が、文部省（現文部科学省）のみならず知事や市長からも独立して、教育行政を管理することになったのです。これは、「教育行政の管理は、人々が直接行うべき」というアメリカの教育委員会制度を取り入れたものです。ところが、これも結局、文部省中心の教育行政に戻ってしまいました。

　今日、日本において、「結ぶ社会建設」を実践すること、すなわち、地域の人々が自分たちのことを自分たちで決めることがいかに難しいかを示しているのが、沖縄と国立です。沖縄では、県知事を先頭に、地域の人々が、平穏な生活を守るために、米軍基地建設に反対しています。ところが、住民の平穏な生活を守ることを使命にしているはずの警察官が、無抵抗の女性やお年寄りを、暴力を用いて排除しているのです。国立では、まちの景観を守ろうとする市民に推されて市長になった人が、マンション建設会社の営業を妨害して市に損害を与えたから4500万円賠償しなさいと、裁判所に命じられたのです。この命令が出されたのは2015年でしたが、すでに1950年代から国立のまちづくり運動は始まっていました。実際、「まちづくり」という言葉自体、中世ヨーロッパのまちづくり研究の第一人者である、増田四郎・一橋大学教授が、大学所在地の国立をモデルに、「都市自治の一つの問題点」と題する1952年の論文で用いたのが、はじめての使用と言われています。その中で、「新しい町づくり」は、「合理的な自己主張の問題、自治体の主体的な権利獲得の問題」と指摘さ

れています。結局、世界の潮流は、人権にせよ、まちづくりにせよ、その出発点にある「〜していい」という自己主張を促進してきたのに対して、日本は、逆に、それを抑圧してきたのでした。次に、その一層具体的な例を見てみましょう。

物言わぬ羊

東北大学の川島隆太教授が、東北大学広報誌『曙光』2016年4月号にこう書いています。

「十数年前、名は伏すが、偶然、一人の旧帝国大学名誉教授と懇談する機会を得た。その方は、戦後、GHQと共に日本の新しい教育システムを構築することに携わってきたと言っていた。そして、『私たちが目指した我が国の教育の目標は、90％の国民が物言わぬ羊となることである。それが治安の観点からは安定性に優れ、経済の観点からは最も効率の良い社会を作ることに繋がる。見たまえ、私たちの壮大な社会実験は見事に成功を収めた。』と、我が耳を疑う言葉を吐いた。」

切る社会で自ら死にゆく私たち

結局、日本に生きる人々は、まちづくりの歴史や、人権の世界的進展を知らされることがありません。その一方で、人々は「人権」を毛嫌いし、「自己責任」で思考停止しているため、低賃金、長時間労働があたりまえのものとなり、いじめや過労死が増加し、女性や子どもが虐待され、貧困化が進んでいます。実際、2018年年6月19日に厚生労働省が発表した、平成30年版『自殺対策白書』によると、15歳〜39歳の各年代の死因の第1位は「自殺」。10〜14歳においても、「自殺」は、癌・悪性腫瘍に続く2位です。「15〜34歳の若い世代で死因の第1位が自殺となっているのは先進国では日本のみ」と、厚生労働省も認めているのです。

とよなか国際交流協会がしてきたこと、今後もすること
――結ぶ幸せのまちづくり

以上の考察から、とよなか国際交流協会の基本理念が直面している大きな困

難は、日本の偏った国際化にあることがわかりました。人権保護の国際化には目をそむけながら、人間を商品化し低価格競争させる新自由主義の国際化だけが急速に進展しているのです。外国人や外国にルーツを持つ人々の人権保護は、本来、国や自治体が責任をもって取り組まねばならないにもかかわらず、民間団体に競争させる形になっていることが多いのです。そのため職員の雇用を含む協会の運営は、十分に余裕ある形で行えるとは限りません。また、そういった状況のしわ寄せは個々の職員に行ったりします。

　そうした困難の中でも、とよなか国際交流協会は、「結ぶ社会建設」にもとづく「多文化共生社会」を目指して活動してきました。活動の主な柱は当初2本ありました。ひとつは、とよなか国際交流センターを拠点として、外国人市民の自立や社会参加に向けた総合的な外国人支援と多様な文化が認められる「場づくり」、もうひとつは、差異ある人々との共生のために行動できる「ひとづくり」でした。その後、この柱を、ひとつは空間的に、もうひとつは時間的に発展させるべく努力しています。空間的発展とは、まず、とよなか国際交流センターから外に出て、「アウトリーチで地域とつながって歩む」。次に、地域の関係者・関係団体と「ネットワークで確かな支援の輪を」広げることです。時間的発展とは、「次世代と共に持続可能な共生社会へ」向かって活動することです。

おわりに

　自分の気持ちや考えを発するという、「結ぶ社会建設」へのはじめの一歩が、日本では、過去から現在にいたるも、わがままであり、「反」抗的とみなされてきました。人権やまちづくりに励む尊敬すべき人々の中にも、自らを「反」権力、「反」体制と位置付ける人々がいます。本稿が明らかにしたのは、「〜していい」という自己表現の行為自体が、まちづくりと人権の出発点として、過去の歴史においても、今日の世界においても、「正」統かつ「正」当な、「正」しき行為であるということです。

とよなか国流と私

髙木智志
団体職員

おまつり地球一周クラブ（2017年）ベナン料理体験のようす

　僕と「とよなか国際交流協会」との出会いは、中学2年の時の「職場体験」です。僕は、脳性まひで手足を使うことは難しいのと、人と関わる仕事に興味があったので、とよなか国際交流協会に行くことになりました。そこでは、電話対応や子どもの保育の見学など、協会の活動を体験しました。また、外国にルーツのある人が先生になって、外国の文化について紹介し、それぞれ質問をしました。僕も幼稚園の時に一年間アメリカに住んでいたことがあったので、その時の話をしました。そして、協会の方から、傾聴について教わりました。職場体験が楽しかったので、中学卒業後は協会のイベントに参加するようになりました。そこで、「おまつり地球一周クラブ」に誘われて、ボランティアとして関わることになりました。おまつり地球一周クラブの目的は、地域の小中学生に外国のことを知ってもらい、多文化共生社会の担い手となってもらうことです。地域に暮らす外国人が講師になって外国の文化について話を聴いたり、外国の遊びをしたり、外国の食べ物を一緒に作って食べたり、コリアタウンやモスクなどに実際に行ったりもしました。アイヌや沖縄など国内の異文化についても学びます。子ども達は質問をいっぱいして、講師と仲良くなり、楽しく過ごしました。

　この活動は、地域の外国人に講師になってもらうことで、外国人自身のエンパワーメントにもなり、地域で暮らすことを支援する活動でもあります。ある時、夫の仕事の関係で来日し、日本語があまり話せず、近所付き合いに不安を持っている人が、講師になるのを不安だと仰ったことがありました。実際にやった後に、自信がついて生き生きとすごく変わられたことがありました。運営側も良かったと思いました。

　おまつり地球一周クラブは、地域の子ども達に外国の文化を学んでもらうことが目的ですが、僕自身も、毎回、知らないことがあることに気づかされ、驚きました。僕は、高校で写真部だったので、おまつり地球一周クラブの活動を写真で記録することをやらせてもらいました。子ども達の純粋な好奇心が表情でわかりました。おまつり地球一周クラブは、多文化教育に貢献をしていると思います。

子どもが困窮から救われ、学ぶ、育つが優先される社会
―― その担い手であり続けることを誓って

金光敏

コリアNGOセンター

「sensei choto kikitai nandesu ga watashi tachi Osaka ni modoretai nandesukedo watashini shigoto nai kana?」

　LINEを使って私に連絡があったのは8月末。要領をうまく呑み込めずに、メッセージをいくつかやりとりすると、危機的な困窮状態にあることがわかりました。この家族は2年前まで大阪市中央区に暮らしていた子ども3人の母子家庭。しかし、生活が苦しく、子どもたちをフィリピンに帰しています。単身となった母親は、知人から群馬に行けば職があると聞いて移住を決意しました。短期契約が多いものの、切れ目がないからと派遣労働を斡旋された模様です。少し余裕ができることを見越して、長女と次女を群馬に呼び寄せ3人の生活を始めています。さらに生活に余裕ができたら就学前の三女も呼び寄せ4人の暮らしを仕切り直す予定だったと言います。

　しかし、その期待はすぐに裏切られます。仕事紹介が途切れはじめ、他の派遣会社に登録しても、一週間や10日などの仕事が五月雨式に入ってくるだけだったのです。到底生活ができる状況ではありませんでした。今年6月に次女をしばらくだけフィリピンに戻しています。食べることすら難しい状態に陥っていました。

　子どもたちは、以前にMinamiこども教室に通っていました。ところが突然にフィリピンに帰ることになり、教室で涙の離別を経験しました。別れのときの哀しそうな表情は忘れられません。生活を再建し家族が再び一緒に暮らせる日が来ることを私たちは祈るしかありませんでした。

　家族が日本に戻ってきていると知ったのはFBを通じて。メッセンジャーで問いかけると返事があり、群馬にいることがわかりました。いつか訪ねたいと思っていた私は4月に群馬に向かいます。結果的にその関係性があって彼女らのSOSを受信することできました。

　Minamiこども教室で、家族受け入れについて協議しました。論点は、群馬での生活再建の可能性は？さらに教室としてどこまで支援しえるか？というものです。Minamiこども教室は大阪市中央区島之内地区に拠点を置く外国ルーツの子どもたちの学習支援教室。困窮家族を丸々引き受けることが本来の業務ではありません。しかし、発足当初から教室が支えてきた子どもたちであったことから、なんとか方法はないものかと協議を進めました。

スタッフが訪問調査にも出かけました。生活窮状の厳しい実態のみならず、学校について話し始めると号泣する中三の長女の姿に心を痛めました。また、地元役所で生活保護について相談した際の様子もわかりました。職員は申請条件として、フィリピンにいる子どもたちを日本に呼び寄せないこと、子どもたちの在留資格の更新手続きはやめることを迫ったと言います。また、子どもたちの父親から養育費をもらえと迫り、家計簿をつけて持参することも求めました。子どもたちの父親の行方がわからないと母親が回答すると、それでも必要だと一点張りだったそうです。言うまでもないことですが、家族離散や家計簿の持参が生活保護申請の条件になることはありません。申請者に品位を欠き、人権を軽視する扱いと取られても仕方ありません。

　教室として家族の支援を決定しました。9月30日に大阪に迎え入れました。カトリック大阪司教区社会活動センターシナピスに協力してもらい、シェルターでしばらく過ごせることになりました。その後フィリピンから子どもたちを呼び寄せ、役所関係の手続き等も行いました。

　ここで問題になったのは長女と次女の中学校の転校続きでした。長女は3年生で通学実態があることから、転出手続きが行われました。しかし、1年生の次女については通学日数が少ないとして退学扱いとなったのです。不適応を起こすなどして不登校期間があったこと、またしばらくフィリピンにいたことが理由でした。子どもの最善の権利よりも、形式を優先して、義務教育年齢の子どもを退学扱いする感覚が信じられませんでした。容易にこのような扱いを受ける外国人家庭の実情を垣間見せられた思いでした。

　この家族は大阪に移住後、関係者の協力で部屋を借り、区役所の丁寧な説明のもとで生活保護を申請しました。就学年齢に達していた三女は小学校を、長女、次女らは中学校へ転入学をスムーズに終え、通学を始めました。制服や持ち物がそろわなくても、「とにかく学校においで」と先生方が温かく迎えいれてくれました。毎週火曜はMinamiこども教室で学習支援を受け、水曜日、木曜日は地元の子ども食堂に助けてもらっています。子どもたちがようやく人の輪の中に帰ってこられたのです。

　私の子ども支援の経験は、とよなか国際交流協会の取り組みが参考になっています。子どもの安心と安全を確保し、子どもの学ぶこと、育つことを優先する地域社会づくりの実践です。とよなか国流がロールモデルとなり、その経験から発信する担い手としてさらに連携できることを期待しています。そして、とよなか国流のような地域拠点が各地に生まれていくよう後押ししたいです。

9章 地域福祉からアプローチする多文化共生

牧里毎治
関西学院大学(名誉教授)
関東学院大学(客員教授)

はじめに

　地域福祉と多文化共生のクロスオーバーするテーマは、地域福祉関係者向けに語るのか、国際交流や多文化共生に関心の高い人向けに話すのか、迷うところはあるけれど、もっぱら地域福祉政策や地域福祉実践にかかわっている人向けに述べてみたい。その意図は、地域福祉の取組の狭さ、日本の住民だけを対象にした地域福祉施策はもう卒業したほうがいいのではないかという提案と、今日の「地域共生社会」を構想するには、「多文化共生社会」を見据えたものにすべきではないかという意味も込められている。

　冷戦構造の崩壊と新自由主義による市場のグローバル化　自由貿易の席巻と生活市場の国際化など私たちの生活環境も大きく変わってきた。材料、素材まで含めると国産ブランド商品はほとんどないような、日常生活のグローバル化が進んだ地域社会に私たちは暮らしている。情報・金融の国際化、人材の国際的流動化、国境を越える人材の移動、労働者の移民・移住など急速にグローバル化が進むなか、地域福祉関係者だけが取り残されているのではないかという危機感もある。グローバリゼーションとは対照的に日本国民だけに限定する数々の福祉施策のコントラストを目の当たりにすると、上流階層の国際化だけでなく下流階層の国際化も進んでいますよと叫びたくなる。

　おりしも、外国人技能実習生、外国人留学生の在留資格や在留期間をどうするとか、虫のいい労働力だけの外国人労働者受け入れをどうするか国会議論にもなっているが、移民政策の確立していない日本社会で地方自治体が外国に

ルーツのある人びとの生活問題まで含めてどこまで施策化が可能なのかみえない課題も多い。とりわけ移民・難民をはじめ移民・移住、外国にルーツのある人びととの社会的排除と社会的孤立の社会問題は、日本でも 1990 年代から人びとの関心に上ってきてはいた。少子高齢化や低成長経済と財政難など、社会保障・社会福祉サービス供給体制、福祉国家の揺らぎは、社会福祉体制の改革を足踏みさせるものになっている。

　地方自治体の多文化共生施策への取組の鈍さの根底には、相変わらず消えない在日韓国・朝鮮人への差別や偏見、中国人に対する偏見の存在を等閑視する態度が尾をひいているのではないかと思いたくなる。外国にルーツのある人を排除もしくは無視して成立する日本的コミュニティのあり方も考え直す必要がある。地方自治体行政が多文化共生社会づくりへの政策の舵を切るには市民・住民が賢くならなければならない。外国人を寛容に受け入れる市民社会は、受け入れを通して、その市民社会の良さを知ってもらう機会にもなるし、なによりもホスピタリティの高い品位と誇りのある市民をふやすことになるのである。

　豊中市と豊中市民が多文化共生社会を願って、これまでの取組を振り返って、足元を見つめなおすことは、豊中の地域福祉実践を見直すことでもある。

とよなか国際交流協会（とよなか国流）の評価

　とよなか国際交流協会（以下とよなか国流）は、インターミディアリとよばれる市民、市民団体と行政あるいは市民団体と市民団体を結びつける中間支援組織ということができるが、多文化共生社会づくりにどのように貢献しているのか評価すべき特徴を語ってみたい。もちろん、地域福祉研究者の視点からの評価ということになるが、それは多文化共生の取組と地域福祉の取組がクロスオーバーすることでそれぞれがさらに豊かに広がりをもった活動になることを願うからである。地域福祉の中間支援組織としては社会福祉協議会が想定されるが、その実態はさておき、地域福祉を推進する中核機関であるべきとするならば、地域福祉のインターミディアリとして地域の国際交流機関とよなか国流と連携を深める必要があるだろう。とよなか国流は、豊中市の「とよなか国際交流センター」の指定管理者として様々なセンター事業を実施しているわけだが、主にそれらの事業を評価するということになる。そのような思いから以下

5点にまとめて述べてみることにする。

　第一に、その名のとおり国際交流事業は、国境を越える多文化理解を促進するための講演会、シンポジウム、コンサート、写真展や絵画展などなど、異文化交流イベントや教養・啓発事業が定番だけれども、とよなか国流は、外国人の子どもから高齢者までライフステージに沿った言語学習、学習支援サービスにとどまらず、学校や地域図書館と協働して外国語体験や講師派遣、多言語による進路ガイダンス、多文化子ども読書推進などを行っている。また、日本語を使った交流活動や多言語での相談サービスなど暮らしに根づいた支援活動も展開していることが評価できる。かつて盛んだった姉妹都市提携などにみられた特定市民の派遣、受け入れ交流事業や関係者による表敬訪問などではなく、様々な理由で豊中に移動・移住してきた人びと、あるいは定住している外国にルーツのある人びとに焦点を定めた、暮らしに役立つ多彩なプログラムを実施している。

　第二に　国際交流支援といっても英語圏と日本語を中心した言語学習サービスに偏りがちだが、とよなか国流は、英語を含めて、韓国・朝鮮語、中国語、タイ語、インドネシア語、ベトナム語、スペイン語、ポルトガル語、フィリピン語、ネパール語の10か国語に対応しており、スタッフとボランティアで可能な限り対応している。当然のことながら、韓国・朝鮮、中国などからの外国にルーツのある人が多く在住、在留しているため、これらの人びとへの支援サービスや支援サポートが多くなるだろうが、韓国・朝鮮、中国以外の国籍の外国人で人数の少ない場合であっても、誠意をもって丁寧に対応しているが素晴らしいのである。オールドカマーの多い韓国・朝鮮、中国などは、コミュニティやネットワークがすでに存在しており、それなりの支援や繋がりを実感しやすいが、少数のニューカマーである言語圏からの人びとへは集住することも少なく、地域社会に分散して孤立している場合も多い。工業団地や大企業工場のある外国人集住地域ならいざしらず、豊中市のように分散して生活している外国にルーツのある人びとは潜在化しており見えにくい存在となっている。にもかかわらず、これらの少数の人びとを周辺化させない、周縁化させないで支援サービス、支援サポートに取り組んでいることは高く評価されてよい。

　第三に　外国にルーツをもつ人びとを国際交流センターにスタッフとして雇

い入れて事業展開していることである。オールドカマーがニューカマーにボランティア活動として支援の手を差し伸べることはよくあることだが、当事者として外国にルーツのある人をなんらかの形態で雇い入れる事例はそう多くない。多文化共生サービスやサポートを受ける利用者にしてみれば、これほど心強いことはない。孤立しがちな無縁化しやすい在留外国人にとってみれば、日本人スタッフだけで固められた国際交流センターよりも垣根は低くなり、利用者とスタッフの溝は埋められやすい。

　米国の黒人コミュニティの近隣センターや地元小学校に黒人スタッフを採用するという方策やヒスパニック系コミュニティの隣保館にスペイン語系のスタッフを雇い入れる地元住民採用制度がプログラム運営には効果的であるという報告もある。サービス利用者グループからのスタッフ採用は縁故関係や利害関係が発生し、不特定多数を対象とする公共的なサービス運営にはふさわしくないという見方もあるが、利用者とスタッフの間に溝をつくり、疎遠な関係を作り出すよりは好ましいといえる。

　第四に、とよなか国流が外国にルーツのある人びとの心の拠り所となっていることである。この特徴は、理事やスタッフが国際交流センター利用者を多文化共生社会の実現のための仲間、同行者としてみているからであり、多文化共生を進め、連帯する人たちとして応対しているからである。多言語による様々なサービスや支援は、利用者や元利用者の協力がなければ、スタッフだけでは首が回らない。もちろん、ボランティアとしての協力もさることながら、元利用者の先住者たちが後からやってきた新住民の移動・移住者たちのために翻訳・通訳サポートを買って出てくれているからである。支援する者とされる者との間に生じやすい微妙な溝、軋轢や葛藤を乗り越えて協力しなければ、多言語支援のサポートは成り立たなかっただろう。とよなか国流にやってくる外国にルーツのある人びとは豊中市外からの在住者も多いと聞く。市域を超えた外国にルーツのある人の拠り所となっているのである。とよなか国流で活動するボランティアがプログラムに一緒に参加・協力できる機会を用意し、利用者、元利用者を巻き込んだボランティアとスタッフ協働型の運営を心掛けていることからも心の拠点になっていることがわかる。

　第五に、とよなか国流の存在は、豊中市民にとって多文化共生の活動に市町

村レベルの自治体でかかわることのできるチャンスを普通に提供してくれて、市民が無理なく参加できる機会を創り出していることである。センターから地域に出向いてプログラムやイベントを展開していることが、市民の活動への参加を促すことになるし、なによりも市民が気軽に外国にルーツのある人との接触や交流，協働機会を得ることになっている。地域の図書館での親子での日本語交流事業や小学校での外国語体験活動は、スタッフやボランティアが地域に出向くアウトリーチ型のプログラムであり、住民が参加しやすいものとなっている。他にも豊中市スポーツ振興事業団との外国人のための武道体験、国際交流センター登録団体と連携した国際交流フェスタなど国際交流センターだけで取り組むのでなく、他の地域団体との連携や協働を意識した取り組みとなっている。国からの指示待ちの多文化共生施策ではなく地方自治体として外国にルーツのある人との交流や連携、連帯の事業の積極的な推進は、人権意識の高い市民を創出するチャンスにもなり、なによりも国際的にも見識の高い誇りのある市民になれる機会を提供してくれているのである。

地域福祉にとっての多文化共生

外国人への支援や外国にルーツのある人との地域共生は、確かに馴染みのあるものにはまだなっていない。これまで在日朝鮮人・韓国人、あるいは在日中国人の生活保障や政治参加の問題で社会保障や社会福祉の政策課題として論じられたりすることはあっても、地域福祉問題として語られることは少なかった。

日本社会の国際化の波のなかで、いよいよ地域福祉分野でも真正面から外国にルーツをもつ人たちの地域問題として論議しなくてはならなくなってきている。日本社会そのものが政治・経済・文化にわたって国際化している時代なので、生活状況そのものが国際的動向に左右され、地域生活もグローバリゼーションの影響から逃れられるはずはない。にもかかわらず、地域福祉実践も地域福祉政策も国際的な繋がりや影響を取り上げる取組や研究が少なかったといえる。「地域共生社会」も多文化共生社会と切り離して発想するのではなく、共生社会原理の先行形態として考え直す必要があるのではないかと思う。

ところで、今日の地域福祉の政策と施策の基本動向は、「地域包括ケアシステム」と「地域共生社会」のキーワードに代表されるだろう。これらのキー

ワードは、内容的には類似しているが、指し示す対象や内容、概念的性質、出現の背景と経緯など多くの点で異なっている。「地域包括ケアシステム」はともかく、「地域共生社会」は、政策スローガン的な色彩が強く、法定用語として確定していないため、曖昧な用いられ方になっている。二木立氏によれば、「地域共生社会」には具体的な法的定義はないが、「地域包括ケア」2013年の「持続可能な社会保障制度の確立を図るための改革の推進に関する法律」において法的定義がなされているという（「地域共生社会・地域包括ケアと医療との関り」『地域福祉研究』46号，日本生命済生会、2018年)。「地域共生社会」は、あくまでも理念目標であり、現実の政策展開では「地域包括ケアシステム」が行政的には推進されていくことになる。地域共生理念による全世帯・全対象にした包括的相談支援体制とは異なって、地域包括ケアシステムの対象は法的には高齢者に限定されているが、厚生労働省関係の研究会（地域包括ケア研究会・地域力強化検討会)は、対象の拡大・普遍化を提唱しており、地域福祉政策の課題認識は示されてはいる。

「地域共生社会」の用語は、「地域包括ケアシステム」と並んで、地域福祉の目指すべき目的や方向を指し示す題材を提供してくれているのである。「地域共生社会」概念が「地域包括ケアシステム」を発展させるものになるか、現実を曖昧にさせ、耳触りのいいスローガンの提供で終わるのかどうかは、今後の施策メニューが豊富化されるか、基盤となる政策枠組みがどのように具体化されるかによるだろう。多様な実践主体を描くことで、かえって「地域包括ケアシステム」さえも曖昧化していく懸念もある。「共生」や「互助」など住民、市民の役割が強調されすぎるきらいがあるが、ともかく住民による助け合いや支え合いを施策や活動の全体デザインのなかで公私協働のシステムにどのように位置づけるのかが問われている。

さて、2018年改正社会福祉法に新たに規定された第106条の3は、「住民の主体的な活動を活発にするための環境整備」「地域住民によるニーズ発見と専門職と連携した支援体制の整備」「相談支援機関同士の連携の体制整備」を内容としている。住民が『我が事』として地域課題の解決に主体的に取り組む環境を整備し、住民が発見した課題を受け止め、専門職が協働して解決する体制（専門職による包括的な支援体制)、さらには、小さな圏域では解決できない課題

を、市町村域で専門職同士の連携によって受け止めていく体制、つまり『包括的な支援体制』の整備を市町村行政が進めることになっているのである。

このことは、すでに2002年に公表された「市町村地域福祉計画及び都道府県地域福支援計画策定指針の在り方について（一人ひとりの地域住民への訴え）」の中でも地域福祉計画と他の福祉計画との関係について整合的に連携を図り、市町村及び都道府県のそれぞれを主体に幅広い地域住民の参加を基本とする視点をもった地域福祉計画の策定を推進するものとされてきた。「地域共生社会の実現」は決して新たな理念や目標でもなく、すでに繰り返し地域福祉においてとなえられてきたものである。2000年の社会福祉法以降は、各分野の法律に基づいて市町村がサービス供給の体制と仕組みの整備が地域福祉の共通課題として進捗してきた経緯がある。市町村における専門職の配置、現在の相談窓口や協議の場、そしてその圏域などをまさに「総合化」して考えなければならない時期にきている。

テーマを多文化共生に戻して、地域福祉に多文化共生の視座はなにをもたらしてくれるのか考えてみよう。朝倉美江氏によると、「多文化共生地域福祉」が日本の福祉コミュニティのあり方、地域福祉システムについてその本質を問うことになると提唱されている（『多文化共生地域福祉への展望』高菅出版、2017年）。朝倉氏によれば、外国人労働者である日系ブラジル人が日本社会にどのように受け入れられ、どのように定住してきたか、そこで抱える生活問題や生活課題に向き合ってきたか、また日系ブラジル人への政策的支援や実践がどのように行われてきたのか、そこから見えてきた社会的問題はなにかを問うている。

日系ブラジル人の定住から見えてきた特質は、日本社会とブラジル社会を股にかけた「不安定定住」にあり、グローバル化社会に突入してきた人口流動の国際化を見据えた在住外国人の生活問題と生活課題を「トランスナショナルな移住」を支える「多文化共生支援システム」が解決できると構想するところにある。日系ブラジル人を単なる労働力とみるだけでは彼らの生活問題や生活課題を労働問題だけに閉じ込めてしまい、そこから派生する住居や医療や教育、そして文化や社会関係をそぎ落としてしまい、経済生産と雇用の問題以外には目を閉じさせてしまっているのである。日系ブラジル人にかぎらず多くの在日

外国人が抱え込む国籍・言語・文化・社会関係の壁をどのように乗り越えていくか、二つのエスニシティの間での価値・態度・慣習のダブルバインド（二重拘束）をどう乗り越えていけるのか思考の枠組みを与えてくれている。

　そもそも請負事業の派遣労働者としての位置づけしかない日系ブラジル人労働者は、解雇、派遣切りにあい、やむをえずブラジルに帰国する「逆流」も多発した。日系人とは「日本にルーツをもつ外国人」で外国人労働者のなかでも日系人のみに該当するものが「定住者」という就労制限のない在留資格でしかないのである。したがって、景気のいい時は不足する労働力に悩む中小零細企業はこぞって受け入れるが、景気が悪くなると簡単に雇用・就労の機会を閉ざしてしまう。不安定就業なので、解雇・派遣切りとともに住居も失うことになり、一挙に生活困難に陥る。生活保護など社会保障給付を受けないかぎりは本国ブラジルへ「逆流」せざるをえないのである。

　出稼ぎ労働者が生活者として日本に留まるか、それとも帰国するかは、そもそもそれぞれの日系ブラジル人の決断によるが、日本に「還流」するのもブラジルに帰国（逆流）するのも「家族戦略」がはたらいているという。グローバル社会の潮流のなかでは「トランスナショナルな移住」が進み、どこで暮らすかは、家族の事情やライフサイクルごとの選択にもより自己決定を迫られる。出稼ぎとは、二つの地域社会での間での二重生活を強いるものだが、だれがどこで暮らすかは「家族戦略」にもとづいて決定されるという。「還流」「逆流」のどちらにせよ、移住や定住、そして永住が国際的に展開することを「トランスナショナルな移住」は物語っているのである。

　人口流動化は、国境を越えて国際的に移動、移住が進んでいるだけではなく、振り返ってみると、日本国内でも都市と農村の間で地方と地方の間で人口は流動化し漂流してきている。明治政府以降の日本社会も労働力としての人口が農村から都市へと移動・移住することによって急速な産業化と都市化を支えてきたともいえる。景気のいい時は農村から若い労働力を都市に吸引し「回収」し、不景気な時には農村に回帰させた。農村での余剰人口を景気がいい時は吸収し、不景気な時は都市の過剰な工場労働者を農村に「逆流」させることで産業活動の安全弁・潤滑油にしたのである。「還流」、「逆流」の国内版は「トランスリージョナルな移住」ともいえる。このように見立てると、グローバリゼーシ

ョン時代のコミュニティ形成は、限りなく多文化共生の地域福祉を意識しなければ、持続しないだろうし、再生も不可能になるだろう。

　さて、多文化共生型の地域福祉システムを構想するとき、鍵概念となるのが、「トランスナショナルな移住」であったが、二つの国家と異なる言語・文化・慣習の間のギャップを埋める地域戦略として、それぞれの地域社会でのエスニック・コミュニティをどう考え、位置付けるかという理解も必要である。地域福祉の基礎概念でもある「福祉コミュニティ」は、立場によって解釈も異なるが、伝統的には通常のエリア・コミュニティである一般的地域社会と区別して、テーマ・コミュニティでもある機能コミュニティとして考えられている。一般的地域社会では、同質的な属性をもつ成員は認知され、そのなかでの相互承認や相互支援は成立するが、異質な特性をもつ成員は排除・差別され孤立させられがちである。そこで、福祉問題を抱えている成員や差別・排除されがちな社会的に脆弱な人々をサポートするサブ・コミュニティが必要となるが、その機能的なテーマ・コミュニティが福祉コミュニティという理解である。もちろん二つのコミュニティの間の相互関係をどのように円滑に循環させるかという理論的、実践的課題は残されているが、この二重構造を持続可能なものにすることが地域福祉システムの基本命題といえる。

　多文化共生型の地域福祉システムは、この二重構造をビルトインしたものという解釈もできる。一般的コミュニティだけでは、個々ばらばらに生活する定住外国人、滞在外国人を包摂し、統合的にサポートすることは困難な場合が多い。当事者組織ともいえるが、それぞれの国に存在するエスニック・コミュニティが移住・定住する外国籍の人々を支援する重要な機能をもつ。多文化共生コミュニティは、多元的なコミュニティともいえるが、トランスナショナルなコミュニティからテーマ・コミュニティ、エリア・コミュニティが重層的に構成さえなければ機能しないだろう。

　「地域共生社会」づくりや「地域包括ケアシステム」が構想に終わらせないようにするには、社会的孤立になりやすい、ともすれば排除・排斥の対象となりやすい定住外国人、滞在外国人への具体的な支援を含めた多文化共生地域福祉の視点を持たなければならないと思う。

国際化時代のコミュニティ形成

　外国人の受け入れに関しては、いまだに犯罪が増える、風紀が乱れる、住環境が悪くなるなど排斥的、排外的な発言を繰り返す日本人もいる。ヘイトスピーチほど酷くなくても、分別収集のごみ出しルールを守らない、深夜にたむろして馬鹿騒ぎをする、平気でゴミを散らかすなど迷惑行為が横行すると苦情を言う人もいないではない。市民、住民が日本社会の慣習や生活ルールを確実に伝えてないことから発生していることもあるし、そもそもごみ出しの分別収集ルールのような自治体施策のない外国から来た人にとってはすぐには理解できない人も多いだろう。子どもの泣き声さえ近所迷惑と騒ぎ立てる日本人さえいる日本社会は、異常なほど静穏に敏感で住環境の安心安全を大事にする社会であるともいえる。しかしながら、外国から移住、定住してきた人たちに地域自治会や近隣住民は、ごみ出しルールや静穏な住宅地での暮らしの習慣を保持することを丁寧に伝えているのだろうか。近隣関係や住民交流がないことを棚に上げて、移住・定住している外国人の個人的努力が足りないと非難しているだけではないのだろうか。そもそも招かざる客として外国人を排除しようとしている態度なのではないかと疑いたくなる。

　最近は、都市部ではめっきり少なくなってしまったが、かつては引越してきたら向こう三軒両隣、必ず近所へ挨拶回りをするという習慣もあった。地方の田舎に引っ越すといまだに手土産をもってご近所付き合いよろしくとご近所に挨拶をする風習は残っているらしい。都会の人口移動が激しいといちいち挨拶回りも面倒になるのか日本人の間でも廃れていく行動様式なので、結果としていつだれが流入してきた流出していったか分からなくなってきている。担当地区をもっている民生委員・児童委員も住民把握、世帯の実態把握は困難を極めている。その結果、外国人が転居してきたことすら認識できず、ごみ出し問題、地域での空騒ぎなど近所の困りごと、迷惑行為が発覚してから外国籍の住民が暮らしていることを知ることになる。日本人も外国人も自由な移動、自由な転居を保障されるという点では好ましいのだけれど、地域社会で問題を起こせば、たちまち排除の隠然たる力がはたらくことになる。

　安心安全のコミュニティづくりと聞こえはいいが、実は、地域社会は排除の

力もはたらくメカニズムを持っている。おもてなしと気配りの淳風美俗の地域社会と住民相互の助け合い、支え合いは、地域社会の構成員として認められた人びとの間でのみ保たれる習慣であって、秩序を乱す反社会的、非社会的な住民には適用されないのである。どちらかといえば、「ムラハチブ」という排除・排斥の論理が優先されるところでもある。外国人や外国にルーツのある人だけでなく、障害者も認知症高齢者も世話のかかる人とされてきたし、罪を犯した人も地域社会が受け入れる余地はすくなく、結果的に排除されるしかなかった。排斥・排除されたくなければ、ひっそりと影を潜めて個々の家庭に引き籠るしかない。社会的孤立は、地域社会が同質的・協力的でない人びと生み出しているという根の深いところから湧き出た結果である。

　鎖国の長かった江戸時代から軍国主義時代の排外排斥が支配した時代の影響もあって、島国日本は、海外からの外国人を受け入れることに慣れていないのではないか。他方では、舶来物が好きとか海外生活への憧れなど、普通に海外の人々と付き合う経験の少ない日本人にとって、同じ目線に立って同じ住民として接する機会が少なすぎたのかもしれない。今でこそ飛行機や船舶など交通手段が普遍化するなかで、海を隔てた往来も格段に進んできたし、来日する外国人旅行客も大衆化してきて、中国語、朝鮮語、英語などが飛び交う繁華街もふえてきた。陸続きの西欧社会ならいざ知らず、島国日本にとって外国人との接触は東アジア系の民族を除いてはそんなに多くもなく、急激に海外の人々との接触、交流機会が増えたために、応対する準備が足りなかったともいえる。それに言語の壁というものが出入国を難しくしている面も否定できないし、それに依拠してか政府も出入国管理に関しては諸外国と比べて厳しいともいえる。外国人にとって日本語という言葉の壁や生活習慣のハードルが高すぎるのは当然だとしても、逆に日本人が海外の言葉や生活習慣を学ぶには乗り越えなければならない壁やハードルが同じように高いともいえる。英語、フランス語、スペイン語、ドイツ語、中国語、韓国・朝鮮語など主要な外国語を除いて、途上国の言葉や文化を修得するには困難も多い。

　日本は地震大国、風水害被害の先進国ともいえるが、世界には地震を経験したことのない外国人や台風、水害に遭遇したことのない外国人もいる。日本人にとってはありふれた風水害への対策準備であっても、入国して日の浅い外国

人には戸惑うことも多い。外国人であっても地震・風水害には自衛すべきだろうが、自衛する情報や方法さえ伝えられていない、届けられていないことも多い。災害発生の際の避難方法や避難場所など外国語で伝える施策を講じている市町村もないわけではないが、行政任せでは適切な情報を届けられない。地域に暮らす外国にルーツのある人びとにも言語サービスとともに避難情報や救援情報を市民や住民が対面的にも知らせる必要もある。避難所や復興支援センターに救援物資や救援サービスが手配されても、その情報を知らないために最終的に支援の手からこぼれ落ちてしまうことだってある。

　災害が発生した時の情報把握や避難行動、救援や支援は、平常時からの備えが重要だと言われているが、日常生活での助け合いや支え合いが行える地域ネットワークがなければ、緊急時には役に立たないといわれてきた。おしなべて外国にルーツのある人びとには近隣社会での助け合いのネットワークが弱く、社会的に孤立していることが多い。

　グローバルな国際化時代の近隣関係はいかにあるべきか、これから考えていかなければならないことなのかもしれない。大規模団地に出稼ぎ労働者として一定の期間、日本に滞在するなど外国籍の労働者が集住する場合は、それぞれの文化ごとにエスニック・コミュニティが形成されやすいことも多くの研究で指摘されている。在日朝鮮人・韓国人の住むコリアタウンや中国人によるチャイナタウンは、エスニック・コミュニティの典型といってもいいかもしれない。日常生活用品の販売や飲食店などの集合するエリアとして認識されやすいし、なんらかの互助組織が誕生して、助け合いの働きが動きだしやすい。しかしながら、外国にルーツのある人びとが分散して、それぞれ異なったエリアで生活していると地域関係が形成されにくい実態もある。

　コミュニティも地域的・地理的に形成される地縁型のコミュニティだけを想定するのではなく、地理的には広域的ではあるが、関心やテーマで結びつく機能的なコミュニティもあってもいい。とりわけ外国にルーツのある人びとにとっては離れてくらしてはいるけれど、同じ母国や同じ文化・慣習でつながるためにはアソシエーション的な利害・関心など共通の利益で結びつきを強める必要もある。つまり、エリア・コミュニティとテーマ・コミュニティに便宜的に分類して、二つのコミュニティの連携や融合の姿を模索しながら、流動化・国

際化時代のコミュニティ形成を考えなければならないのではないか。その意味では、豊中市社会福祉協議会が支援している地縁型の校区福祉委員会は住民によって組織化された福祉追求のエリア・コミュニティであり、とよなか国流は、市域全体をカバーする国際交流支援、多文化共生推進の機能をもつテーマ・コミュニティということができるのではないか。このような二つのコミュニティは分立しているが、お互いに必要に応じて連携・協働を繰り返していると想定できる。コリアンタウンやチャイナタウン、あるいは外国にルーツのある人びとの集住地区などはエリア・コミュニティとテーマ・コミュニティが融合した形態といえるかもしれない。エリア・コミュニティである地域自治会や地区社会福祉協議会、校区福祉委員会などの住民も外国語の日常会話の初歩くらいは身につけたほうがいい。挨拶をかわすだけでも感謝の言葉をかけるだけでも交流のきっかけになり、お互いに親しみがわき、認め合いの第一歩が始まる。そのためにはとよなか国流のメンバーも地域に出向いて、必要に応じて地域自治会や地区社会福祉協議会など以外の地縁組織、たとえば老人クラブやボランティア団体に外国語学習・体験の機会を設けて支援するのもいいのではないか。

　コミュニティに関して言えば、出国先のコミュニティと受入先のコミュニティの連携という課題も横たわっている。とりわけ、日系ブラジル人の出稼ぎ型労働にみられるように、定住志向がたかまると、本国でのコミュニティ文化・慣習と日本での生活習慣や地域適応を支えるコミュニティをつなぐ必要もでてくる。二つの文化価値のダブルバインドというか外国にルーツのある人びとのアイデンティティを分裂させないで人生を送ってもらうかは重要な課題である。出稼ぎ労働のために一時的にしか日本に滞在しないかもしれないが、日本のコミュニティに受け入れられないまま苦い思い、嫌な経験だけを本国のコミュニティに持ち帰っても、国際交流や多文化共生に好ましい結果はもたらさない。出身地コミュニティの文化・慣習を滞在先コミュニティに伝え、理解してもらう国際交流や多文化共生のみならず、日本の文化・慣習を体験してもらう「顔のみえる」国際交流・多文化共生の活動が、人口移動が国際化した時代の近隣関係の作り方ではないかと思うのである。

とよなか国流のこれからの展望

　むすびにかえて、これからのとよなか国流の目指すべき方向とか展望について語ることで締めくくりたい。豊中市内にはとよなか国流のほかに「国際交流の会とよなか（TIFA）」というNPO団体がある。豊中市の女性たちが中心となって、国籍・文化の違う人びととともに住みやすい社会づくりを目指して、多様な国際交流活動を蓄積してきた。純粋に市民手作りの民間団体である。外国の女性や子ども支援といった国際協力活動だけではなく、国際交流サロン、多文化子どもカフェ、国際子どもキャンプ、留学生ホストファミリー、日本語交流サロン・漢字クラスなど、とよなか国流と共通する多文化共生社会づくりを目指す取り組みも行っている。一般市民にとっては理解に混乱を招くところもあるが、考えようによっては、それだけ豊中市の「世界市民力」が高いということを意味する。歴史のあるTIFAとこれまでのように友好に連携し、互いの組織的な特長を活かして、多文化共生社会づくりに協働していくことが前提ではあるが、とよなか国流が主体的・自主的に取り組む課題や可能性について述べておきたい。

　ひとつは、すでに言及したように、多くの外国にルーツのある人びとの抱えている生活問題に向き合った実践力を高めることが課題である。すでに相談業務などで生活問題にかかわる必要性は認識されているし、翻訳や通訳、日本語サービスというコミュニケーション支援を通じて家族問題や就労問題、住居問題、福祉問題などにどう取り組むかが意識されている。生活問題の解決にはとよなか国流単独で取り組めるものではないので、それぞれ専門領域とする組織や団体、専門職や専門スタッフと連携・協働することが対策への王道であるが、まずはとよなか国流が外国にルーツのある人びとの生活問題を丸ごと受け止める最初の機関だという認識が必要だろう。外国にルーツのある人びとにとって、とよなか国流にいけばなんとかなる、専門機関や団体につないでくれて相談・斡旋・寄り添い支援をしてくれる実績と信頼が重要である。いわゆるワンストップ・サービス、相談から解決までノンストップで行き先がわかり、自分たちがどうなるのか未来の生活を描くことができる情報提供から相談、斡旋、伴走、結果まで関わることのできる仕組みづくりが求められる。それがどのように可

能かは後述するとして、ひとまず外国にルーツのある人びとの生活問題を日本語ができないというコミュニケーション支援に限定しないで、そこから見えてきた様々な生活問題を一緒に考える認識と姿勢づくりが重要である。外国人、日本人を問わず、生活問題は輻輳しており、生活するとは就労から稼得、住居、学習、医療、近隣関係などなど様々な生活課題をこなしていくことなのである。生活者とは労働者、生徒（学生）、患者、消費者、隣人など様々な顔をもっており、生てるかぎり切り離せない丸ごとの存在なのである。外国にルーツある人びとも生活者であり、滞在する場所が違っても生活者であることは連綿と続く存在なのである。外国にルーツのある人びとを生活者としてまず認識することがスタートラインで、生命あるかぎり生活は続き、その人の人生を織りなすのである。

　ふたつは、とよなか国流が他の民間組織・団体と積極的にネットワークを創出していく役割をもつことである。幸いにも豊中市には、中間支援組織とみなせる団体がとよなか国流を含めて、社会福祉協議会、男女共同参画推進センター、障害者福祉センターなど準公共的な活動を担っている。すでにとよなか国流でも教育委員会など学校との連携も創り上げてきているが、これからはさらに国際交流、多文化共生に限らず、広く緩やかにつながる連携・協働のプロジェクトやイベントを通じて結びつきを強めていく必要があるだろう。連携・協働とひとくちにいっても、現実的にはそれぞれの業務の繁忙や業務外の仕事や活動には余裕がなく、また縦割りの弊害などがあり、一筋縄では実行できないことも多い。どの中間支援組織も似たような状況にあり、障壁や課題も類似していることが多い。結局、それぞれの組織が業務として抱えている延長線上の課題は一機関だけでは解決の見通しが立てられないのである。であるなら、他の機関と協働して、重なる課題を共通したテーマとして認識し、重なる領域を協働で取り組めるプロジェクトやプログラムを開発していくほかはない。シングルマザーの抱える生活問題は、非正規雇用にある女性問題であり、外国にルーツのある人にも共通する就労困難の問題でもある。不登校や長期欠席など子どもの学習意欲を減退させる課題は、その背景に養育環境を整えることが手薄になる非正規雇用、長時間労働の母親が働かざるをえない事情があったりする。外国にルーツのある母親たちの就労できていない不安感や絶望感に襲われ

る余裕のなさを想定すれば、子ども食堂など食事支援を通して劣悪な生活環境を改善しなければならない課題に行き着くのである。

　三つは、市域という広域で活動するものを持続的に堅持しながらも、生活の場である地域社会、ここではおおむね小学校区などにいわゆる「顔の見える国際交流」活動展開を目指すべきだろう。とよなか国流のスタッフが可能なかぎり小地域に出向くことが必要だろう。多文化共生の活動をなにからどこから取り組んでいいのかも分からない地域自治会や校区福祉委員会（地区社会福祉協議会）も多いだろうし、諸外国の家庭料理を共同して作りあい会食するイベントでもいいし、諸外国の野菜を共同栽培して食材づくりを介した国際交流プログラムも可能である。食事や食文化のイベント交流は、多文化共生の活動を作り込む入り口としては常套手段だが、地域自治会や校区福祉委員会と協働で取り組む格好の活動でもある。もちろん、会場確保から食材調達など進め方や資金源などだれが取り組む実行部隊の編成から広報活動まで考えなければならないことは多いが、とよなか国流スタッフやメンバーが出向いて行って、協働イベントや共同プログラムを開発・実行していくことが、地域に根づいた地域共生社会づくりに確実につながると確信している。

　最後は、とよなか国流の政策提言の役割ということができるかもしれない。中間支援組織のアドボカシー機能と言い換えてもいいが、日々の実践活動を通じて気づいた課題や施策・政策の課題など現場から得られた「実践知識」を集約して、制度の改善や政策提言に結び付ける役割である。それぞれ各市の国際交流センターなるものは、それぞれ各自に行政とのパートナーシップを構築しながら政策提言し施策協議をしていると想像されるが、中間支援組織が単独では広域課題や全国課題には政策提言はしにくい。全国国際交流センターとしてのナショナル・センター的な機構も必要なのだろうが、そのような国の提言ができるナショナル・センター設置の運動も必要だろう。とよなか国流は、市域の多文化共生に関心のある人への活動支援やNPOにもなっていない任意の市民グループに支援を行っているが、一歩先を行く中間支援組織として多文化共生政策の推進を国に迫る運動体としての役割もあるのではないかと思う。確かに出入国管理政策や制度に関する直接的な改正・改善は政府や国会の責務だが、それに付随する外国人労働政策や社会保障制度は政府が設計するにしても、実

際に労働施策や社会保障施策を実行するのは地方自治体であり、市民や住民が直接関わることは少ないが、外国にルーツのある人々がどのような生活実態にあるかは市民や住民がもっとも知っているのである。多文化共生政策は、労働政策や社会保障政策に留まるものでもなく、広く暮らしや文化に関わる施策につながるので、その基盤となる住環境整備や国際理解を深める文化政策を国の責務として推進することを加速させるためにも市民運動は必要であろう。

　まとめのまとめということになるだろうか、とよなか国流のこれからの展望というよりは、広く市民社会の構成員である市民・住民が世界的市民や世界的住民になるには、どのようにエンパワーメントされる必要があるのかを述べて終わりとしたい。とかく、外国にルーツのある人びとに対して一般市民や一般住民はどのような支援をどのようにすればいいか考えてしまいやすいが、自国の文化と他国の文化を一体的に身近に理解できる人間に成長するように誰もがエンパワーメントされなければならないのではないかと考える。一人ひとりが多文化共生を理解できるようになるには、自分の内面の中に多様性を尊重し受容できる内発的力を身に着ける必要があるのではないだろうか。自分の内面に潜む内なる差別や偏見に気づき、人は国籍、性別、年齢、障害疾病に拘わらず、等しく平等で対等な尊厳ある存在なのだという確信がもてるように、一人ひとりが多文化共生ネットワークの人間関係をもてるようになることではないのだろうか。自分の個人的なネットワークのなかに一人でもいいので、外国にルーツのある人を自分の友人に加えることから顔の見える多文化共生のまちづくりは始まると思うのである。

とよなか国流と私

シュレスタ・ニローズ
日本語学校職員

　私は国際交流センターという言葉を聞いたのは、2006年でした。私はその時国際交流基金主催の日本語教師研修のため、埼玉に来ていました。ある日、埼玉にある国際交流センターに行く機会があり、小学生にネパールの伝統的な遊びや、ネパール語を教えて、日本人の子ども達と交流しました。それまでは国際交流センターといえば、「日本人と交流できるところだ」というイメージしかありませんでした。その後、国際交流センターの活動について関心を持ち始め、いろいろ調べました。研修終了後、ネパールに帰って日本語教師の仕事を続けていた時も、日本へ留学する学生たちに「国際交流センター」の存在や価値について説明を続けていました。

　2012年に豊中市に家族で引っ越しをした直後、インターネットを通じて、とよなか国際交流協会が運営する「とよなか国際交流センター」を訪問しました。当時事務局長であった榎井縁さんと出会い、センターの活動について詳しく教えて頂きました。その時一番印象を受けたのは、「多言語でサービスを提供している」ということでした。榎井事務局長自身もネパール語が流暢で、ほかの言葉を話せるスタッフもいらっしゃり、国籍に関係なく対応できるというのが、とよなか国流の強みだと感じました。

　当時、とよなか国流で外国にルーツを持つ子ども達や、帰国してきた子ども達のために、日本語サポートする事業が始まろうとしていた時期だったこともあり、私は非常勤の職員として入職し、そこで5名のネパール人中学生たちに日本語を教える機会を得ました。全員の親は長年日本で働いていて、母国から呼び寄せられた子どもたちでした。子ども達には日本語が分からず、生活や教育の面でとても困っていました。皆勉強熱心でしたので、一所懸命日本語学習を頑張っていました。日本語学習終了後は、豊中市や近隣自治体の中学校に入って、勉強を続けることができました。中学校入学準備や段取りも国流がしていました。今も時々彼らと会いますが、この5~6年で大分成長したことがとても嬉しく感じられます。日本の大学を出て、日本で就職をして、立派な人生を送っている姿を見るたびに、国流の存在や大切さを感じます。

　国流での勤務を経て、現在の専門学校に就職しました。最近は仕事の都合で国流に行くことは出来ませんが、このようなサポートの場があることをネパールの人たちに知ってほしくて、ネパールからお客さん、特に要職の人が来ると必ず国流に連れて行くようにしています。これからも国流にはこのような事業を続けてほしいと思います。

豊中市に『こくりゅう』があること

COLUMN

柴田亨

よみかき茶屋

　私が、豊中『こくりゅう』と本格的に関わるようになったのは、2013年に市民委員に応募したことがきっかけです。職業生活に区切りがつき、0歳から暮らしてきた豊中市のために、何かお役に立てないか、と考えていたところ、「豊中市国際交流センター指定管理者選定評価委員会市民委員」の募集を知りました。

　応募に際しては小論文が課せられていて、「とよなか国際交流センターの今後のあり方について」書くようにとありました。指定管理者制度とは、地方公共団体が設立した施設や機関の運営を民間団体に任せようとするものです。教育や福祉の現場に長くいた私から見れば、この制度は安かろう悪かろうになりかねない危険な制度だと考えています。それでもさすがに豊中市は施設の設置趣旨や目的を重視した基準が採用されており、まずは安堵しました。さらに、施設で働くことも多かった私は、多くの市民に利用してもらい、活発な事業を展開する施設自身の充実も重要だが、施設以外の場所に対して働きかけることがさらに重要だと考えていました。そのため、小論文には、センターのあり方についてこう書きました。「拠点に集められた市民のエネルギー・力を市内全域へと展開するようなあり方を、探っていただきたいと思います。理解し合うことから、違うことを力に変えていく、それが理想の地域社会ではないでしょうか。」

　幸い市民委員に選定していただき、一年間に及ぶ評価作業に加わりました。5人の専門家の皆さんに市民委員が2人という陣容でした。委員会は4回だけでしたが、毎回配られる資料の多さには驚きました。

　その間私の心の中にあったのは、資料説明を受けるだけではなく、実際に事業に参加して『こくりゅう』がどのような役割を果たしているのか、直に知りたいということでした。まずは「しょうない・おやこでにほんご」に参加させていただきました。外国人の親子とボランティアがママ友として交流されている姿を、本当にほほえましく思いました。この場所は図書館のなかにあり、1階に老人福祉センター、2階、3階に公民館が併設されていて、それぞれにたくさんの市民の方が出入りされていました。ここが庄内地区の文化的な中心となっており、様々な市民が交流し、触れ合える場であり、こうした場所で事業が展開されていることを嬉しく思いました。

　次に、国際交流センターで開かれている「とよなかにほんご・金あさ」を見学させ

ていただきました。外国人とボランティアの2人～5人ほどがグループになり、おしゃべりをする人、鉛筆を握る人とそれぞれに交流されていました。合わせて70名を越える多くの参加者がおられ、さらに別室では保育も実施されているとのこと。ここでは自分たちの取り組みを「教室」とは呼ばず、お互いの交流と位置付けられていることが印象的でした。

　さらに、外国人のための多言語相談サービスを実施されている相談者の皆さんからも、お話をお聞きしました。フィリピンチーム、中国・韓国チーム、タイチームなどと紹介されました。お昼どきには、スタッフの皆さんが、子どもたちや家族も交えて、楽しく昼食を取っておられました。センターがこの方たちの『居場所』になっていることを実感しました。受けられる相談は深刻なものばかりで、受け手の側もしんどい思いをされていると思いますが、それを受けとめる力量や分厚いサポート体制の存在を感じることができました。多言語スタッフ自身が様々な経験をされ、それを乗り越えてこられ、ご自身の経験をこの活動で生かされているのだと思います。

　これらに加えて、協会からのヒアリングも行い、膨大な資料と格闘しつつ、他の委員の皆さまと「評価」を行いました。評価結果の詳細は豊中市のＨＰで公開されていますが、結果はありえないほどの高評価「A」。外国人スタッフやボランティアの方々の頑張りはもちろんですが、何よりも薄給（申し訳ありません）で頑張る職員の方々に敬意を表したいと思います。『こくりゅう』があることは市民の大きな財産であり、誇りです。多文化共生社会の実現からさらに踏み込み、「周縁化する外国人への支援」という優れた視点を中心として、「外国人市民と共に街づくり・地域づくり」を行おうとする『こくりゅう』の取り組みは、豊中をさらに住みやすい豊かな街へと向かわせる大きな力になることでしょう。

付録

とよなか国際交流協会の外国人支援事業

相談サービス事業

　外国人市民が地域で安心して生活できるよう、必要な情報の提供と相談サービス（電話、面接）を多言語で行う。
　◉相談体制：金曜日11時〜16時
　◉対応言語：日本語、英語、フィリピノ語、タイ語、中国語、韓国・朝鮮語、ポルトガル語、スペイン語、インドネシア語、ベトナム語、ネパール語

待機中の多言語スタッフ、翻訳作業もしています。

ケース・ワークと他機関とのネットワーク（連携）

　相談者の状況や相談内容が、諸制度を利用して問題の解決をはかる必要がある場合、ケース・ワークを行う。

　豊中市在住の相談者について、相談者が他機関に関わっている場合、あるいは問題対応に他機関との連携が必要な場合は、関係機関で情報を共有したり協力するなど、より適切に対応できるようにする。

　ケース・ワークが必要だが、相談者が遠方に住んでいたり、当協会が直接の関係機関として関与しえない場合などは、相談者が住む地域の援助機関と連携

をとる。その地域で多言語の援助がない場合は、スタッフが相談者に対し、彼／彼女の状況を説明したり、相談者の希望や考えを援助機関に伝えるなど、仲介的役割を担う。

　他機関では多文化対応が不十分な場合があるため、相談者の状況についてスタッフが機関に説明し、適切な対応を依頼する。また相談者は、どのような支援が受けられるか十分理解できないことが多いため、スタッフが相談者の母語で説明し、相談者の安心や納得を促す。その地域で多言語対応が可能な場合でも、相談者がスタッフへの相談を望む場合は、相談者の不安を支え、相談者が適切な支援を受けられるよう支援する。

心理カウンセリング

　相談者の悩みや問題について、相談者自身の内面に焦点を当てる必要がある場合は、心理カウンセリングを行う。相談者が自分の内面に目が向けられるよう、受容・共感・承認的応答を行い、自分の気持ちや考えに気づき、自分なりの決定や選択ができるよう支援する。

情報提供等

　日常生活における情報や、行政手続等に関する情報など、相談者が法・制度や地域情報等を知らなかったり、理解していない場合は、情報提供する。
　例）公営住宅の申込み、交通事故の対応、病院の情報、健康診断の結果について、確定申告、求職時の書類記入等

安心して集えるコミュニティづくり

　センターでの他事業を利用する来館者に対し、同国・母語の仲間と出会え、安心できる環境を提供する。コミュニティ内で集う人が安心できるようなコミュニケーションに注意したり、ニーズに対応するなどを行う。必要であれば、随時個別相談として対応し、また逆に、相談に訪れた人に出会いの場へ促すなどを行う。

子ども支援への対応

学習支援・サンプレイス

外国にルーツを持つ子どもたちのための居場所づくり。大学生ボランティアが運営しています。外国にルーツをもつボランティアもいます。

◉毎週日曜日13:00 〜 15:00（第一日曜日は休み）

こども母語

外国にルーツをもつ子どものための母語教室。中国語、スペイン語、ポルトガル語、タイ語を開講しています。講師はそれぞれのルーツをもつ若者です。

◉第2、第4日曜日　10:00 〜 12:00

多文化子ども保育「にこにこ」

外国にルーツをもつ乳幼児のための保育活動。保育ボランティアが運営しています。とよなかにほんご・木ひる、金あさと同時間帯です。

◉毎週木曜日13:30 〜 15:30 / 金曜日10:30 〜 12:00

韓国・朝鮮のことばとあそびのつどい

韓国・朝鮮にルーツをもつ子どもたちが集まり、民族講師（ソンセンニム）や友達（チング）と自分たちの歴史や言葉、遊びなどの文化を学んでいます。

◉毎月第3土曜日午前中に開催。

ユンノリ体験の様子（2017年）

若者支援事業

　外国にルーツをもつ若者のための居場所づくりをさまざまな角度から行っています。15歳以上の外国にルーツをもつ若者が中心となり、国際交流センターはもちろん、地域で色々な活動に取り組んでいます。毎週日曜夜に「わかもののたまりば」を実施。

小学校外国語体験活動事業

　豊中市のすべての小学校の3年生〜6年生の全クラスに、地域に暮らす外国人ボランティアを派遣して、ルーツのある国の文化や言葉を紹介します。豊中市教育委員会の委託事業。

平和と共存のための〜おまつり地球一周クラブ

　地域の小・中学生のための国際理解プログラム。地域に住む外国人を講師に迎えて交流しながら、様々な国、地域について学びます。年3回程度実施。

日本語交流活動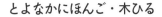

もっともっとつかえるにほんご

　毎回テーマを設定しての教室形式で実施しています。学習者にはそれぞれボランティアがサポートにはいり、個別対応もしています。

●毎週月曜日 10:00 〜 12:00

とよなかにほんご・木ひる

　レベル別、目的別でのグループ活動です。同じ時間帯に多文化保育もあるので子連れでもOK！

●毎週木曜日 13:30 〜 15:30

とよなかにほんご・金あさ

　小グループでの日本語交流活動です。同じ時間帯に多文化保育もあるので子連れでもOK!

　◉毎週金曜日10:30 ～ 12:00

にちようがちゃがちゃだん

　平日働く人たちも参加できる日本語交流活動。学習者のさまざまなニーズに対応しています。

　◉毎週日曜日10:00 ～ 12:00（第一日曜日は休み）※写真は活動風景

千里にほんご

　2017年度からスタートした日本語交流活動。千里地域連携センターとの共催で、豊中市東部・千里地域での外国人の居場所、交流の場づくりを行っています。

　◉毎週木曜日10時～ 11時30分。（会場：千里公民館、千里図書館）

しょうない・おやこでにほんご
おかまち・おやこでにほんご
せんり・おやこでにほんご

しょうない・おやこでにほんごの活動の様子。インドネシアのお母さんによる イスラムのストールの巻き方レッスン

　子育て中の外国人女性のための居場所づくりを市立図書館との共催で行っています。

　◉毎週火曜日10:00 ～ 12:00（会場：庄内・岡町・千里図書館）

*ここで紹介したのは、2018年度実施事業の一部です。

25年目の国流で働く職員からの一言

山野上隆史 [事務局長]

「現場で、信頼できる仲間と一緒に、喜怒哀楽のある仕事をしたい。」

今の職場で働く前、現場から一番遠い世界で数字と理屈を操る仕事をしていたときに、最初はぼんやりと、でも次第にはっきりと思っていったことです。

ここには本当にたくさんの出会いがあり、本当にいろいろなことが起きます。毎日、何かあります。何もなければ、それが事件と言ってもいいかもしれません。大変っちゃ大変で、深刻なこともたくさんあるのですが…結構みんなよく笑います。根拠がなくても「いけるいける」って進んだり、「おもろいやん」の一言でわーっと広がってしまうこともあるのですが、そんな空気に救われながら、育てられているような感じです。

とよなか国流のこれまでの実践の広がりと厚み、そしてその視点や発想には凄みがあり、それは時にプレッシャーです。でも、今の仲間（職員もスタッフもボランティアも学習者もつながりのある人みんな）となら…きっといける。今後ともどうぞよろしくお願いします。

きむ・さんむん　　　　　　　　　　　　　　　　　　[常務理事、前事務局長]

　私がとよなか国流で勤め始めた頃（6年前）、『ごめん、悪いけど、ひらがなでしゃべってくれへん……？』と言っていたことを思い出します。これは、長く小学校教員として日常的に子どもたちの言葉と文字で生活していたことや新しい出来事との出会いからくる大きな戸惑いだったようです。一方で、とよなか国流での多様な外国人や多彩な事業との出会いは、とても貴重な経験と学びになりました。お陰で時々「知恵熱」を出すほどに、日々新しい学びの連続でした。その都度、私の中の多様性の幅がより大きく広がっていることを実感しています。言い換えれば、かけがえのない生涯学習の場であったような気もします。

　私の人生終盤期に、ステキな出会いと貴重な学びをもらった「とよなか国流」25周年に乾杯！！

山本愛　　　　　　　　　　　　　　　　　　　　　　　　　　　　[事務局次長]

　9年前に国流にやって来た時、当時の事務局長（榎井）から「国流は外国人版社協だ」と聞きました。今回本著の企画に携わって、国流がめざしてきたことはソーシャルワークなんだなあと、改めてこの仕事の大切さと醍醐味を感じています。以前、とよなか国流は「闘う国流」という異名があったそうです（いまも？）。これからも「社会を変える」マインドをもって学び、地道に動き続けたいと思います。そのためにも、利用者、ボランティア、職員はじめ、かかわる人々すべてが尊重され、元気になれる組織にしていきたいなと思っています。

山根絵美 [事業主任]

　私が国流に関わり始めたのは大学院に入りたての頃でした。国流での日々は他では得難い気づきと学びの連続で、気づけば研究室よりも長い時間を過ごしていました。ついには職員となり、10年もの歳月を国流で過ごしています。私が国流にどっぷりとはまったのは、単に学びが多いからだけではありません。20周年の記念誌の寄稿文で、楠原彰さんが国流のことを「ごった煮のような温かい場所」と表現されていますが、私もまたその温かさに包まれ、たくさんのパワーをもらい、自分がそれまで抱えてきた苦しみからも解放されたことも大きいと感じています。

　職員となり、"ごった煮"の具材の一つとなった今、自分自身の味わいも出しつつ、国流に集まる人たちの味を上手に引き出し、温もりのある場所を試行錯誤しながら作り続けていきたいと思っています。

山本房代 [事業主任]

　「こくりゅう」に関わって10年が経ちました。ボランティアを始めた10年前は、自分が職員として働くということは想像もしていなかったので、不思議なご縁だなあと思います。こくりゅうでの活動を通じて、目の覚めるようなハッとさせられるような経験や忘れることのできないような辛く悔しい経験、心が洗われるような清々しく気持ちのよい経験、など、色々な経験をしてきました。それらのすべてが、今の私の生きる糧になっていると感じます。

　私がそうであったように、こくりゅうという場所が、関わった人にとってたくさんの気づきや学び、生きるエネルギーを得る場であってほしいです。そして、私もその一助を担えるよう、日々学び、経験を繰り返していきたいと思います。

黒島トーマス友基　　　　　　　　　　　　　　　　　　［事業担当］

　大学を中退し整備士として働いていた20代前半のころ、とよなか国流の存在を人づてに知りました。そのころの私は日々の生活、生きることに精いっぱいで、本来大切にすべき自分の意志や、アメラジアンとしてのアイデンティティから目を背けていました。「自分の事には目もくれず、日々をこなす事が一人前の社会人になる事だ」と信じていました。しかし身体は正直で、いつしか自然とセンターに足が向き、気づけばボランティア、コーディネーターと、国流との関わりが深くなっていき、大切なトモダチにも恵まれました。2週間に一度センターで活動をして元気をもらって、2週間仕事を頑張ってまた元気をもらいに来る。そんな生活が4年ほど続き、その間に結婚や子どもの誕生、父の死など、人生の大切な時期を国流から元気をもらって乗り越えてきました。

　私は職員として関わりだして2019年で4年目になります。過去の私がセンターから元気をもらっていた時のように、センターに来られる方が元気になって帰られるにはどうしたらいいんだろう、と思いながら日々悶えています。

大庭みゆき　　　　　　　　　　　　　　　　　　　　［事業担当］

　国流と私との関わりは2011年にボランティアになったことから始まりました。当時、先輩ボランティアから「話を聴くこと、一緒にいることを意識して」等のアドバイスをもらいつつ活動に参加していました。現在は職員として当時のアドバイスも意識しながら仕事に取り組んでいます。また、国流に関わるなかで、自分が育ってきた環境にあった差別等の人権問題にも、改めて向かいあう場面もあり、モヤモヤとした気持ちになることもありますが、こうした問題について一緒に考える仲間が沢山いることが心強いです。

　ここで出会った方々から私は元気をもらってばかり。「私ができることは

……？　一緒にいること、話を聴くこと……それから…？」日々考えながら、私の中の"国流"という人生の財産は大きくなっています。

安藤綾子　　　　　　　　　　　　　　　　　　　　　　　　　　　　［総務主任］

　1997年、私がとよなか国流と出会った年です。子どもが1歳半になり子育て以外の何かをしたいと思っていた時に見つけたホストファミリーボランティアが始まりでした。それから世話人会のメンバーとしても関わらせていただいた18年間は、さまざまな国の留学生と出会い、彼らと日本の家族としての関わりは「交流」という言葉では言いつくせないものであり、私たち家族の生活を豊かなものとしてくれました。年齢も関係なく家族で関われる国際交流の入り口として、地域で暮らす外国人とも向き合っていくきっかけとなる事業であると思いながら活動してきた18年でした。

　その後3年前から今度は職員としての関わりを持つことになりました。今は総務担当で主に経理を担当しています。関わり方はガラリと変わりましたが、今後は協会全体を支えていければと思っています。

三谷あゆ子　　　　　　　　　　　　　　　　　　　　　　　　　　　　［総務担当］

　乳児をかかえて職探しに苦戦していた6年前。

　とびきり落ち込んで帰宅したその時一本の電話が。

　それが国流との縁を感じる出会いです。偶然とは言い切れない何かがある気がしています。

　私は総務の仕事をしているので事務作業が主な仕事ですが、国流だからこそ目や耳にするいろんなことが日々勉強になっています。

　25周年という節目の時期にここに関われていることは、嬉しく思うと同時に身が引き締まる思いであります。

松原光与 [総務担当]

　とよなか国流で働きだしてから5年目になりました。総務担当で貸室業務や事務をしています。志を持ってさまざまな形でこくりゅうに集って来られる方々との出会いは、日々私を成長させてくれます。とても素敵な職場で、職員としてだけでなく利用者として、もっとずっと昔にこくりゅうに出会いたかったと思う私ですが、どういう形であれ自分が今ここに携われていること、ここで仕事を通して体験していることは何よりの励みになっています。

三木幸美 [総務担当]

　一週間のうちの2時間を過ごす場所だった国流は、いつの間にか1日8時間を過ごす場所になっていました。「ハーフ」である私自身を手放しそうになった9年前、ここで外国にルーツを持つ子ども達と出会い、居場所づくりやダンス教室でそれぞれの持つ自己表現の豊かさに何度も驚かされ、揺さぶられてきました。

　毎日同じ席に座っていると、活動に関わる人達や来館者の小さな言葉・表情の変化に気が付くことが時々あります。衝撃的なできごとと同じくらい、どうでも良いことにもその人の選択や状況は表れるんだ、と改めて思うようになりました。国流で私にも何かできることがあるとすれば、それはきっと「ここにいることを忘れないこと」だと思います。ここで学んだセンターに関わる人たちの思いや選択を一緒に残していくこと、誰もがここにいる社会が「当たり前」になること。それはダンスの先生であっても協会の職員であっても変わらない、私なりの表現活動でもあるのだと思います。

とよなか国際交流協会のあゆみ

(注)現在も実施している主要な事業が開始した時期や関連事項を中心に掲載しています。

年	月	事業	協会	行政	他
1980年				第1回在日韓国・朝鮮人児童生徒のためのサマースクール(ハギハッキョ)開校	
	9月			「豊中市在日外国人教育基本方針―主として在日韓国・朝鮮人児童生徒の教育―」策定	
1981年				豊中市在日外国人教育推進協議会設置	
1984年				豊中市「人権擁護都市宣言」	
1989年				豊中市国際交流委員会が発足	入管法改定
1990年					国際識字年
1991年		「韓国・朝鮮のことばとあそびのつどい」開始		同委員会が「豊中市の目指す国際交流」を提言	
1992年				「国際ネットワークとよなか」結成	
1993年		設立1年目！			
	10月		「財団法人とよなか国際交流協会」設立承認		
	11月			とよなか国際交流センター開設	
		留学生ホストファミリー事業が市の事業から協会事業に移行			
1994年					子どもの権利条約批准
	5月	外国人のための日本語教室「大人メイト」開始＆保育サービス設置 「韓国・朝鮮のことばとあそびのつどい」協会事業として位置づく 地球市民セミナーの開始 外国語(母語)教室開始			

年	月	事業	協会	行政	他
	9月	「外国人のための相談サービス」開始			
1995年					
	1月				阪神・淡路大震災
	6月	在日外国人の子どもの日本語教室「子どもメイト」開始 夏休み子どもキャンプ 日韓市民交流			
1996年					
	4月	在日外国人生活ニーズ基礎調査実施「多文化共生教育としての在日外国人教育」発行			
1997年					
	2月	地球市民教育全国コンクールの実施		豊中市教育委員会、豊中市文化課、豊中市在日外国人教育推進協議会と国流とで会談（通称：四者懇談会）を実施し、渡日の子どもたちのための相談室について具体的に提案を行う	
1998年					
	4月	留学生ホストファミリー事業、協会から世話人会が運営の中心に			
	5月	「外国人のための相談サービス」に多言語スタッフ導入（中国語、韓国・朝鮮語、スペイン語、ポルトガル語）	事業体系、基本理念の策定。より広い市民との対話の場として「第1回市民参加会議」を実施	四者懇談会での提案が「渡日児童生徒相談室」の開設につながる	
		「外国人のための母子健康相談会」開始（豊中市福祉保健部母子健康係の協力）		豊能地区において「多言語による進路相談会」開始	
	6月	在日外国人の母子保健調査・研究事業の実施	市民参加型の事業内部評価会の開始		

年	月	事業	協会	行政	他
		参加体験型学習案・実践例を募集			
	8月	日本語学習者ニーズ調査の実施、日本語アドバイザーの導入			
1999年					
	2月		第2回市民参加会議		
	3月	日本語事業運営ボランティアの募集、「とよなかにほんごネットワーク」スタート	第3回市民参加会議		
	4月	「とよなかにほんご」新体制でスタート、それに伴い「大人メイト」終了			
	5月	にほんごボランティア養成コースの導入			
	6月			豊中市の財政難が告げられる	
	7月	研究調査事業「地域で多文化が育まれるための『社会参加』のシステム作り」の実施			
	10月		「財団法人とよなか国際交流協会事業を考える市民の会」立ち上げ	豊中市「財政非常事態宣言」中学生の地域体験学習（CUL）の受け入れ開始	
	12月	「とよなかにほんごネットワーク」交流誌『ちょっとほっと』発行	「すべての子どもの発達および教育を受ける権利を守るためのネットワーク事業」を提起、提言活動開始	多言語進路相談会への協力開始	

年	月	事業	協会	行政	他
2000年			「すべての子どもの発達および教育を受ける権利を守るためのネットワーク事業」11,380人分の署名を4省庁に提出、最終報告会実施	四者懇談会から「多文化教育推進懇談会」に名称変更	
	5月	「出産や育児をする外国人のための交流会」定期開催		国際化施策推進基本方針の策定	
	10月			豊中市役所に外国人向け案内・相談窓口設置	
	11月	「わくわくハングル講座」開始		外国人市民市政参加検討委員会の設置	
2001年					
	4月	「とよなかにほんご」保育ボランティア活動スタート		第三次豊中市総合計画策定	
	5月	メディアリテラシー市民ゼミナールの開始			
	6月	母子保健相談会から「外国人ママの交流会」へ			
	7月			市民活動情報サロン開設	
	10月				配偶者からの暴力の防止及び被害者の保護に関する法律（DV防止法）施行
	11月	とよなかにほんご「なんとかし隊」結成			

年	月	事業	協会	行政	他
		研修事業「活動と社会参加をつなぐためのボランティアリーダー・トレーニングコース」を含む市民活動支援組織共同事業の開始（豊中市市民活動課、社会福祉協議会、男女共同参画推進財団、当協会とその関係者）			
2002年					
	4月	大阪発・NGOと行政をつなぐ国際交流協会ネットワーク事業を近隣の国際交流協会と開始 「子どもメイト」で母語学習（中国語）スタート			
	6月	「子育てしている人の"こどもといっしょに"国際理解講座」開始		人権教育基本方針の策定	
	9月	「外国人女性のための暴力・DV・おおさかホットライン」への参加 DVホットライン開設、外国人女性専用電話相談の開始			
	10月	「とよなか・おやこでにほんご」が文化庁委嘱事業として開始（場所：男女共同参画推進センター「すてっぷ」）			
2003年		●設立10周年●			
	1月	「わくわくコリアン講座」から「わくわくコリアン文化講座」に		とよなか地域家庭教育協議会の設置（事務局：豊中市教委）	
	6月	「しょうない・おやこでにほんご」が庄内図書館にて開始			

年	月	事業	協会	行政	他
2004年					
	1月	「おかまち・おやこでにほんご」が岡町図書館にて開始			
	2月	「エッジ/すみっこくらぶ」（おまつり地球一周クラブの前身）の開催			
	4月		10周年記念事業の実施	豊中市市民公益活動推進条例の施行、提案公募型委託制度および協働事業市民提案制度の設置	
	5月	「わくわくコリアン文化講座」から「うきうきハングル講座」に			
	6月	「多文化子育て支援ボランティア養成講座」スタート		人権教育推進プラン、人権保育基本方針の策定	
		とよなかにほんご保育が「多文化子ども保育にこにこ」として活動開始			
	7月	豊中で「持続可能な開発のための教育の10年」ESDの学習会開催（国流ととよなか市民環境会議アジェンダ21が主体となり関係諸団体に「ESDとよなか」設立を呼びかける）			
		「平和と共存のための〜おまつり地球一周クラブ」が文部科学省委託事業として開始			
	8月			「おやこでにほんご」の活動から市民ボランティアグループ「地球ママくらぶ」が結成、「地球ママくらぶ」が豊中市協働事業提案制度に公募	

年	月	事業	協会	行政	他
2005年					
	1月				「持続可能な開発のための教育の10年」が始まる
	2月	「ESDとよなか」のキックオフミーティング、「ESDとよなか」発足			
	3月			豊中市子ども読書活動推進計画の策定	
	4月	DVネットワーク会議への参加（国流の他、いくの学園、シナピス、すてっぷ、APT） 相談サービス相談員に専門家を採用	「財団あり方検討部会」の設置	豊中市、外郭団体の経営健全化を掲げ見直し作業に入る	
	8月	「ラソス・ラチノス」（南米出身の親と子の交流の場）開始、南米出身の子どもたちのダンスチーム「ナスカ」誕生		協働事業のモデル事業が具体的にスタート、「地球ママクラブ」が「しょうないモデル実行委員会（愛称：しょうないREK）」を立ち上げる	文科省から国際教育推進プランが出される
	12月	豊中市子ども読書活動連絡協議会「障害のある子どもや外国人の子ども」ワーキンググループに参加			
2006年					
	2月	「赤ちゃんからのESD」開始		豊中市国際教育推進プラン事業（2006年〜2008年）	
	5月	「日本語・学習支援トワイライト」活動開始、大学生ボランティアの導入 ペルーにルーツをもつ子どもたちのダンスチーム「ナスカ」結成			

年	月	事業	協会	行政	他
	8月	文化庁委嘱事業として北摂「かいしゃとちいきでつくるにほんご」（2007年度は「かいしゃとちいきとがっこうでつくるにほんご」）開始 「ラソス・ラチノス」から「子ども母語」へ。スペイン語、ポルトガル語、中国語の母語活動開始			
	9月	「かいしゃとちいきでつくるにほんご」の中で「にちようがちゃがちゃだん」開始			
	10月	小学校外国語（英語）体験活動事業開始（豊中市教育委員会からの委託）		ESD庁内連絡会議設置	
	11月	「とよなかエスニックマップ」をおしらせで連載開始	「とよなか国際交流協会のあり方について」最終報告書作成。重要課題を「外国人市民の自立や社会参加に向けて、総合的外国人支援を乳幼児から高齢者まで世代を分断させることなく推進させていく」こととし、「周縁化される外国人のための総合的なしくみづくり」を事業の中心に据える	豊中市国際教育推進協議会が発足（豊中市教育委員会、教育推進室小中学校チーム、人権教育室）豊中市子ども読書活動推進連絡協議会の設置	
	12月	子ども読書活動推進連絡協議会「障害のある子どもや外国人の子ども」ワーキンググループに参加			
	2月	「国際教育」推進のための「多文化フェスティバル」			
2007年					
	4月			豊中市外国人市民会議の設置	
	5月	「日本語・学習支援トワイライト」から「日本語・学習支援サンプレイス」に移行			

年	月	事業	協会	行政	他
	8月	第1回「多文化フェスティバル」の開催			
2008年					
	1月	「学びほぐし」シリーズ〜「あたりまえ」に対抗する"ばづくり・ひとづくり"実践者セミナー 開始			
	4月		指定管理者制度導入（実施は5年後）「協会をともに考える会」開始	国際交流センターの移転計画発表、説明会の実施	
	9月				リーマンショック起こる
2009年					
	1月			豊中市国際教育シンポジウム「つどう・つながる・つちかう 未来への原動力」で豊中型国際教育を提案	
	4月	文化庁委託事業「生活者としての外国人のための日本語教育事業・ボランティアを対象とした実践的研修「多文化共生の基盤をつくるための"むすびめ"を生み出す日本語コーディネーター研修」 「とよなか国際交流センターおしらせ」表紙に地域の高校生（大阪府立池田高校）が描いた絵を掲載	「『3つの視点』のための対話集会開始 ※3つの視点：①「居場所」、②「エンパワメント」、③「ボトムアップ型の組織づくり」		
	6月	「哲学カフェ in とよなか国際交流センター」開始			
2010年					「韓国併合」100年

とよなか国際交流協会のあゆみ　287

年	月	事業	協会	行政	他
	2月	就労支援の仕組みを考えるモデル事業「しごとにつなげる日本語講座」を豊中市労働会館と共催	とよなか国際交流センター移転（北桜塚から玉井町）		
	3月		こども日本語教室のボランティアが中心となり、ボランティアグループ「とよなかJSL」が発足		
	4月	「子ども母語」にインドネシア語母語が加わる	シンボルキャラクター「コモとスース」誕生！		
		厚生労働省　緊急雇用創出基金事業「医療福祉等サービス分野における在住外国人の就労定着事業」（〜2012年度）			
		財団法人自治体国際化協会　地域国際化協会等先導的施策支援事業助成「未来を拓く多文化子どもエンパワメントプロジェクト」開始（〜2011年度）			
			「多文化共生社会の基盤をつくるための"むすびめ"を生み出す日本語コーディネーター研修事業」の中で、「しごとにつなげる日本語講座」に参加したボランティアが中心となり、ボランティアグループ「日本語支援グループ・むすびめ」が発足		
	5月	「とよなかエスニックマップ2010」発行			
	11月	多文化フェスティバルにおいて、子どもがつくる多文化なまちづくり「たぶんかミニとよなか」開催			
	12月	「在日100年」シリーズの開催			

年	月	事業	協会	行政	他
2011年					
	3月				東日本大震災
	4月	就労相談の開始	指定管理者制度の本格実施、国際交流センター指定管理者に選定。 〜"みんなでデザインする『協会（組織）・活動（ひとびと）・センター（公共空間）』の5年：略称デザイン5"開始 プロジェクト"さんかふぇ"、プロジェクト"公共空間"、プロジェクト広報、みなみさんりくプロジェクトを実施		
	6月	市民活動共同デスクの立ち上げ（豊中市社会福祉協議会、男女共同参画推進財団、とよなか市民環境会議アジェンダ21、とよなか市民活動ネットきずな、当協会）			
	10月	「もっともっとつかえるにほんご」開始	秋の催事「国際交流と人権を考えよう」の開始		
	11月	「学びほぐし」シリーズ〜「あたりまえ」に対抗する"ばづくり・ひとづくり"実践者セミナー 2年間の休止を経て再開	公式Facebook、Twitter開始		
2012年					
	2月	"デザイン5"みなみさんりくプロジェクトで東北視察＆報告会実施			

年	月	事業	協会	行政	他
	4月	「せんり・おやこでにほんご」を千里図書館にて開始　スペイン語、ポルトガル語の多言語相談が日曜日から金曜日に移行、インドネシア語スタッフを新たに配置　庭野平和財団「多文化子どもエンパワメント・メディア・プロジェクト」開始、「てーげー部」発足、映像作品「ナニジン」作成　教育委員会、とよなか JSL と協働による「子ども日本語プロジェクト」開始（平成23年度豊中市協働事業市民提案制度に基づく採択事業）	公益財団法人へ財団移行、英語名が Association for Toyonaka Multicultural Symbiosys：略称 ATOMS（アトムス）に　ホームページをリニューアル　"デザイン5" プロジェクト「ハタチ」開始		
	6月	「とよなかエスニックマップ 2012」発行			
	7月	「外国人のための防災訓練」を大阪府国際交流財団と共催で実施			
	11月	「まちなかフィリピン・デー」の開催（豊中市「中心市街地にぎわい事業助成金」による実施）			
	12月		「たぶんかミニとよなか」がパナソニック教育財団「子どもたちの心を育む活動」奨励賞受賞		
2013年		●設立20周年●　南部ラウンドテーブルへの参加	協会設立20周年	センター設立20周年	
	4月	文化庁委託事業として若者支援事業を開始			
	5月	「うきうきハングル講座」が「チョアチョア（好き好き）ハングル」にリニューアルして再開	憲法記念大阪府知事賞受賞		

年	月	事業	協会	行政	他
		若者支援事業開始（「ユース・ラジオ講座」、「ユース・メディア講座」、「多文化ダンス教室」、「若者のたまりば」）			
	9月	「多様な支援をする人のための対話の会」開始			
	12月	「ハタチを祝う仮面劇」の公演			
2014年					
	1月		大阪弁護士会人権賞受賞		
	2月			「豊中市多文化共生指針」策定	
	3月	「ハタチを祝うフォトブック」完成			
	4月	外国人のための茶道教室開始			
	5月	市民セミナー開催			
	7月	「外国人親子に向けた高校進学説明会@しょうない」開始　※しょうないREK事業として開催			
	9月	多言語ニュースメールの配信開始			
	10月	多言語による相談サービス　ベトナム語での相談開始			
2015年					
	1月	コミュニティ通訳ボランティア養成講座			
	2月	シンポジウム「勝手に離婚されるだけじゃない！無法地帯の協議離婚を考える」開催			

年	月	事業	協会	行政	他
	4月	多文化共生推進事業開始（「世界を食べよう」「多文化・多言語セミナー」、通訳派遣、外国人のための茶道教室、外国人のための武道体験「サムライプロジェクト」）		豊中市「子ども健やか育くみ条例」施行	
	6月	マイノリティの人権から共生社会を考える連続セミナー開催			
	9月		「国際交流と人権を考えよう」から「とよなか国際交流フェスタ」に、実行委員会形式で開催		
2016年					
	3月	"大規模災害時における外国人支援セミナー"の開催 てーげー部DVD「僕と沖縄と　みんな」完成			
	4月	子ども母語「インドネシア語」母語お休み、タイ語スタート 多文化ダンス教室「わたパチ」がサンプレイスとドッキング 公益財団法人大阪コミュニティ財団／大阪信用金庫ふれあいスマイル基金より助成を受け、「在日外国人高齢者の居場所作りに係る調査事業」を実施	指定管理三期目スタート		
	5月	ルーツ教員研究会への参加			

年	月	事業	協会	行政	他
	6月	子ども学習広場「学楽多（がらくた）」が開始（豊中市くらし支援課の委託事業）			本邦外出身者に対する不当な差別的言動の解消に向けた取組の推進に関する法律（略称：ヘイトスピーチ規制法）制定
	7月	年次報告書概要版「こくりゅう@home」創刊			
	8月	「国流シネマカフェ」開始			
	9月	「ブックトーク in とよなか国際交流センター　家族写真をめぐる私たちの歴史」開催			
	10月		豊中市制80周年記念連続セミナー 新たな多文化共生の地平をめざして〜とよなか国際交流センターの過去・現在・未来」開催 大阪NPOセンターCSOアワードCSO賞受賞		
	12月	協議離婚問題を議論する会議の名称を「リコン・アラート（協議離婚問題研究会）」（代表事務所：とよなか国際交流協会）に変更			
2017年					
	1月	新春の集い　開始			
	2月			多言語支援センター設置にかかわる協定の締結（豊中市、大阪大学）	

とよなか国際交流協会のあゆみ　293

年	月	事業	協会	行政	他
	3月	「とよなか国際交流センターおしらせ」フルカラー化			
	4月	千里にほんご 開始 若者支援事業（「たまりば」&相談）が土曜日から日曜日に移行			
	5月	外国人高齢者支援の一環として「Filipino Young at Heart's culb」開始			
	11月	韓国へのスタディツアー「韓国事情を探る旅」			
	12月	EPA Support Toyonaka (EPAST) 開始			
2018年		●設立25周年●			
	6月	大阪北部地震を受け、多言語情報の発信			大阪北部地震発生
	10月		協会設立25周年	センター設立25周年	

統計資料

●豊中市における在日外国人の推移

・協会・センター設立当初の1993年から2003年ごろまでは米国、英国といった欧米諸国が上位10か国にみられるが、その後アジア諸国へとシフトしており、2018年では上位10か国の内9か国がアジアの国々となっている。とりわけ、ベトナムやネパールが急増している。

・この25年の総数の推移をみると、2013年頃まではほとんど横ばいであるのに対し、2013年から2018年の5年間で10%近く急増している。また、国籍数も53か国→91か国となっており、より多様な人々が暮らすようになっていることがわかる（例えば1993年では上位10か国だけで全体の96%を占めるが、2018年度では88%となっている）。

・韓国・朝鮮籍はこの25年間つねに1位ではあるが、その数は減少傾向にあり、1993年から2018年では39%減となっている。

・ブラジルおよびペルーが2018年には上位10か国圏外になっている。やはり、2008年のリーマンショックが要因であると考えられる。

●日本と豊中市における外国人高齢者

・日本における在日外国人の高齢化率

　総人口における65歳以上の高齢者人口が占める割合を「高齢化率」という。国連の定義では、高齢化率が7%以上の社会を「高齢化社会」、14%以上の社会を「高齢社会」、21%以上の社会を「超高齢化社会」という。

　日本の高齢化率をみると、2016年（平成28年）10月1日現在で27.3%となっている[*1]。高齢化率が最も高いのは秋田県（32.6%）で、最も低いのは沖縄県（19.6）%、大阪府は26.1%となる。一方、豊中市の高齢者人口は2014年で97,603人、高齢化率は24.4%であり、豊中市の高齢化率は他にもれず増加傾

---

*1　内閣府『平成29年版高齢社会白書（概要版）』（http://www8.cao.go.jp/kourei/whitepaper/w-2017/gaiyou/pdf/1s1s.pdf 最終閲覧日2018年11月15日）

表1 豊中市における外国人および国籍数の推移

	1993		1998		2003		2008		2013		2018	
外国人総数	4,994		4,801		4,840		4,950		4,961		5,436	
国籍数	53		62		65		73		72		91	
1	韓国・朝鮮	3,329	韓国・朝鮮	2911	韓国・朝鮮	2,694	韓国・朝鮮	2,489	韓国・朝鮮	2,211	韓国・朝鮮	2,034
2	中国	774	中国	861	中国	1,033	中国	1,221	中国	1,096	中国	1,517
3	ブラジル	245	ブラジル	217	米国	144	フィリピン	163	フィリピン	150	ベトナム	344
4	米国	164	米国	135	ブラジル	138	米国	129	米国	111	フィリピン	217
5	ペルー	85	フィリピン	90	フィリピン	112	ベトナム	115	台湾	108	台湾	165
6	フィリピン	83	ペルー	72	英国	65	ブラジル	97	インド	99	米国	124
7	英国	35	英国	48	タイ	62	インドネシア	66	ベトナム	91	インドネシア	123
8	オーストラリア	28	タイ	46	ペルー	59	タイ	63	タイ	71	インド	113
9	タイ	27	カナダ	43	インド	53	ペルー	57	インドネシア	63	ネパール	100
10	カナダ	25	オーストラリア	38	カナダ	43	インド	52	ブラジル	62	タイ	56

＊ 1～10 は上位の10か国

表2 外国人高齢者数と高齢化率

	高齢化率（全体）[3]	外国人総人口（人）	外国人高齢者数（人）	外国人高齢化率
全国	26.7%	2,307,388	157,019	6.8%
東京都	22.5%	483,538	21,410	4.4%
愛知県	23.2%	217,465	12,689	5.8%
大阪府	25.7%	214,537	34,533	16.1%
神奈川県	23.2%	186,233	10,000	5.4%
埼玉県	24.0%	145,997	4,701	3.2%
豊中市[4]	24.4%	5,008	640	12.8%

表3 国・地域別 高齢化率

国・地域	高齢化率
中国	1.9%
韓国・朝鮮	24.4%
フィリピン	0.6%
ブラジル	3.3%
ベトナム	0.3%
ネパール	0.0%
米国	8.9%
台湾	8.1%
外国人全体	6.8%

表4　豊中市　圏域別高齢者[*6]

圏域名 （地域包括支援センター）	人口	高齢者数（65歳以上）	高齢化率	外国人人口	外国人高齢者数	外国人高齢化率	高齢者予備軍（45~64歳）	高齢者予備軍率
①北西部（柴原）	69,909	15,532	22.2%	1,315	92	7.0%	185	14.1%
②北中部（少路）	64,827	14,038	21.7%	576	76	13.2%	155	26.9%
③北東部（千里）	59,819	14,717	24.6%	615	47	7.6%	178	28.9%
④中部（中央）	55,335	12,162	22.0%	533	84	15.8%	156	29.3%
⑤中東部（緑地）	49,233	11,345	23.0%	540	81	15.0%	166	30.7%
⑥中西部（服部）	54,838	13,681	24.9%	687	93	13.5%	184	26.8%
⑦南部（庄内）	45,468	14,488	31.9%	742	167	22.5%	236	31.8%
全市域	399,429	95,963	24.0%	5,008	640	12.8%	1260	25.2%

向にある[*2]。

　外国人については、日本全国と在留外国人数上位5都府県（1位から順に東京都、愛知県、大阪府、神奈川県、埼玉県）と豊中市における65歳以上の外国人高齢者人口と高齢化率を示したものが表2である。全国の外国人高齢化率6.8%と比較すると、大阪府および豊中市の高齢化率は比較的高いことが分かる。

　さらに、日本全国における在日外国人の国・地域別の高齢化率を割り出したものが表3である[*5]。

●豊中市における外国人高齢者

　豊中市における高齢者数、および高齢化率を地域別に示したものが表4である。

---

* 2　豊中市高齢者保健福祉計画介護保険事業計画（第6期）概要版（https://www.city.toyonaka.osaka.jp/kenko/kaigo_hukushi/keikaku/a001050030010000.files/150331_02dai6kigaiyou.pdf　最終閲覧日2017年3月16日）
* 3　内閣府『平成28年度版高齢者白書（概要版）』（http://www8.cao.go.jp/kourei/whitepaper/w-2016/html/gaiyou/s1_1.html　最終閲覧日2017年3月16日）
* 4　豊中市のデータについては、豊中市調べに基づく（2016年10月末データ）。
* 5　法務省の在留外国人統計の国籍・地域別、年齢別の統計データを基に、日本および豊中市の在留外国人数の上位ヶ国・地域それぞれについて算出。
* 6　豊中市が小学校区を基準単位として複数の小学校区を併せて設定した「日常生活圏

・大阪大学が市北部に位置しており、留学生や大学関係者が多く暮らす北部での高齢化率が低い。一方で、市の傾向とリンクして南部は市全体の高齢化率も外国人高齢化率もともに高い割合を示している。
・高齢者予備軍率はどの地域においても一定の割合以上を占めており、今後10年で、いずれの地域においても外国人の高齢化が大幅に進むことが予測される。

域」から算出。豊中市では日常生活圏域ごとに地域包括支援センターが設置されている。

〈執筆者紹介〉（五十音順）

朝倉　美江（あさくら　みえ）
　金城学院大学人間科学部教授

今井　貴代子（いまい　きよこ）
　大阪大学大学院人間科学研究科付属未来共創センター特任助教

岩﨑　裕保（いわさき　ひろやす）
　開発教育協会監事／関西NGO協議会監事

榎井　縁（えのい　ゆかり）
　とよなか国際交流協会理事／大阪大学大学院人間科学研究科付属未来共創センター特任教授

呉　賢志（お　ひょんじ）
　豊中市立小学校教員

大城　かおり（おおしろ　かおり）
　とよなか国際交流協会子どもサポート事業コーディネーター／大学生

勝部　麗子（かつべ　れいこ）
　（社福）豊中市社会福祉協議会福祉推進室長

門　美由紀（かど　みゆき）
　東洋大学非常勤講師／社会福祉士

姜　秀京（かん　すぎょん）
　とよなか国際交流協会小学校外国語体験活動コーディネーター

金　光敏（きむ　くゎんみん）
　（特活）コリアNGOセンター事務局長／教育コーディネーター／Minamiこども教室実行委員長

窪　誠（くぼ　まこと）
　とよなか国際交流協会評議員／大阪産業大学経済学部教授

黒島トーマス友基（くろしま　とーます　ゆうき）
　とよなか国際交流協会事業担当職員（若者支援事業担当）

柴田　亨（しばた　とおる）
　よみかき茶屋コーディネーター

ジャ　チン（じゃ　ちん）
　とよなか国際交流協会相談事業コーディネーター兼多言語スタッフ（中国語）

シュレスタ　ニローズ（しゅれすた　にろーず）
　日本語学校職員

新矢　麻紀子（しんや　まきこ）
　大阪産業大学国際学部教授

スシル　サプコタ（すしる　さぷこた）
　会社員

髙木　智志（たかぎ　さとし）
　団体職員／認定心理士

高畑　幸（たかはた　さち）
　静岡県立大学国際関係学部教授

武田　丈（たけだ　じょう）
　関西学院大学人間福祉学部教授

田中　逸郎（たなか　いつろう）
　前豊中市副市長／NPO政策研究所理事／コミュニティ政策学会理事

ディスネル　グタラ（でぃすねる　ぐたら）
　大学非常勤講師

冨江　真弓（とみえ　まゆみ）
　豊中市地域就労支援センター就労支援員／元よとなか国際交流協会職員／元神奈川国際交流財団職員

永田　貴聖（ながた　あつまさ）
　国立民族学博物館外来研究員／大阪国際大学非常勤講師

野崎　志帆（のざき　しほ）
　とよなか国際交流協会評議員／甲南女子大学文学部多文化コミュニケーション学科教授／（特活）神戸定住外国人支援センター理事

平松　マリア（ひらまつ　まりあ）
　とよなか国際交流協会多言語スタッフ（フィリピノ語）

牧里　毎治（まきさと　つねじ）
　関西学院大学名誉教授／関東学院大学客員教授　＊監修者

山根　絵美（やまね　えみ）
　とよなか国際交流協会事業主任職員（子ども事業担当）

山野上　隆史（やまのうえ　たかし）
　とよなか国際交流協会理事・事務局長

山本　愛（やまもと　あい）
　とよなか国際交流協会事務局次長

山本　房代（やまもと　ふさよ）
　とよなか国際交流協会事業主任職員（日本語事業担当）

吉嶋　かおり（よしじま　かおり）
　とよなか国際交流協会外国人のための多言語相談サービス相談員／臨床心理士

渡戸　一郎（わたど　いちろう）
　明星大学名誉教授／移民政策学会元会長

和田　由起子（わだ　ゆきこ）
　とよなか国際交流協会日本語ボランティア

公益財団法人 とよなか国際交流協会

560-0026　大阪府豊中市玉井町1-1-1-601（豊中駅直結「エトレ豊中」6階）
＊水曜休館
電話：06-6843-4343
FAX：06-6843-4375
E-mail：atoms@a.zaq.jp
URL：http://www.a-atoms.info

編集
公益財団法人 とよなか国際交流協会
　とよなか国際交流協会は、人権尊重を基調とした住民主体の国際交流活動を推進することにより、地域の国際化を促進し、持続可能で公正な地域社会づくりに寄与することを目的として1993年に設立され、2018年に25周年を迎えた。地域や学校とともに多文化共生の「地域づくり」と「人づくり」を推進すると同時に、マイノリティである外国人が自立できる「しくみづくり」をすすめている。

監修者
牧里毎治（まきさと・つねじ）
　関西学院大学名誉教授・関東学院大学客員教授。専門は地域福祉とコミュニティワーク。大阪府、大阪市、豊中市、堺市、西宮市、神戸市等の地域福祉（支援）計画策定委員長を歴任。地域再生や商店街活性化のプログラム開発と地域社会に貢献する社会起業家の育成について研究。

外国人と共生する地域づくり
――大阪・豊中の実践から見えてきたもの

2019年3月30日　初版第1刷発行
2021年2月20日　初版第2刷発行

編　集	公益財団法人 とよなか国際交流協会
監修者	牧　里　毎　治
発行者	大　江　道　雅
発行所	株式会社　明石書店

〒101-0021 東京都千代田区外神田6-9-5
　　　　　電　話　03 (5818) 1171
　　　　　ＦＡＸ　03 (5818) 1174
　　　　　振　替　00100-7-24505
　　　　　http://www.akashi.co.jp

　　　装幀　　明石書店デザイン室
　　　編集／組版　有限会社閏月社
　　　印刷／製本　モリモト印刷株式会社

（定価はカバーに表示してあります）　　　　　ISBN978-4-7503-4827-8

JCOPY 〈(社)出版者著作権管理機構　委託出版物〉
本書の無断複写は著作権法上での例外を除き禁じられています。複写される場合は、そのつど事前に、(社)出版者著作権管理機構（電話 03-5244-5088、FAX 03-5244-5089、e-mail: info@jcopy.or.jp）の許諾を得てください。

難民を知るための基礎知識
政治と人権の葛藤を越えて
滝澤三郎、山田満編著
◎2500円

移住者と難民のメンタルヘルス
移動する人の文化精神医学
ディネッシュ・ブグラ、スシャム・グプタ編
野田文隆監訳　李創鎬、大塚公一郎、鵜川晃訳
◎5000円

多文化共生と人権
諸外国の「移民」と日本の「外国人」
近藤敦著
◎2500円

移民政策のフロンティア
日本の歩みと課題を問い直す
移民政策学会設立10周年記念論集刊行委員会編
◎2500円

【増補】新 移民時代
外国人労働者と共に生きる社会へ
西日本新聞社編
◎1600円

外国人の医療・福祉・社会保障 相談ハンドブック
移住者と連帯する全国ネットワーク編
◎2500円

医療通訳学習ハンドブック
医療現場で役立つ知識！8ヶ国語対応
G・アビー・ニコラス・フリュー、一枝あゆみ、岩本弥生、西村明夫、三木紅虹著
◎3600円

多文化ソーシャルワークの理論と実践
外国人支援者に求められるスキルと役割
石河久美子著
◎2600円

日本の外国人学校
トランスナショナリティをめぐる教育政策の課題
志水宏吉、中島智子、鍛治致編著
◎4500円

新 多文化共生の学校づくり
横浜市の挑戦
山脇啓造、服部信雄編著
横浜市教育委員会、横浜市国際交流協会協力
◎2400円

まんが クラスメイトは外国人
多文化共生20の物語
「外国につながる子どもたちの物語」編集委員会編
みなみななみ まんが
◎1200円

まんが クラスメイトは外国人 入門編
はじめて学ぶ多文化共生
「外国につながる子どもたちの物語」編集委員会編
みなみななみ まんが
◎1200円

まんが クラスメイトは外国人 課題編
私たちが向き合う多文化共生の現実
「外国につながる子どもたちの物語」編集委員会編
みなみななみ まんが
◎1300円

外国人児童生徒受入れの手引【改訂版】
文部科学省総合教育政策局男女共同参画共生社会学習・安全課編
◎800円

「発達障害」とされる外国人の子どもたち
フィリピンから来日したきょうだいをめぐる10人の大人たちの語り
金春喜著
◎2200円

Q&Aでわかる外国につながる子どもの就学支援
「できること」から始める実践ガイド
小島祥美編著
◎2200円

〈価格は本体価格です〉

芝園団地に住んでいます
住民の半分が外国人になったとき何が起きるか

大島隆 著

■四六判／並製／240頁 ◎1600円

2016年の米大統領選挙で排外主義の台頭を目の当たりにした著者は、取材から帰国した後、住民の半数が外国人の芝園団地（埼玉県川口市）に移り住む。日本人住民の間に芽生える「もやもや感」と、見えない壁を乗り越えようとする人々を描いたノンフィクション。

●内容構成●

プロローグ
第一章 一つの団地、二つの世界
第二章 ふるさと祭り
第三章 「もやもや感」の構造
第四章 中国人住民の実像
第五章 共生への模索
第六章 芝園団地から見る日本と世界
エピローグ

にほんで、いきる
外国からきた子どもたち

毎日新聞取材班 編

■四六判／並製／272頁 ◎1600円

外国人労働者の受け入れ拡大のなか、就学状況が不明な子どもが少なくとも1万6000人いることが判明した。文部科学省の全国調査の実施など、行政を動かす原動力にもなった連載の待望の書籍化。新聞労連ジャーナリズム大賞優秀賞、新聞協会賞受賞。

●内容構成●

第1章 閉ざされた扉――就学不明2.2万人
　インタビュー 前川喜平さん「教育を受けさせないのは虐待」
第2章 学校には来たけれど――無支援状態1.1万人
　インタビュー サヘル・ローズさん「言葉は人と人をつなぐ橋渡し」
第3章 「発達障害」と見なされて――特別支援学級の在籍率2倍
　インタビュー 中川郷子さん「子どもに責任を押しつけないで」
第4章 ドロップアウトの先に――不就学・不就労3000人
　インタビュー 田中宝紀さん「教育と就労の境目で支援を」
第5章 見つかった居場所――日本語教育に救われて
第6章 にほんでいきるために
　寄稿 山野上麻衣さん 不就学問題の20年、現在とこれから
　取材をふりかえって

〈価格は本体価格です〉

外国人の子ども白書
――権利・貧困・教育・文化・国籍と共生の視点から

荒牧重人、榎井縁、江原裕美、小島祥美、志水宏吉、南野奈津子、宮島喬、山野良一 編

■A5判／並製／320頁　◎2500円

現代日本における「外国につながる子ども」の現状と支援の課題が一冊でわかる画期的な白書。人権、福祉、教育、文化（言語）、家族、滞在条件などの観点から、外国人の子どもの現状を正確に把握、データおよび支援現場の報告からそのリアルな姿が見えてくる。

●内容構成●

第1章　外国人の子どもたちの現在――なぜ「外国人の子ども白書」なのか
第2章　外国人と外国につながる子どもたちのいま
第3章　子どもにとっての移動の経験
第4章　家族生活のなかの子ども
第5章　子どもの貧困と権利侵害
第6章　教育と学校
第7章　人権保障と子ども
第8章　子どもと国籍
第9章　子どもの在留資格
第10章　子ども支援の現場
　　　　幼児の国際移動と子どもの権利

いっしょに考える外国人支援
――関わり・つながり・協働する

南野奈津子 編著

■A5判／並製／240頁　◎2400円

日本で暮らす外国人は、どのような生活困難を抱えているのか。本書では、その問題が起きる構造、行われている支援の実際、今後の課題と展望を、法律・医療・教育・労働・福祉・難民支援の各領域から明らかにする。外国人支援に関わる専門職必携の一冊。

●内容構成●

はじめに――なかなか一歩を踏み出せない私たち
序章　日本社会、そして外国人の今
第1章　移住外国人をめぐる法的な状況、実態と課題
第2章　医療の現場からみえてくる共生社会の現状と課題
第3章　教育から排除される外国の子どもたち
第4章　移住労働者・移民とその家族の生存権保障の実態――課題と展望
第5章　福祉的支援を必要とする外国人の子どもたち
第6章　ドメスティックバイオレンス（DV）被害者の女性と子ども――その実情と課題
第7章　日本に逃れてきた難民への支援と権利保障
第8章　国際社会における外国人の支援
第9章　個別支援で終わらせないために――社会を変える　私たちができること
終章　改めて外国人支援を考える
おわりに

〈価格は本体価格です〉